21세기 노년

21세기 노년

초판 1쇄 펴낸날 | 2024년 6월 29일

지은이 | 이로미·권승태
펴낸이 | 고성환
펴낸곳 | (사)한국방송통신대학교출판문화원
(03088)서울특별시 종로구 이화장길 54
전화 | 1644-1232 팩스 | (02) 741-4570
홈페이지 | https://press.knou.ac.kr
출판등록 | 1982년 6월 7일 제1-491호

출판위원장 | 박지호
책 임 편 집 | 장빛나
편집·디자인 | 오하라

ⓒ 이로미·권승태
ISBN 978-89-20-05039-8 (03370)
값 18,000원

영화로 읽는 백세 시대의 삶과 교육

21세기 노년

이로미·권승태 지음

머리말

'나이듦'을 배워야
모두가 행복하다

이 책을 지금 읽고 있는 여러분은 누구인가? 일단 노인과의 다양한 조우(encounter, 遭遇)가 직업적 일의 전부 또는 일부인 사람일 수 있다. 또는 노인인 가족이 있고 그 자신도 노인이거나 예비 노인일 수도 있다. 초고령사회를 앞두고 있는 지금, 이 둘의 교집합도 적지 않지만 합집합은 이 땅에 살아가는 우리 모두이다. 누구에게나 노인 문제는 바로 내 부모의 문제이며 이미 나 자신의 문제이거나 곧 그렇게 된다는 데에 그 보편성과 특별함이 공존한다.

우리 사회의 노인 문제를 진지하게 생각해 보고자 하는 사람, 노인의 교육과 돌봄에 쓰일 수 있는 지식과 기술, 그리고 태도를 배우려는 사람들에게 필요한 것을 전달하려는 마음으로 열 편의 영화를 골랐다. 영화를 무엇을 이해하는 자료로서 쓰는 것은 탁월한 장점이 있지만 영화 그 자체로 보는 것도 중요했다. 그래서 하나의 영화를 교육 전문가의 입장에서 그리고 영화 전문가의 입장에서 따로, 또 같이 쓰게 되었다.

이 책의 시작은 한국방송통신대학교 교육학과 수업인 〈노인교육론〉이다. 평생교육사 양성 과정의 선택과목이기도 한 이 〈노인교육론〉은 글자 그대로 노년기를 맞은 사람들의 교육과 학습을 주로 다룬다. 노인은 살아온 날이 길고 그 날들의 경험 역시 각각 다르기에 '노인'이라고 불리는 사람들 속에서도 삶의 모습은 각각 다를 수밖에 없다. 그리고 우리나라만이 아니라 다른 나라로 눈을 돌리면 또 다른 노인들이 비슷하기도 하고 다르기도 한 저마다의 삶을 이어 가고 있다. 매주의 강의에 더해 한 편의 영화를 소개하고, 강의 내용에 연계되는 몇 가지 주제를 다룬 〈영화 속 시니어월드〉라는 이름의 영상을 올렸다. 영화 속 노인들이 보여 주는 다양한 사례가 노인을 이해하려는 학습자들에게 도움이 되었음을 알 수 있었다. 이 일이 가능하게 해 주신 방송대 디지털미디어센터 김정훈 피디님께 특별한 감사를 드린다.

책이 나오기까지 감사를 드릴 분들은 또 있다. 방송대 대학원 평생교육학과 〈노인교육연구〉 튜터인 전경아 선생님은 자료의 확인과 수집을 도와주셨다. 이 책의 아이디어를 받아 주신 방송대출판문화원의 박혜원 팀장님, 장빛나 선생님, 그리고 박지호 원장님께도 감사드린다. 무엇보다 이 책을 쓰면서 제일 많이 생각한 사람은 역시 각자의 부모님이다. 우리들의 앞자리에서 지혜롭게 나이듦의 의미를 보여 주시며 스스로의 결말을 의미 있게 써 나가시는 부모님께 머리 숙여 존경과 사랑을 전하고 싶다.

저자 일동

contents

─────────── 3부 ───────────

노년의 청연한 뒷모습

차

이 책 사용법

우리 부모의 문제, 곧 내가 마주할 그것

"인생은 영화와 같다. 스스로 결말을 써 나가라."

삶의 매 순간순간 이 말이 해당되지 않는 때가 없을 것이다. 그러나 이제 노년에 접어드는 이에게는 더욱 마음에 와닿는 말이 아닐까 한다. 영화 속 노인의 세상을 들여다보는 데에는 약간의 용기가 필요했다. 모두 열 편의 영화에 등장하는 주인공들은 스웨덴, 미국, 영국, 일본, 홍콩, 그리고 한국의 어느 동네에 꼭 하나씩은 있을 것만 같은 노인들이다. 주인공이 죽는 결말도 다수인데, 어차피 노년기의 끝은 죽음이니까 어쩔 수 없다. 유쾌한 결말이어도 어쩐지 짠한 마음이 드는 것은 이들이 '노인'이기 때문인 것 같다.

노인은 한때 우리의 양육자였고 우리가 돌보아야 하는 피(被)부양자다. 고마운 마음은 과거에 머물고 지금은 묵직한 부담으로 다가오는 것이 솔직한 심정일 것이기에, 주름진 얼굴의 노인이 등장하는 영화를 보러 극장으로 향하는 일이 흔하지 않은 것도 아마 그 때문일 것이다. 선남선녀의 멜로를 만나거나 통쾌한 액션을 위해서는 기꺼이 지갑을 열면서도 말이다. 그런데 노인이 주인공인 영화라니, 이미 초고령사회로 들어선 스웨덴이나 일본에서는 조금 더 현실감이 있다고 하긴 하더라만, 우리는 글쎄?

••

그러나 지금은 바로 '그때'가 왔다. 우리나라는 짧은 시간 동안 고령화사회, 고령사회를 지나 초고령사회를 맞이하고 있다. 온통 노인 이야기가 넘쳐나고 그중 절반 이상이 걱정이다. 그런데 노인 그 자신에 대한 이야기라기보다는 많은 숫자의 노인이 가져올 '문젯거리'에 대한 이야기가 더 많은 것 같다. 이를 테면 OECD 국가 중 최고 수준이라는 '노인 빈곤' 같은 사회문제나 연금이니 요양원이니 하는 방법론 관련한 이야기가 넘친다. 사실 노인 부양의 문제는 이제 더 이상 개인의 영역에 머물지 않는다. 이제 우리 사회의 중요한 문제가 되었고, 그에 대한 대책을 깊이 있게 고민하고 준비해야 할 때이다.

이 책은 노년교육학(educational gerontology)의 시각을 바탕으로 한다. 인간의 인생 후반기인 노년을 다루는 노년학(gerontology)은 노화(aging)와 노인 문제 연구를 위한 다학문적(多學問的) 집결체이다. 따라서 노년학은 그 성격이 '학제적(interdisciplinary)'이다. 그러니까 '노인의 삶과 사회를 이해하는 데 관련되는 모든 학문 간의 교류와 공동의 노력으로 만들어지는 학문'으로 생각하면 된다. 그래서 노년학에는 노년교육학을 비롯한 다양한 분과 학문이 있는데 이 중 몇 가지만 간략히 소개하면 다음과 같다.

● **노인의학**(geriatrics) : 노화 과정에 대한 의학적 관심 및 노인병의 예방 및 치료에 관한 학문이다. 연령의 증가에 따른 질병과 노화 현상을 의학적으로 연구하여 건강한 노년기를 보낼 수 있는 방법을 모색한다. 인간 수명의 증가로 수요가 늘어난 연구 분야라고도 할 수 있고 반대로 이 학문의 발전으로 인간 수

명이 늘어났다고도 볼 수 있다. 현재의 고령화사회의 도래를 만든 직접적인 연구 분야다.

● **노년사회학**(social gerontology): 노인의 존재로 인하여 일어나는 사회적 현상을 연구하는 학문이다. 전체 사회를 구성하는 인구 집단으로서 노인을 구분하며, 연령의 증가에 따른 사회적 역할과 지위의 변화 과정과 적응, 사회가 노인에게 미치는 영향과 노인 인구의 증가가 사회에 미치는 영향 등에 관심을 갖는다.

● **노인심리학**(psychological gerontology): 노화에 따른 인지, 정서, 정보 처리 등의 변화 등에 관심을 갖는 학문이다. 노년사회학이 거시적 접근을 취한다면 노인에 대한 심리학적 접근은 미시적이다. 즉, 한 개인으로서의 노인을 들여다보는 영역으로 노화에 따른 감각, 지각, 정신 기능, 감정, 성격의 변화와 이에 관련된 행동과 적응의 변화 등을 연구한다.

● **노인복지학**(gerontological social welfare): 노인의 적응 문제나 욕구와 관련한 정책과 서비스를 개발하고 제공하는 데 관련된 학문이다. 노년사회학과 노인심리학이 노인 문제에 대한 파악과 분석으로 노인 문제의 해결에 필요한 시사점을 제공했다면 노인복지학은 노인 문제에 대한 직접적인 해결책을 마련하는 데 있어서 가장 중요한 역할을 해 왔다. 노인과 사회환경의 상호작용 속에서 발생하는 노인들의 적응 문제나 욕구의 충족과 관련하여 정책적 프로그램과 서비스를 개발하고 제공하는 데 관심을 갖는다.

● **노년교육학**(educational gerontology): 노인과 노화에 대한 교육학

적 탐색을 시도하는 학문 분야이다. '노인교육학'이라고도 불리며 성인교육학(adult education)의 분과학문으로 보기도 한다. 진단 위주의 노년사회학이나 노인심리학과도 다르고, 치유 위주의 노인복지학과도 달라 노인이 당면하는 여러 문제의 예방을 추구하는 학문 분야라고 할 수 있다. 노인을 위한 다양한 교육과 학습을 마련하고, 그런 노력을 의미 있게 만들기 위해 노인과 노화, 노년기의 삶에 관한 배움을 중요하게 여긴다.

이 책은 어떤 노인(들)의 개인적인 이야기를 극적으로 보여 주면서 독자에게 다양한 질문을 던진다. 이런 일에 적합할 영화를 골라서 100세 시대의 삶, 노인을 둘러싼 교육과 돌봄에 대한 실천적인 이야기를 풀어 보고자 했다. '개인적인 것이 정치적인 것이다(The personal is political).'라는 말처럼 영화 속 노인이 겪어 내는 개별적 삶은 사회의 모습과 현실 노인 문제와 유리되지 않는다. 독자의 생각도 그렇게 연결 및 확장되면서 자연스레 영화 속 주인공이 겪고 있는 문제의 해결을 원하게 될 것이다. 이 모든 것이 '나이듦을 배우는 일(learning to be old)'이라고 생각한다. 이미 우리 곁에 도래한 평생학습사회 속 일상의 배움을 통해 노인을 잘 돌보고, 더불어 나 자신도 노년기에 좋은 돌봄을 받을 수 있기를 꿈꾸며, 여기에 필요한 지식, 기술, 그리고 태도를 얻기 위해 어렵지 않게 대화의 주제로 삼을 수 있는 영화 열 편을 골랐다. 써 내려가는 도중 새롭게 개봉된 영화나 아쉽게 담지 못한 영화는 뒤에 간략한 줄거리와 함께 생각해 볼 거리를 넣었다.

열 편의 영화 속에는 다양한 이야기가 중첩되고 교차되지만 단순하게 보면 대략 세 갈래로 나뉘는 3부의 구성을 갖는다. 각 부의 구성을 간략히 소개하면 다음과 같다.

- **1부_배움으로 발견하는 신노년기**: 1부는 노년기 '배움' 또는 '학습'의 주제가 두드러진다. 〈인턴〉, 〈칠곡 가시나들〉, 〈에브리씽 에브리웨어 올 앳 원스〉 세 편의 영화를 통해 노년기 일과 여가, 그리고 이 모두를 아우르는 학습의 문제를 조명했다. 〈인턴〉은 은퇴한 노인이 선택한 작은 일이 그 자신의 자존감 확보를 넘어서 세대 공존의 방법이 될 수 있음을, 〈칠곡 가시나들〉은 학습권을 박탈당한 여성들의 노년기 삶 속 한글 공부의 의미를, 〈에브리씽 에브리웨어 올 앳 원스〉는 일상의 의미 찾기를 통해 노년기 허무주의를 막을 수 있는 방법을 알려준다.

- **2부_노년에도 반짝이는 삶**: 2부는 노년기 전체를 조망하면서 다양한 교차점을 가진 노인의 삶을 보여 주는 영화들로 구성되어 있다. 〈창문 넘어 도망친 100세 노인〉, 〈나, 다니엘 블레이크〉, 〈오베라는 남자〉, 〈님아, 그 강을 건너지 마오〉, 〈더 파더〉의 다섯 영화가 기다리고 있다. 스웨덴, 영국, 그리고 한국이라는 문화적 맥락에서 막 회사의 문을 나서며 노년기를 시작하는 사람부터 가난한 노인, 초고령 노인, 병든 노인, 사별한 노인의 삶을 만나며 마주하는 질문이 결코 가볍지 않다. 일터를 떠나게 되고, 퇴행성 질환을 진단받고, 배우자의 죽음을 겪으며 살아가는 노인들의 삶에 대해 조금 깊게 생각해 볼 계기가 될 것이다.

● **3부_노년의 청연한 뒷모습:** 삶의 끝은 죽음이라 죽음도 삶의 일부가 맞다. 그러나 '노인의 죽음'은 앞선 삶의 이야기와는 조금 다른 특색을 갖기도 한다. 웰다잉(well-dying)이 곧 웰리빙(well-living)임을 알지만 그래도 죽음을 맞닥뜨리는 노인들의 이야기를 따로 하기로 했다. 〈심플 라이프〉와 〈엔딩 노트〉의 두 편이다. 〈심플 라이프〉는 홍콩의 요양원을 보며 우리 부모의 마지막 주거지와 일상을 생각하게 하며 〈엔딩 노트〉는 아버지의 임종을 담은 딸의 카메라를 통해 삶을 최종 마무리하는 하나의 사례를 만날 수 있다. 죽음으로 헤어지는 사람들 간의 최후이자 귀중한 시간(quality time)을 잘 보낼 수 있는 방법을 모색해 볼 수 있을 것이다.

책을 읽기 위해 독자는 영화를 다 찾아 보지 않아도 된다. 왜냐하면 각 장 말미의 '리플레이'가 대신 영화를 읽어 주기 때문이다. 리플레이(replay)는 말 그대로 '다시 재생한다.'는 의미다. 리플레이에서 영화의 전체 스토리를 다시 재생한다. 리플레이는 있는 그대로 영화가 전달하는 이야기를 3막 구조로 짧게 요약한다. 즉 처음, 중간, 끝을 구분하여 먼저 스토리의 목표를 알려 주고 그 목표를 향한 주인공의 행동과 위기를 보여 준 후 마지막 절정에서 영화가 전달하는 메시지를 명확하게 정의한다. 영화는 보는 사람에 따라 다르게 해석할 수 있지만 리플레이는 우선 영화 자체가 말하고 있는 객관적인 의미에 집중한다. 특히 그 의미가 어떻게 이미지로 상징화되고 있는지 다시 보여 준다. 그리고 리플레이는 각 영화 속 노인의 개인사가 어떻게 우리의 이야기로 확장되는지

인도한다. 영화는 전체를 부분으로 압축하고 관객은 압축을 풀어 전체를 상상한다. 그러나 영화 속 고도로 압축된 상징을 제대로 읽지 못하면 영화가 말하는 핵심 의미에 다가가기 힘들다. 리플레이는 영화를 단순화하여 관객이 그 압축을 푸는 일을 돕는다. 스토리를 분석하여 핵심 의미를 도출하고 영화에서 반복되는 이미지로 다시 그 핵심 의미를 강조한다. 그러므로 리플레이를 통해서 우리는 단순히 영화를 다시 재생하는 것이 아니라 스토리 구조와 반복되는 이미지 속에서 영화가 전달하는 근본적인 의미를 발견할 수 있다.

독자는 결국 영화 속 누군가의 아버지이자 어머니가 노인의 심리, 일, 병, 돌봄, 교육과 학습 등, 우리 사회의 노인과 관련한 여러 가지 문제를 상징적으로 보여 준다는 사실을 알게 될 것이다. 영화 속 노인을 보고 이들의 경험과 관련된 이론이나 개념을 비롯, 각국의 정책과 사업, 그리고 삶의 상황을 들여다보고 노인에 대한 구체적이며 다각적이고 종합적이면서 객관적이고 논리적이며 체계적인 정보를 충분히 습득할 수 있을 것이다. 예를 들어 인간의 노화 과정은 어떤 것인지, 다른 나라 노인과 한국 노인은 각각 어떤 상황에 처해 있는지를 알 수 있고, 어떻게 노인의 자기성장과 발달을 도울 수 있는지도 알 수 있으며, 노인의 삶에 유의미한 돌봄의 방법도 알 수 있다. 이런 모든 과정에서 노인은 단순히 돌봄을 받기만 하는 존재가 아니라는 점, 그들의 지혜와 인생 경험을 우리 사회의 가치 있는 자원으로 활용하는 방법에 대해서도 아이디어를 얻을 수 있을 것이다.

이렇게 이 책은 개인의 학습에 도움이 될 수 있는데, 이를 넘어 다른 이들과 함께 하는 공동학습에서도 활용되기를 바라고 있다. 삶의 현장 그 어디나 학습의 공간이기에 이 책을 그 어디에서도 활용할 수 있다. 교육학과, 사회복지학과, 가정관리학과, 노년학과 등 노인을 서비스의 대상이나 활동의 주체로 다루는 다양한 학교나 기관의 수업과 강의, 그리고 마을회관, 주민센터, 평생학습관에서의 이야기와 토론, 각종 노인 대상 전문가의 연수 및 보수교육, 가정에서의 세대 간 이야기 나눔에서 유효하고 적절하게 쓰일 수 있기를 바란다.

아무쪼록 이 책이 21세기를 살아가는 노인을 보다 잘 알고, 이들의 삶의 굽이마다 필요한 일들을 생각하고 실천하는 데 도움이 되었으면 한다. 이 모든 일은 결국 시민이 항상 생각하고 함께하는 일, 그러니까 시민사회 전체의 일이라고 생각한다. 최근 노인의 일(work), 여가(leisure), 학습(learning)을 중요하게 여기고 보다 더 잘 지원하려는 사람이 늘어나는 것은 우리 사회가 지금보다 더 좋은 곳을 향해 가고 있다는 징표라고 생각한다. 시민의 돌봄(caring)을 연구해 온 조안 C. 트론토(Joan C. Tronto)의 말처럼 '돌봄'은 정해진 누군가의 몫이 아니라 우리 모두의 일이며, 노인을 포함한 모두를 시민사회의 구성원으로 서로를 평등하게 대우하는 것은 '민주주의'의 현존에 다름 아닐 것이다.

1부.

배움으로 발견하는 신노년기

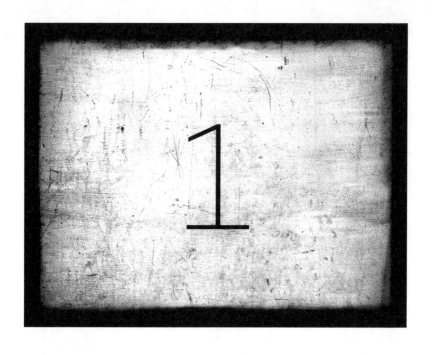

인턴

감독: 낸시 마이어스Nancy Meyers

출연: 앤 해서웨이Anne Hathaway(줄스 오스틴 역), 로버트 드 니로Robert De Niro(벤 휘태커 역)

각본: 낸시 마이어스

개봉: 2015년

제작사: 웨이벌리 필름Waverly Films

(미국, 121분)

은퇴 후 일하는 행복

엔드 end 아니라 앤드 and

"경험은 절대 늙지 않아요."

2015년에 캐나다에서 트뤼도 총리가 처음 꾸린 내각이 발표되면서 화제가 되었다. 30명의 장관을 남성 15명과 여성 15명, 남녀 동수로 내각이 구성된 건 캐나다 역사상 처음 있는 일이었다고 한다. 왜 남녀 장관 수를 같게 했는지 묻는 기자의 질문에 트뤼도 총리의 대답은 한마디였다.

"지금은 2015년이잖아요(Because it's 2015!)."[1]

〈인턴〉은 2015년에 제작된, 드라마와 코미디 장르가 혼합된 전형적인 할리우드 영화이다. 감독 낸시 마이어스가 연출한 다른 영화 〈왓 위민 원트〉, 〈로맨틱 할리데이〉, 〈사랑은 너무 복잡해〉 같이 전형적인 할리우드식 해피엔딩을 가지고 있다. 낸시 마이어스는 1949년생으로 영화 제작 당시에는 60대 중반의 비교적 젊은 노인이었다. 그는 할리우드 영화의 관습을 누구보다 잘 아는 것은 물론이고 노년의 삶도 잘 알고 있다. 그는 자신과 같은 노인 세대와 젊은 세대가 조화롭게 살아가는 이상적인 스토리를 가볍지도 무겁지도 않게 관객이 보기에 아주 편한 영화로 연출하였다.

〈인턴〉은 2015년 영화이다. 70세의 노인 벤이 자신의 나이의 절반도 채 되지 않는 젊은이들과 일하게 되는데, 연륜이 담긴 벤의 조언은 회사 동료들은 물론 회사 대표인 줄스의 삶에도 큰 도움이 된다. 이 과정에서 벤과 줄스가 서로에게 많은 것을 배우고 성장한다는 이야기이다. 젊은이들이 득실거리는 회사의 인턴이 된 어느 노인의 멋진 인생 이야기가 바로 영화 〈인턴〉이다. 혹시 벤과 줄스, 이 두 사람이 나란히 서 있는 이 영화의 포스터를 스치듯 보기만 한 사람 중에 혹시 나이 많은 남성인 로버트 드 니로가 회사 대표, 젊은 여성인 앤 해서웨이가 인턴인 줄 알았던 사람들도 있지 않을까?

빈구석,
'주된 일자리'가 끝나면

영화는 뉴욕 센트럴 파크에서 뉴요커들과 천천히 몸을 움직이는 태극권을 하는 벤 휘태커의 내레이션으로 시작된다.

"나는 은퇴하고 3년 반 전에 세상을 떠난 와이프를 그리워하며 여생을 처음에는 참신하게 즐겼다. 모아 둔 마일리지로 전 세계를 돌아다녔다. 그러나 여행에서 돌아와 집에 온 순간 굳이 집을 떠날 필요가 없다고 느끼게 됐다. 이후 아침 7시 15분에 스타벅스에 가서 커피를 마시고 신문을 읽으면 뭔가 사회 구성원이 된 느낌을 받았다. 남은 시간은 골프, 책, 영화, 카드놀이, 요가, 요리, 화초 가꾸기, 북경어 배우기, 번역 등 안 해 본 것이 없다. 그리고 생각보다 자주 장례식에 참석했다. 요즘 내가 다니는 여행이라곤 샌디에이고로 아들 가족을 보러 가는 것이 전부다. 난 충분히 행복한 사람이지만 내 인생의 빈구석을 채우고 싶다."

곧 벤은 ATF(About the Fit.com)란 회사의 시니어 인턴 프로그램에 지원한다. 그는 카메라로 자기소개 영상을 촬영하며 말한다.

"뮤지션은 음악이 떠오르지 않을 때까지 은퇴하지 않는다. 내 마음속에 여전히 음악이 있다. 난 그것을 확신한다."

이렇게 영화의 시작은 정년퇴직한 한 남성이 젊은 시절 기대했던 해외여행을 막상 다니다 보니 특별한 것이 없다고 판단하고 일상에서 뭔가 빈 자신의 노년을 채우기 위해 다시 구직하게 된다는 이야기를 담고 있다. 도입부가 이렇게 주인공인 벤을 소개했다면 다음은 또 다른 주인공 줄스 오스틴 차례이다. 이 회사의 CEO인 그가 고객 상담과 웹 디자인까지 직접 챙기며 새벽까지 꽉 찬 일정을 소화하는 사람이라는 이야기가 진행된다. 이제 두

70세 인턴 벤과 20대 직장 동료들 사이에 세대 차는 뚜렷하지만 소통의 장애는 없다.

명의 주인공이 누구인지 알았으니 영화 전체를 이끌어 갈 질문이 자연스럽게 떠오르게 된다. 벤은 줄스의 개인 비서로 배정되는데, 70세 벤이 30대 줄스의 회사에 잘 적응할 수 있을까? 관객들의 극적 긴장이 형성된다.

프로이트(Freud)는 "사랑과 일은 인간됨의 주춧돌(Love and work are the cornerstones of our humanness)"이라고 표현하였다. 많은 성인교육학자들도 성인기 정체성의 두 축을 일과 인간관계로 본다.[2] 성인기 삶은 일을 하면서 살아가는 하나의 축과, 가족, 주변 친구, 직장 동료, 마을 사람 등과 애정 어린 교류를 하면서 살아가는 다른 한 축으로 구성된다는 설명이다.[3]

노년기의 일은 '주된 일자리', 즉, 생계를 위해 오랜 기간 일해 온 직장이나 스스로 꾸려 온 일을 그만둔 이후 놀랄 만큼 다양한 활동으로 펼쳐질 수 있다. 자신의 필요에 따라 경제적 목적의 활동과 사회적 목적의 활동 또는 이 두 목적을 결합한 활동을 하며 살아간다. 우선 우리 사회는 경제적 문제로 인해 일자리를 원하는 노인이 많은 것이 큰 걱정이다. 평균수명의 증기로 노년기가 언제 끝날지 모르는데 충분한 만큼의 자산을 축적한 사람은 찾기 힘들다. 반면 100세 시대를 눈앞에 둔 지금, 주된 직장에서의 퇴직 연령은 50세 중반 근처에 머물러 있다. 그러나 언제까지 경제활동을 하고자 하는지에 관한 질문에는 많은 사람들이 70세를 훌쩍 넘어선 나이까지를 원한다고 답한다. 나이가 들수록 더 늦게까지 일하고 싶어 하는 모습을 보인다.[4]

점진적 은퇴,
무급과 유급의 '일'

한편으로는 이전 노인 세대에 비해 학력과 경력이 높아진 베이비부머 세대가 퇴직을 하고 노년기에 접어들기 시작하면서 일에 대한 필요와 요구가 과거보다 훨씬 다양하게 표출되기 시작하였다. 이들 베이비부머들은 일에 대해 '돈을 벌면 좋고 아니어도 괜찮다.'라는 생각을 중간에 두고 양쪽으로 확장되는 모습을 보인다. 따라서 노년기의 일은 자원봉사와 같은 무상의 일 역시 함께 논의해야 할 필요가 있다.

자원봉사로 시작했다가 소득을 창출하는 일로 발전시키기도 하고 고액의 연봉을 받던 사람이 은퇴 이후 무상 혹은 일부 유상으로 일하며 사회공헌에 방점을 두기도 한다. 이렇게 다양한 '일'의 모습을 관찰할 수 있는 이 시기에 '점진적 은퇴' 개념을 적용하기도 한다. '점진적 은퇴'는 주된 일자리에서 퇴직한 이후에도 계속 소득활동 등을 추구하며 완전 은퇴의 단계로 서서히 접어드는 시기 또는 상황을 말한다. 이 시기를 맞이한 이들은 대개 제 2, 3

점진적 은퇴의 개념

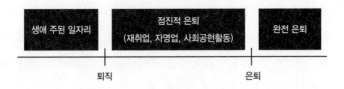

생애 주된 일자리	점진적 은퇴 (재취업, 자영업, 사회공헌활동)	완전 은퇴

퇴직   은퇴

의 일자리를 거쳐서 완전 은퇴에 다다른다.[5]

벤은 지나가다 벽에 붙은 공고를 보고 인턴으로 지원한 것으로 나오지만 실상은 많은 고민과 궁리를 했던 것을 짐작할 수 있다. 퇴직을 맞은 우리 주변의 베이비부머를 보면 '우선 그간 못 해 보던 거 원 없이 해 보자.'는 결심을 하고 한동안 여행자의 삶을 사는 모습을 보이기도 하는데, 멋있어 보이는 모습과는 다른 속내를 비치는 경우도 많다. "길어 봤자 1~2년이야. 이제는 여행도 심드렁해. 그럼 이제 뭐하지?" 벤도 그랬다. 하고 싶은 것을 다 해 봤지만 아직도 그의 노년기는 많이 남아 있는 것만 같다. 그래서 그는 '인턴'이라는, 그의 경력에 비해 한없이 초라한, 그러면서도 새로운 도전이 가득한 일자리에 초심자로 입문한다.

우선 인턴이 되기 이전의 그에게 권하고 싶은 교육이 있다. 바로 50세 이후의 시민의 교육과 훈련을 전문으로 하는 기관인 '50+센터'나 40세 이상부터의 전직이나 미래 경력 탐색을 지원하는 '중장년내일센터'의 생애·경력 설계 프로그램이다. 이름처럼 생애 설계 프로그램과 경력 설계 프로그램으로 나뉜다. 생애 설계가 삶의 영역별 자기 탐색을 지원한다면 경력 설계는 지금까지의 경력 점검과 함께 지금부터의 진로 계획을 설정하는 것을 돕는다. 한마디로 '나를 돌아보고 인생 후반기를 준비할 수 있도록' 하는 맞춤형 교육 프로그램이라고 할 수 있다. 다양한 기관에서 이런 교육과정을 개설하고 있는데, 이상하게 경험한 사람은 생각보다 적다. 현재 베이비부머의 대규모 은퇴로 인해 이런 교육은 더욱 많아질 것이다. 또 지금까지는 이런 교육의 존재만으로도 이야깃거리가 되었다면 앞으로는 이런 교육의 품질과 실제적 성과에 대한 논의가 본격화될 것으로 보인다.

사실 은퇴자는 남아도는 시간을 어떻게 써야 할지 몰라 당황하는 경우가 많다. 교육에 참여한 한 은퇴자에게 하루 시간표를 그려 보라고 했더니 일어나고 잠자리에 드는 시간 두 가지만 표시하고 나머지는 '등산'이라고 썼다는 웃지 못할 이야기도 들린다. 노년기에 갑자기 많아진 이 시간을 어떻게 일(work), 교육 또는 학습(education/learning), 여가(leisure)로 의미 있게 채워 갈 것인가에 대한 고민이 필요하다.

공존을 위한
배움

벤은 자녀뻘인 직원들 앞에서 인턴 면접을 본다. 노스웨스턴 대학을 1965년에 졸업했고 전화번호부 회사인 덱스 원에 입사해 40년간 일하고 부사장으로 퇴직한 벤은 인턴으로 합격한다.

첫 출근 날, 그는 이 회사가 18개월 전에 25명에서 시작해 지금은 벤을 포함해 직원이 220명이 됐다는 말을 듣는다. 20대이자 동료 인턴인 데이비스가 자신의 책상 위에 보조 배터리, USB, 닌자 인형, 빨간색 아이폰을 올려 놓을 때 벤은 책상 위에 검은색 삼성폰, 펜, 계산기, 안경집, 탁상시계를 선을 맞춰 보기 좋게 세팅한다. 그러나 벤은 처음 쓰게 된 맥북을 어떻게 켜야 할지 모른다.

그는 평생 PC만 썼을 것이다. 옆자리에 앉은 프로그래머인 루이스가 스페이스바를 누르라고 알려 준다. 이는 세대 간 문화차이를 보여 준다. 벤은 맥북을 앞에 두고 종이 신문을 읽는다. 젊은이들은 영화 속 이 장면을 보며 웃는다는데, 디지털 이주민인 성인들로서는 놓치기 쉬운 부분일 것이다.

　우리가 현재 맞이하고 있는 사회는 영화 속 20대와 70대 인턴이 공존하는 사회, 즉 연령통합사회이다. 연령통합사회는 어려서는 학습, 커서는 일, 늙어서는 여가로 대표되는 단선형 사회가 아니라 생애 그 어느 시기에도 일, 여가, 학습이 균형 있게 일어나야 하는 사회이다. 그래서 노년기 성인들의 삶 속에서도 교육과 학습이 결코 부수적인 것이 아니라 오히려 핵심일 수 있다. "무언가를 하고 싶은 욕구에 기초하여 배움이 진전되고, 그 학습이 여가를 채우며, 그 과정이 새로운 일감을 창출하는 방식"[6]으로 일, 여

연령분리사회(Age-differentiated Society)**와 연령통합사회**(Age-Integrated Society)

연령	연령분리사회	연령통합사회		
Old	여가	교육	일	여가
Middle	일			
Young	교육			

출처: https://e-eum.net/focus/?idx=14094316&bmode=view[7]

가, 학습이 이루어지는 것이 평생학습사회인데, 이것이 베이비부머 등 노년기 성인이 원하는 일을 찾기 위한 교육과 학습의 주된 방식이 될 수 있을 것이다.

일자리를 찾는 베이비부머라면 평생교육기관과 고용훈련기관이 제공하는 직업교육 및 훈련은 필수로 거치면 좋다. '노년의 일'을 통합적으로 지원하는 부서나 기관은 아직 찾기 힘들지만 생애·경력 설계를 통해 향후 삶의 방향성을 설정한 사람이라면 부처 간 존재하는 칸막이를 넘어 자신에게 가장 좋은 방법으로 역량을 제고할 수 있을 것이다. 이를테면 고용노동부의 워크넷(Worknet)에서 장년 워크넷(www.work.go.kr/senior)을 클릭하면 중장년 내일센터에서 진행하는 생애경력설계서비스, 퇴직 예정자를 위한 전직스쿨 프로그램, 재취업을 위한 재도약 프로그램 등에 대한 정보를 얻을 수 있다.

개인의 연륜과 경험의
사회적 활용

벤이 인턴으로 일하는 이유에는 경제적 문제는 없어 보인다. 그렇다고 사회적으로 무슨 공헌을 하겠다고 마음먹지도 않았던 것 같다. 그렇지만 그의 일은 그 자신과 직장 동료의 삶에 큰 의미를 가져오며 개인을 넘어 사회적 의미를 갖게 된다.

우선 은퇴자 역량의 사회적 활용 측면에서 돋보이는 기업의 노력이 있다. 벤은 기업의 사회적 책무(corporate social responsibility, CSR)라는 차원에서 고용기회를 갖게 된 것인데 이것은 꼭 노인이 필요해서 고용하는 게 아니다. 벤이 그 자신의 역량을 보여 주기 전에는 별다른 업무가 주어지지 않았던 것을 보아서도 알 수 있다. 이런 노력마저도 안 하려는 기업이 아직도 많고 이런 일에 관심이 있는 기업조차도 지역사회 노인들에게 소일거리를 준다는, 그러니까 노인복지 차원으로 접근하는 것이 일반적이었지만 지금은 상황이 많이 달라졌다. 은퇴한 노인의 지혜와 경륜, 그리고 역량을 이용하여 윈윈하는 사례가 많아졌고 이를 ESG(Environment, Social, Governance; 환경, 사회, 지배구조) 경영의 일환에서 의미를 부여하기도 한다.

은퇴한 경력자와 지역사회의 다양한 전문 기관의 연결도 늘고 있어 고학력 경력자로 은퇴한 노인들을 활용할 방법을 모색 중이다. 예를 들어 미국은 다양한 프로그램으로 은퇴한 베이비부머의 일에 대한 요구를 충족시키고 있다. 이 중 '앙코르 수학·과학 교사 프로그램(EnCorps STEM Teacher Program)'은 유상, 무상의 일자리를 은퇴한 이들에게 사회공헌 성격에서 제공하는 사례이다. 이 프로그램은 각 분야의 전문가들이 처음 1년간은 보조 교사로서 봉사활동으로 참여하고, 이후에는 전문 강사나 교사로 전환할 수 있는 기회를 부여한다. 이렇게 양성된 튜터나 교사들은 저소득층 밀집 지역의 공립학교 등에서 활발한 활동을 하면서 자신이 살고 있는 사회에 좋은 영향력을 발휘하고 있다.

'앙코르 펠로우십(Encore Fellowship)'은 중고령자의 역량을 활용해서 네트워킹을 전개하는 사업이다. 앙코르닷오알지(Encore.org)[8]라는 단체는 1998년 한 사회적 기업가가 설립한 비영리단체로 은퇴자 또는 만 50세 이상 중년들의 제2의 인생 설계를 돕는 단체이다. 이 단체의 사업 중 하나는 은퇴한 베이비부머와 전문가를 필요로 하는 비영리단체를 연결해 주는 것이다. 사회적으로 의미 있는 활동을 지속해 나가기 위해 인재를 찾는 비영리단체의 필요와 자신의 전문지식과 경험을 활용하는 동시에 사회에 기여할 수 있는 일을 찾는 은퇴자의 요구를 연결하는 것이다.

'앙코르 펠로우십' 프로그램을 이수한 은퇴자들은 인턴과 유사한 '펠로우(fellow)'라는 조건으로 비영리단체에서 6개월에서 1년 정도를 근무하면서 소액의 급여를 받는다. 예를 들어 월가 (Wall Street)에서 은퇴한 한 금융전문가는 장애아동을 지원하는 시민사회단체에서 펠로우로 근무한 후 해당 기관으로부터 고용 제안을 받아 일주일에 이틀 정도 원하는 만큼 일하고 있다고 한다.

같은 기관의 "제너레이션 투 제너레이션(Generation to Generation)" 캠페인도 그렇다. '한 세대에서 다음 세대로'라는 뜻의 이 캠페인으로 젊은 세대가 보다 나은 삶을 영위할 수 있도록 나이 든 세대가 앞장서서 돕고 있다고 한다. 미국은 세계에서 가장 부유한 나라이지만, 18세 미만의 아이들 10명 중 4명이 빈곤에 시달리고 있다고 한다. 베이비부머들은 지역 커뮤니티와 연계된 청소년 지원 단체에서 봉사하며 미래 세대를 돕는 경험을 하게 된다.[9]

벤은 후드티를 입고 면도도 하지 않고 회사에 오는 젊은이들 사이에서 언제나 단정하게 양복을 입고 넥타이를 매고 회사에 출

"제너레이션 투 제너레이션" 시애틀의 로고

출처: https://www.50plus.or.kr/detail.do?id=960470

근한다. 어떻게 봐도 튀는데 과연 잘 적응할까? 걱정도 잠시, 시간이 지난 후 벤은 놀랍게도 회사의 모든 젊은이들이 좋아하는 직원이 되어 있었다. 그 비결이 뭐였을까? 새로운 상황에 적응하려는 노력이 있었고 자신이 쌓아 온 경험과 연륜에서 나오는 조언과 솔선수범이 빛을 발했기 때문이다.

벤은 젊은이들로부터 컴퓨터로 업무하거나 SNS를 사용하는 방법을 배운다. 젊은이들은 벤에게서 효율적인 일처리 방법, 인간관계 노하우, 삶에 대한 태도를 배운다. 벤은 이내 까칠하기 이를 데 없는 상사 줄스의 마음도 사로잡는다. 줄스는 겉으로는 성취에 성취를 거듭하고 있었지만 내면적으로는 일과 가정 모두에서 많은 고민을 안고 있었는데 벤이 건네는 따뜻한 조언이 큰 도움이 된다. 타인에게 도움을 주면 자신도 행복해지기에 벤도 그 전보다 행복해진다. 여기에서 우리는 은퇴한 노인과 젊은이들이 만나는 장에서 자연스럽게 이루어지는 학습의 의미를 느끼게 된다. 현재처럼 세대 간 갈등이 시대의 키워드가 되고 청년의 삶이 팍팍한 이때, 그 어느 때보다도 필요한 것이 아닐까?

벤과 줄스의 협업은 세대 간의 조화를 상징한다.

노인에게 필요한
역량과 노인교육

벤이 젊은이들과 일하는 모습은 한 햄버거 기업의 최근 광고를 떠올리게 한다.[10] '열린 채용'과 '사람 중심의 문화'를 내세우며 시니어 크루와 젊은 관리자가 협업하는 모습을 선보였다. 이 회사는 2000년대 초반부터 55세 이상의 노인 인력을 채용해 왔고 이들에게 적합한 업무를 별도로 개발하여 적용해 왔다고 한다. 젊은이들에게 배우면서 필요할 경우 자연스럽게 지혜를 전수하는 벤의 모습과 젊은 관리자의 지시를 받으며 즐겁게 일하는 광고 속 시니어 크루의 모습은 보는 이들로 하여금 젊은이와 매끄럽게 일할 수 있게 하는 역량이 무엇인지를 생각해 보게 한다.

이에 대한 대답은 노인학습자에게 필요한 역량을 세 가지로 정의한 펠켄(Veelken)에게서 찾아볼 수 있다. 첫째, 정체성 역량이다. 경제활동기에 가졌던 일 중심의 정체성을 해체하고 노년기의 정체성을 새롭게 구성해 가는 능력이다. 둘째, 정신적 메타 역량이다. 다른 세대와 의사소통하며 화합하는 능력이다. 셋째, 참여적 역량이다. 이는 시민으로서 살아갈 수 있는 능력, 나를 둘러싼

맥도날드 시니어 크루 광고

사진 제공: 맥도날드.

세상이 비록 달라졌지만 적극적으로 알려고 하고 참여하려고 하는 데 필요한 역량이다.

노인에게 이러한 역량을 갖추도록 하는 일은 상당 부분 노인교육학 또는 교육노년학(educational gerontology)의 일이다. 우선, 노인교육은 노인을 '위한' 교육일 뿐 아니라 어린이부터 노인에 이르기까지 모든 연령집단의 학습자 혹은 고령자와 관련된 직업에 종사하기를 원하거나 현재 종사하고 있는 사람들, 그리고 퇴직을 준비하는 이들을 대상으로 하는 노화 과정 및 노인의 특성에 관한 교육적 실천과 연구를 포함하는 노인에 '관한' 교육이다.[11] 더나아가 고령자의 지혜와 인생 경험을 가치 있는 교육적 자원으로 활용하는 노인에 '의한' 교육까지 포함하는 광범위한 개념이기도하다.

영화 〈인턴〉에서는 '노인에 의한 교육'이 상당히 돋보였다. 지금까지의 노인교육 혹은 교육노년학이 노인만을 대상으로 한 교육이나 학습에 역점을 두어 왔다면 앞으로의 노인교육은 좀 더 확장적으로 사유되어 다른 세대에도 초세대적·간세대적으로 적용될 필요가 있는데, 이것을 바로 '세대공동체교육'이라고 이름할 수 있다.

손수건과
세대공동체교육

핵가족화로 인해 젊은 세대가 노인과 직접 접촉하고 교류를 나눌 기회는 현저히 줄어들었다. 지금 대부분의 젊은 세대는 노인을 대하는 사회적 인식과 태도를 미디어를 통해 간접적으로 습득하고 있다.[12] 그런데 청년 다수가 노인을 부정적으로 인식하고 있는 것이 자주 포착된다. 한 조사에서는 청년 56.6%가 '노인 일자리 증가 때문에 청년 일자리 감소가 우려된다'고 했으며 77.1%는 '노인복지 확대로 청년층 부담 증가가 우려된다'고 대답했다고 한다. 노인과 청·장년층 모두 세대 간 소통의 어려움을 호소하였으며, 노인 일자리 증가로 인한 청년 일자리 감소나 노인복지 확대로 인한 청년 부담 증가에 대해서는 노인과 청년 모두 공감하고 있는 것으로 조사되었다.[13] 고령화 시대, 늘어나는 부양에 대한 부담 속에서 세대 간 줄어든 상호작용으로 오해와 편견만이 늘어간다. 이러한 노인에 대한 반감이 결국 차별과 혐오를 낳게 된다. 이런 분위기 속에서 베이비부머는 노인이 되기 두렵고, MZ 세대든, 잘파(Zalpha) 세대든 잘 지내고 싶은데 뭘 어떻게 해야 할지 모르는 경우가 많다. 노인교육이 이들이 느끼는 어려움을 잘 파악하고 필요를 채울 수 있는 각종 기회를 마련해야 할 것이다.

이런 맥락에서 영화 속 벤이 건네는 '손수건'이 상징하는 의미는 크다. 벤의 성공은 서로 다른 세대를 이해하기 위한 관계성으로부터 비롯된다. 줄스는 처음에는 노인을 자신을 간섭하고 잔소리만 하는 부모와 같이 귀찮은 존재로 여긴다. 그래서 벤과 함께 일하기를 꺼린 것이다. 그러나 벤의 헌신적인 노력 덕분에 줄스의 생각은 바뀌기 시작한다. 특히 벤의 회사에서 자신의 회사가 태어났다는 사실에서 이전 세대와의 존재적 연결을 깨닫게 된다. 또 벤의 모습에서 현재 젊은 세대가 잃어버린 소중한 유산을 찾는다.

벤이 항상 가지고 다니다가 누군가 눈물을 흘릴 때 건네는 손수건은 이전 세대가 소중하게 간직했던 타인을 위한 배려와 친절을 상징한다. 벤은 손수건처럼 힘들 때 도움이 되는 존재다. 타인에 대한 친절과 배려는 세대를 뛰어넘어 좋은 관계를 형성하는 윤활유다.

〈인턴〉은 고령화 시대, 이러한 개인과 사회의 요구를 이모저모 잘 담아낸 영화이다. 노인은 계속 일하고자 하고 젊은이는 연륜 있는 사람들의 따뜻한 조언을 그리워하는 요즘, 영화 〈인턴〉을 통해 노인 세대는 역할 모델을 찾고 젊은이들은 세대 간 연대 속 얻어지는 이점에 대해 성찰해 볼 수 있다.

3막과 시퀀스

MZ 세대와 노인의 팀워크
우리 회사에 취직한 '키다리아저씨'

3막은 아리스토텔레스가《시학》에서 처음, 중간, 끝으로 정립한 고전적 스토리 구조다. 할리우드는 이런 고전적 서사 구조를 도입해 1막을 설정 국면, 2막을 전개(대립) 국면, 3막을 해결 국면으로 구성한다. 1막은 인물, 상황, 도발적인 사건, 주인공의 목표를 설정하는데 보통 할리우드 영화는 30분 정도에 모든 설정이 끝나고 2막으로 전개된다. 즉 영화가 시작하고 30분 안에 관객은 영화가 어떤 스토리를 전개하려는지 감을 잡게 된다. 2막은 주인공이 목표를 향해 본격적으로 행동을 하는 전개 국면으로 일

벤의 목표는 위기에 처한 줄스를 돕는 것이다.

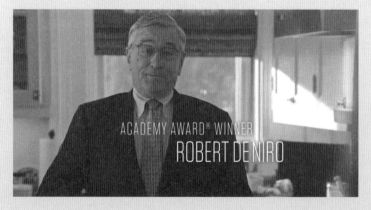

반적으로 행동하는 주인공이 위기에 처하게 되면서 3막의 절정을 남겨 두게 된다. 3막은 주인공이 마지막 행동을 통해 최종으로 문제를 해결하는 국면이다. 이렇게 할리우드는 전체 영화의 25% 분량의 1막과 50% 분량의 2막, 25% 분량의 3막으로 구분한다.

할리우드는 장편영화를 15분 단위의 시퀀스(sequence)라는 작은 이야기 단위로 구성한다. 시퀀스는 나름의 처음, 중간, 끝인 3막 구조를 가진 완결된 스토리인 동시에 전체 스토리의 부분으로 다음 스토리로 순차적으로 연결된다. 결국 할리우드 영화는 8개의 작은 이야기로 긴밀하게 연결된다. 이로써 2시간 분량의 전형적인 할리우드 영화는 3막 8시퀀스 구성을 갖는다.

〈인턴〉은 관객에게 익숙한 할리우드의 전형적인 스토리 구조인 3막 8시퀀스를 가지고 있다. 그런데 빠른 전개를 원하는 관객에

〈인턴〉 3막 8시퀀스

막	시퀀스	파트	스토리 (러닝타임)	누적시간 (분)
1	1	1	정년퇴직한 벤이 인생의 빈자리를 채우기 위해 구직한다. (5)	5
		2	CEO 줄스는 고객 상담과 웹디자인까지 직접 챙기며 새벽까지 꽉찬 일정을 소화한다. (5)	10
		3	벤은 직원 면접에 합격해 첫 출근하고 줄스의 개인비서로 배정된다. (5)	15
			70세 벤이 30대 줄스의 회사에 취직할 수 있을까? (15)	
	2	1	줄스는 벤을 처음 만나 다른 부서를 추천하지만 벤은 거부한다. (5)	20
		2	벤은 줄스의 심부름을 하다가 새 CEO를 뽑으려는 투자자들의 요구를 알게 된다. (5)	25
		3	벤은 자진해서 사무실 청소를 하고 그 보상으로 피오나로부터 어깨 마사지를 받는다. (5)	30
			벤은 회사에 잘 적응하고 줄스의 신임을 받을 수 있을까? (15)	
			벤은 줄스 밑에서 일할 수 있을까? (30)	

2 전반부	3	1	벤은 우연히 줄스의 운전사가 되어 첫 CEO 후보를 만나는 줄스를 돕는다. (5)	35
		2	벤이 피오나에게 전화를 걸고 육아를 맡은 남편 맷은 줄스의 잠자리 요청을 거절한다. (5)	40
		3	벤이 줄스 딸의 등교를 돕는 사이 줄스는 벤을 타 부서로 이전하라고 요청한다. (5)	45
			벤은 줄스의 운전사 역할을 잘 수행할까? (15)	
	4	1	벤은 피오나에게 발마사지를 받고 루이스, 데이비스, 제이슨과 친구처럼 지낸다. (5)	50
		2	줄스는 야근 중 벤과의 대화로 그가 40년간 지금의 사무실에서 일했음을 알게 된다. (5)	55
		3	줄스는 타 부서로 이동한 벤에게 사과하고 다시 함께 일하기로 한다. (5)	60
			줄스는 벤을 인턴 비서로서 인정할까? (15)	
			벤은 인턴 비서로 인정 받을까?	
2 후반부	5	1	벤은 줄스의 비서 베키를 돕고 데이비스가 잠시 머물 수 있도록 자신의 방을 빌려준다. (5)	65
		2	줄스는 '엄마는 테러범'이라는 이메일을 실수로 엄마에게 보낸다. (5)	70
		3	벤은 젊은 친구들과 함께 이메일 문제를 해결하고 줄스와 축하주를 마신다. (5)	75
			벤은 줄스가 실수로 엄마에게 보낸 이메일을 삭제할 수 있을까? (15)	
	6	1	남자 직원에게 벤을 보고 배우라고 충고하는 줄스는 만취해 귀가한다. (5)	80
		2	벤은 장례식에서 피오나와 첫 데이트를 하고 다음 날 맷의 외도 장면을 목격한다. (5)	85
		3	벤은 맷에게 줄스의 힘든 상황을 알리고 줄스 앞에서는 모른 척한다. (5)	90
			벤은 맷의 외도를 어떻게 대처할까? (15)	
			벤은 줄스의 개인적인 문제를 잘 도와줄 수 있을까? (30)	
3	7	1	출장 중 화재경보 때문에 벤은 줄스 방에 들른다. (5)	95
		2	줄스는 벤의 행복한 결혼생활을 물은 후 맷을 포기하기 싫다고 말한다. (7)	102
		3	줄스는 새 CEO를 고용하기로 약속하고 맷에게 다시 예전으로 돌아가자고 말한다. (5)	107
			줄스는 새 CEO를 고용하고 맷과 관계를 회복할 수 있을까? (17)	
	8	1	줄스는 벤에게 조언을 구하고 벤은 줄스에게 회사를 직접 경영하라고 말한다. (4)	111
		2	맷은 줄스에게 사죄하고 회사를 포기하지 말라고 말한다. (4)	115
		3	줄스는 희소식을 알리려 센트럴파크에서 태극권을 하는 벤을 찾아가 함께 운동을 한다. (2)	117
			줄스는 CEO 자리를 유지하면서 맷과의 관계를 회복할 수 있을까? (10)	
			줄스는 벤의 도움을 받아 맷과 화해하고 회사를 계속 경영할 수 있을까? (27)	

••

게는 15분 분량의 시퀀스도 길 수 있다. 그래서 할리우드는 15분의 시퀀스를 약 5분 분량의 시퀀스로 잘게 나누어 다시 처음, 중간, 끝이라는 3개의 단계로 구성한다. 할리우드 작가들은 편의상 15분 단위의 시퀀스 안의 더 작은 부분을 파트(part)라고 부른다.[14]

　24개의 작은 이야기들로 구성된 할리우드 영화는 마치 24개의 칸을 가진 긴 기차라고 할 수 있다. 관객은 첫 칸에 타 마지막 칸까지 이동하면서 스크린이라는 창을 통해 수많은 이미지가 지나가는 것을 보게 된다. 그런데 이것이 끝이 아니다. 5분의 파트도 처음, 중간, 끝으로 3등분 될 수 있다. 할리우드 영화는 스토리 안에 스토리가 있고 그 스토리 안에 또 스토리가 있는 러시아 인형 마트료시카 같은 구성을 갖는다. 아리스토텔레스의《시학》에서 정립된 이래 계속 내려오는 3막은 관객에게 가장 익숙한 서사 형식으로서 메시지를 가장 편하게 전달하고 시퀀스는 메시지를 지루하지 않게 빠르게 전달하는 구조다. 〈인턴〉은 3막 8시퀀스의 전형적인 할리우드 스토리 관습을 모범적으로 잘 지킨 영화다.

　〈인턴〉의 첫 시퀀스는 70대의 인턴인 벤과 30대 사장인 줄스를 소개하면서 시작하고 두 사람의 우연한 만남으로 끝난다. 이제 두 사람이 서로 잘 지낼 수 있을지 관전 포인트가 만들어진다. 첫 시퀀스는 '정년퇴직한 벤이 인생의 빈자리를 채우기 위해 구직한다.'라는 첫 파트와 'ATF의 CEO인 줄스는 고객 상담과 웹디자인까지 직접 챙기며 새벽까지 꽉찬 일정을 소화한다.'라는 두 번째 파트, '벤은 직원 면접에 합격해 첫 출근하고 줄스의 개인비서로 배정된다.'라는 세 번째 파트로 구성되면서 '70세 벤이 30대 줄스의 회사에 취직할 수 있을까?'라는 극적 긴장(dramatic tension)을 형성한다. 극적 긴장은 관객이 느끼는 기대나 걱정을 말한다.

　두 번째 시퀀스에서 벤은 투자자들의 요구로 CEO 영입을 하

줄스는 벤의 친절과 배려를 젊은 세대가 배워야 할 유산으로 받아들인다.

게 된 상황에서 스트레스를 받는 줄스를 응원하기 위해 줄스의 눈엣가시와 같은 쓰레기 책상을 청소하게 되면서 본격적으로 인턴으로서 일하기 시작한다. 이제 벤의 목표이자 전체 스토리의 목표가 설정된다. 70대 벤은 딸 같은 나이의 줄스 밑에서 비서로 일하면서 새 CEO 영입 문제에 봉착한 줄스를 돕는 것이다.

이제 본격적으로 2막에서 벤은 인턴 비서로서 줄스를 돕는다. 그러나 두 번의 위기가 있다. 첫 위기는 세 번째 시퀀스에서 발생한다. 줄스가 너무 관찰력이 뛰어난 벤이 부담스러워 타 부서로 이전시키라고 직원에게 이메일을 보낸 것이다. 그런데 네 번째 시퀀스에서 혼자서 사무실에 남아 사장이 퇴근하기를 기다리는 벤에게 줄스가 다가가 함께 맥주를 마시면서 자연스럽게 둘은 친해진다. 줄스는 벤이 자신처럼 회사를 집처럼 생각하며 평생 근무했고 그 회사의 공간을 지금 자신이 이어서 쓰고 있다는 것을 알게 되면서 벤과 나이 차이를 넘어선 동질감을 느끼게 된다. 벤이 다녔던 전화번호부 출판 회사인 덱스 원이 세상이 디지털화되면서 사멸하고 그 자리에 줄스는 전자상거래 회사인 ATF를 창업한 것이다. 벤과 줄스가 집처럼 생각하는 회사 건물은 전 세대가 바로 현 세대의 뿌리임을 알려 주는 상징적인 공간이다. 결국 줄스는 타 부서로 이전한 벤을 다시 데리고 온다.

다섯 번째 시퀀스에서 벤은 줄스가 '엄마는 테러범'이라고 쓴 메일을 실수로 엄마에게 보내 처하게 된 위기 상황을 직장 동료들과 함께 해결한다. 그러나 이번에는 더 큰 위기가 외부에서 온다. 여섯 번째 시퀀스에서 벤은 줄스의 남편 맷이 외도하는 것을 목격한 것이다. 이는 영화에서 가장 큰 위기로 3막 절정에서 해결된다. 일곱 번째 시퀀스에서 벤은 CEO 후보와의 면접을 위해 샌프란시스코로 출장을 가는 줄스를 보좌한다. 출장 중 벤과 줄스는 서로의 결혼 생활을 진솔하게 이야기한다. 줄스는 남편과 관계를 회복하기 위해 새 CEO를 영입하기로 한다. 여덟 번째 시퀀스, 다음 날 자신에게 도움을 청하러 온 줄스에게 벤은 남편 때문에 회사를 포기하지 말라고 조언한다. 남편 맷이 결국 회사로 와서 줄스에게 용서를 구하고 줄스는 새 CEO 영입을 취소하고 회사를 직접 경영하기로 한다. 줄스는 벤의 도움을 받아 결국 남편과 관계를 회복하고 회사도 유지하게 된 것이다. 벤은 또 성공적으로 자신의 인턴 일을 수행하고 여유롭게 태극권을 하며 인생을 즐기는 해피엔딩을 맞이한다.

1막에서 30대 CEO의 인턴 비서로서 역할을 잘 수행한다는 벤의 목표가 설정되고 2막의 전반부에서 벤은 위기를 극복하고 비서로 인정을 받는다. 2막 후반부는 본격적으로 벤이 줄스를 도와주는 이야기가 전개된다. 그리고 3막에서 벤은 조언하거나 간섭하지 않고 줄스가 남편과 관계를 회복하고 회사도 유지하도록 조용히 뒤에서 돕는다. 벤은 결국 줄스가 성장하도록 돕는 '키다리 아저씨'다.

칠곡 가시나들

감독: 김재환
출연: 박금분, 곽두조, 강금연 등
각본: 김재환
개봉: 2019년
제작사: 단유필름

(한국, 99분)

노년기의 문해력

말과 글로 완성되는 율로

"고마 사는 기 배우는 거 와 이래 재밌노."

〈칠곡 가시나들〉은 1938년 조선총독부가 한글 교육을 금지하면서 한글을 배우지 못한 평균 나이 86살 할머니들의 실제 이야기를 다룬 다큐멘터리다. 이 영화를 경상북도 칠곡군 할머니들의 문맹탈출기로 단순하게 볼 수도 있다. 그러나 그것은 이 영화를 절반 정도만 이해하는 것이다. 주인공 할머니들은 1930년대생, 일제 강점기에 태어나서 한글 사용 금지에다가 여자라는 이유로 인해 글을 배우지 못하게 되어 최근까지도 글을 읽지 못하는 상태로 살아왔다. 이 영화는 '여성'이라는 이유로 배움의 기회에서 배제당하고 소외되었던 여성들의 노년기 삶을 보여 주며 노인을 대상으로 한 문해교육 (literacy education) 속 미안함과 존중을 담는 방법을 알려 준다.

옛날에는 / 기용기(경운기)가 없어서 / 소를 미깃다 / 소미기가 /
살찌아가 팔았다 / 돈 남아가 / 아들 학비 댔다.

– 강금연, 〈소〉

사랑이라 카이 / 부끄럽다 / 내 사랑도 / 모르고 사라따 / 절을 때는
쪼매 사랑해 조대 / 그래도 뽀뽀는 안 해 밧다 / 거짓말, 참말.

– 박월선, 〈사랑〉

이 너머도 / 어무이가 조타 / 어무이가 보고시따 / 어무이카고 부르마 /
아이고 방가따 오이야 오그래 방가따.

– 이원순, 〈어무이〉

　칠곡 할머니들은 경로당에서 열리는 칠곡 늘배움학교에서 한
글을 배워 편지도 쓰고 시도 쓴다. 할머니들은 사람들에게 말을
하듯이 시를 쓴다. 시처럼 영화도 할머니들의 생생한 일상을 있
는 그대로 보여 준다.

지금 이 시간,
농촌 여성 노인들의 욜로

봄이 오자 할머니들은 벚꽃이 피고 벌이 꽃을 찾는 산으로 소풍을 간다. 한글 선생님은 '소잡다', '비잡다', '개잡다'라는 말을 손자들이 못 알아듣는다고 말한다. 소잡다는 복잡하다, 비잡다는 비좁다, 개잡다는 가볍다는 의미다. 서울에 사는 아들이 이 말을 못 알아듣고 할머니들은 서울 아들의 말을 못 알아듣는다. 그런데 할머니들은 학교에서 서울 아들의 말을 글로 배우지만 서울 아들은 학교에서 할머니의 말을 배우지 않는다. 이는 비대칭적인 세대 간의 소통 불균형이다. 또 새로운 미디어가 과거 미디어를 밀어내는 형국이다. 박금분은 소잡다, 개잡다라는 시골 말을 쓰지 말라는 서울 아들에게 "에헤이 나도 너 그 말 모르겠다. 여 오지 말라고 할까."라고 당당하게 말한다.

영화는 지방자치단체가 실시하는 한글학교를 통해 '까막눈'의 노인들이 글을 깨치는 계몽의 의미를 보여 줄 수도 있었을 것이다. 그러나 영화의 주인공들은 결코 자신을 계몽의 대상으로 여기지 않으며 한글 공부는 그저 빨래처럼 함께 모여 웃고 놀 수 있는 핑계로 충분하다.

겨울의 어느 날 할머니들이 읍내 거리를 돌아다니며 간판의 한글을 읽는다. 박금분이 '보리촌 식당'이라고 선창하면 안윤선과 박월선이 후창한다. 아침 일찍 할머니들은 복성2리 노인회관의 칠곡 늘배움학교로 등교한다. 젊은 한글 선생 주석희가 숙제를 "이자뿌린" 할머니들에게 양손을 드는 단체 기합을 주면서 "숙제를 열심히 하겠습니다."라고 외치자 할머니들은 웃으면서 또 후창을 한다. 할머니들은 글을 입으로 쓰고 읽는다. 강금연은 조용히 글을 쓰고 있는 손주에게 글을 크게 읽어 보라고 한다. 할머니들에게 글은 소리 내어 읽어야 제맛이다. 묵독에 익숙한 손자에게 낭독은 어색하다.

할머니들은 추운 겨울에도 동네 빨래터에 나와 빨래를 한다. 그들은 몽둥이로 빨래를 치면서 서로 웃고 떠들며 논다. 종이컵으로 막걸리 한 잔씩 돌려 마시면서 '지금 이 시간'을 즐긴다. 영화는 "두근두근 욜로 라이프가 시작된다!"라는 카피로 영화를 홍보한다. 'You only live once(인생은 한 번뿐)'의 이니셜인 욜로(YOLO)는 할머니들에게는 새로운 세대의 트렌드가 아니라 평생 살아왔던 삶의 방식이다.

시골 버스를 한 번쯤 타 본 사람은 경험해 봤을 것이다. 버스를 타는 사람마다 큰소리로 누군가에게 농담을 던지면 그 누군가는 더 짓궂은 농담으로 되받아치고 승객들은 마치 서로 다 알고 지내는 듯이 껄껄 웃으며 한마디씩 거드는 풍경은 불과 몇십 년 전만 해도 특이한 일이 아니었다. 조용한 도시 버스와 달리 그 시골 버스는 마치 방학식을 앞둔 초등학교 교실처럼 시끌벅적했다. 칠곡 경로당과 산골 버스는 친화로 작동하는 구술 사회다. 칠곡 할머니들은 한글을 몰라도 욜로에 아무런 지장이 없어 보인다.

겉으로 웃고 떠들지만 할머니들은 일상을 참고 견딘다. 모두 남편을 먼저 보내고 집에 혼자 살며 겨울 긴 밤을 TV를 보면서 외로움을 달랜다. 무릎과 허리가 아픈 박금분과 곽두조는 함께 정형외과에 가서 물리치료를 받는다.

너머가 공부할라카이 / 보고 도라서이 이차뿌고 / 눈뜨만 이차분다.

곽두조는 〈공부〉라는 시로 노화된 몸의 어려움을 토로한다.

아들아 내아들나가 시끈 물도 안내다빼릴라캤다 / 그 아들을 놓고
얼마나 좋았는데 이제 그 아들한테 미안하다 / 내 몸띵이가 성하지
못타이 아들 며느리 욕빈다 / 자나 깨나 걱정해 주는 아들이 참
고맙다 / 밥 잘 무라 / 엄마 시다.

강금연은 아들에게 시를 써 손편지를 부친다.

문해교육과
회복적 정의

교육에서 남녀 간의 '기회의 평등'이라는 것은 이제 우리나라에
서는 이미 달성이 된 것으로 이야기되고 있다. 그러나 아직도 집
집마다 엄마나 할머니의 인생 이야기에서 교육기회의 박탈은 현
존한다. 눈을 밖으로 돌려 보면 우리의 할머니들처럼 지금도 수
많은 여성들이 '여성'이라는 이유로 교육의 기회를 갖지 못하고
있음을 알 수 있다. 그래서 유엔이 제시한 지속가능 발전 목표
(Sustainable Development Goals)는 전 세계의 여성들과 소녀들이 처한 이
러한 가혹한 현실을 제시하며 교육 분야에서 문해교육을 비롯한
성평등 차원의 관심이 필요함을 제안하고 있다. 아직도 전 세계
성인 문맹자의 약 3분의 2가 여성이라는 현실, 그리고 노인교육
을 통해 글을 읽게 되고 자신의 삶을 기록할 수 있게 된 칠곡 할머
니들의 모습이 겹쳐 다가온다.
　글을 읽는 것은 단순한 기능의 습득에 그치지 않는다. 영화를

할머니들이 읍내 거리를 돌아다니며 한글 간판 "춘. 화. 식. 당"이라고
또박또박 소리 내어 읽는다.

보면 할머니들이 글을 배워 읽고 쓰게 되면서 일상을 이전보다
더 풍요롭게 살아간다는 느낌을 받게 되는데 이를 통해 노년기의
학습이 갖는 의미에 대해서 생각하게 된다.

1990년대 들어 지식 기반 사회가 대두되고 신자유주의와 지
구화가 확장되면서 사회변화에 부응하기 위한 역량 개발이 요구
되고 동시에 학교교육이 가지는 한계가 조명되었다. 이제는 평생
에 걸친 계속교육 없이는 그 누구도 자신의 직업 세계와 삶의 영
역에서 생존하기 어렵다는 인식이 보편화되기 시작했다. 이에 대
한 논의를 위해 유네스코는 세계적으로 저명한 교육 전문가 14명
으로 위원회를 구성했는데, 이것이 1993년 초에 정식으로 설립
된 '21세기를 위한 국제교육위원회'이며 이들이 작성한 보고서가
1996년에 세상에 나왔다. 〈학습: 우리 안에 감춰진 보물(Learning:
the treasure within)〉이라는 보고서로 위원장인 자끄 들로르(Jacque De-
lors)의 이름을 따서 '들로르 보고서(Delors Report)'라고도 불린다. 평
생교육을 배우고 실천하는 사람들이 가장 많이 참조하고 언급하

교육의 네 기둥

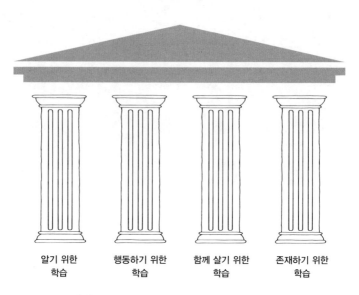

| 알기 위한
학습 | 행동하기 위한
학습 | 함께 살기 위한
학습 | 존재하기 위한
학습 |

출처: Delors et al(1996). Learning: The treasure within. UNESCO Publishing.

는 자료 중 하나이다.

이 보고서에서 가장 유명한 부분은 아무래도 평생교육 또는 학습의 원리로 제시되는 '교육의 네 기둥'일 것이다. 알기 위한 학습(learning to know), 행동하기 위한 학습(learning to do), 함께 살기 위한 학습(learning to live together), 그리고 존재하기 위한 학습(learning to be) 이 그것이다. 글을 모른다면 어떻게 한 사람이 인간으로서의 권리를 행사하며 살아갈 수 있을까? 수많은 교육 중 읽고, 쓰고, 생각하게 하는 문해교육은 이 중 존재하기 위한 학습, 즉, 인간으로 존재하며 살기 위한 교육에 다름 아니다.

이렇게 글을 읽고 쓰는 것을 배우는 것이 존재를 위한 학습이라는 점에 동의하게 되면 시대의 잘못으로 교육에서 배제되었던 이들에 대한 회복적 정의(restorative justice)도 함께 고려되어야 한다. '회복적 정의'는 사건의 당사자들이 피해를 회복하고 깨진 관계를 바로잡는 데 초점을 두는 정의에 대한 새로운 철학이자 대안적 패러다임이라고 이야기된다. 그 누군가의 잘못으로 인해 피해를 입은 사람이 있다면 그 피해를 회복할 수 있도록 도우며, 잘못을 저지른 사람 또는 집단에게는 자신의 행동으로 인한 나쁜 영향을 직면하고 이를 바로잡을 책임을 요구한다. 나아가 깨어진 관계의 회복을 위한 과정을 포함시켜 해당 공동체에 이 같은 불행한 일이 생기지 않도록 돕는다. 공동체 구성원들의 참여를 통한 실질적인 변화에 초점을 두는 회복적 정의는 사회운동이 되어 전 세계에서 실천되고 있다.

학계에서도 이런 관점은 종종 나타난다. 예를 들어 생애 전체에 걸쳐 학대와 폭력을 경험한 한 여성 노인의 삶을 생애사로 재구성한 한 연구는 한 여성 노인 개인의 생애 전 과정에서 경험한 다양한 차원의 학대와 착취가 개인 차원에서뿐만 아니라 체제를 유지하기 위한 국가 공권력의 남용과 침묵 방치 등의 사회적 차원의 폭력이 행해졌음을 확인하고 그 피해를 보상하기 위한 노력을 주장한다.[1]

그렇다면 글을 배우지 못한 것은 폭력을 당한 것보다 나은 것일까? 노인을 대상으로 하는 문해교육은 하면 좋지만 안 해도 되는 것인가? 비문해는 연령, 성별 및 지역적 문해의 격차로 드러난다. 한 조사에 의하면 농촌 노인 절반 이상인 58%, 약 100만 명이 일상생활을 영위하는 데 필요한 문자해득 능력 등을 일컫는 문해교육이 절실한 것으로 나타났다. 성별로는 여성 노인이 압도적이다. 이런 문해력 부족으로 인해 농촌 노인 중 3분의 1 정도가 관공서, 은행, 우체국 등의 서류 작성과 이해에 어려움을 겪고 있으며,

처방전을 이해하고 약 복용을 하거나 공공 서비스 이용 등에도 어려움이 있어 생활 서비스 전달의 효과성이 더욱 나쁘다. 그러나 이를 해결하기 위한 교육은 찾아보기 어려운 상황인 것이다.[2]

다른 나라는 노인 문해 문제를 어떻게 대응하고 있을까? 독일은 현재 성인문해교육 10년 계획인 '알파데카데(Alphadekade) 2016-2026'을 시행하고 있다. 독일 연방정부는 성인의 읽고 쓰는 능력을 지원하기 위해 2016년부터 2026년까지 10년간 1억 8000만 유로(한화 약 2,430억 원)를 배정했다. 예산은 문해교육 실천, 교사 연수, 학습 자료 개발 등에 사용된다. 그중 노인을 대상으로 하는 프로그램과 교재를 살펴보면 부럽기 짝이 없다. 카페에서 여유로운 분위기 속 진행하는 문해교육인 '잘 읽고 쓰기 위한 출발'은 학교에서의 배움과는 다른 형태로 고령자의 진입 장벽을 낮추고 즐거움을 높인다. 고령 학습자의 부담을 낮추고 편안하고 즐거운 학습 경험을 제공한다. '문해를 위한 문해'가 아닌 '삶을 위한 문해교육'이라는 점도 돋보인다. 2018년 출판된 《노인복지와 기본교육》은 노인의 일상생활에 필요한 언어 표현을 학습할 수 있도록 구성됐다. 책은 노인전문 간호사와 문해교육가, 교육학자 등이 공동 집필했다.

알파데카데 계획의 특징은 두 가지로 압축된다. 첫째, 노인이 자신이 부족하거나 창피하다고 느끼지 않도록 편안한 학습 공간 및 분위기를 제공해 노년층의 학습자가 즐거운 학습경험을 할 수 있도록 배려하는 점이다. 둘째, 노인을 문해 능력이 부족한 대상이 아닌 필요한 부분의 문해 수준을 올리려는 학습자로 보고 흥미와 요구에 맞는 학습 내용을 구성하고 있다는 점이다.[3]

그럼, 우리나라는 어떤가? 남동생에게, 또는 오빠에게 밀려 교육을 포기하거나 포기를 암묵적으로 강요당한 여성 노인들을 우리는 지금 어떻게 대하고 있는가? 비문해 노인에게 회복적 정의를 적용해야 하는 이유는 교육 불평등으로 생긴 비문해의 문제는 개인의 문제가 아니기 때문이다. 이들이 각종 제도와 서비스에 남의 도움 없이도 접근할 수 있고, 한가하고 풍요로운 여가를 즐길 수 있으며, 노년기의 하루하루를 의미로 채울 수 있어야 좋은 사회이다.

시와
자서전 쓰기

칠곡 할머니들에게 시 쓰는 일은 '이리 하는 게 맞노?' 하며 깔깔대며 즐기는 문화이며 예술이다. 노인교육자들은 노년의 학습자들을 대상으로 문해교육을 실천하는 예로써 시 쓰기와 자서전 쓰기를 꼽는다. 이것은 노인이 여가를 즐기면서 인생을 회고할 수 있도록 돕는 좋은 방법이다. 노인 기본권을 보장하는 일일뿐더러 인생의 회고를 통한 삶의 정리는 덤이다. 시나 자서전이나 모두 글 작업을 통해 자신의 경험을 공유할 기회를 제공하는 것이다. 참여자는 개인적으로 의사소통 및 자기옹호 기술을 향상시킬 수 있고 사회적으로는 한 시민으로서 가족 및 이웃과 더 건강한 관계를 형성할 수 있다.

할머니들이 쓴 시들은 시집으로도 출간되었다. 그중 하나,《콩이나 쪼매 심고 놀지 머》라는 시집은 제목부터 재미있고 찡하다.

> 글자를 아니까 세상이 더 재밌다.
> 가만히 보니까 시가 참 많다. 여기도 시, 저기도 시.

할머니들은 수십 년의 삶을 웃으며 말하고 무심하게 적는다. 문해자로 살아오면서 별다른 성찰도 없이 살아가는 우리에게 글을 안다는 것이 무엇인가를 다시금 생각하게 한다.

할머니들의 소박한 시를 영화와 시집으로 보고 읽다 보면 떠오르는 영화들이 있다. 첫 번째는 이창동 감독의 〈시〉이다. 윤정희 씨가 분한 주인공 할머니는 시를 쓰고 싶어서 문화센터에 다니는데 강사의 말대로 삶 속에서 아름다움을 발견하려고 애쓰지만 쉽게 되지 않았다. 그러나 삶의 이러저러한 풍파에 휘말리게 되면서 진정한 시는 삶 속에서 나오는 것이라는 것을 깨닫게 된다. 결국 그 문화센터에서 시를 써 오는 숙제를 제출한 사람은 할머니뿐이었다.

또 다른 영화로는 김초희 감독의 〈찬실이는 복도 많지〉가 있다. 배우 윤여정 씨가 분한 집주인 할머니는 글자를 읽지 못해 주민센터로 한글을 배우러 다닌다. 어느 날 센터에서 시를 써 오라고 한다. 시가 뭔지도 모르는 할머니가 생애 최초로 쓴 시는 사랑받고 싶어 헤매이던 주인공 찬실이를 펑펑 울게 한다. 늘 용감하게 살아왔지만 연속된 고난을 맞으며 사기가 떨어질 대로 떨어진 찬실에게 무심한 듯 툭 내뱉는 할머니의 한 마디 한 마디가 이상하게 도움을 준다. 노인들이 살아온 세월 그 자체가, 그리고 삶 속에서 다져진 지혜는 모두 시가 된다.

한 글자 한 글자를 배워서 삐뚤빼뚤 적어 내리는 시는 한 사람의 인생이다. 모든 것을 초월한 듯 매사에 고민도 걱정도 없이 살아가는 것 같던 할머니가 어느 날, 작은 밥상을 펴 놓고 앉아 인사를 건네는 찬실에게 도통 모르겠다며 내민 쪽지는 "사라도 꼬처러 다시 도라오며능 어마나 조케씀미까(사람도 꽃처럼 돌아오면 얼마나 좋겠습니까)"였는데 찬실이는 왈칵 눈물을 쏟아내고 만다. 어떤 이유로

할머니들은 글을 입으로 쓰고 읽는다. 학교는 항상 시끌벅적하다.

그렇게 썼는지 영화는 설명하지 않는다. 아마 일찍 세상을 떠난 딸을 생각하며 적었다고 추측할 뿐이다. 하지만 주인공 찬실에게 는 깊은 생각에 잠기게 하는 힘 있는 글이 되었던 것이다.

이 두 영화의 학습 공간, 문화센터와 주민센터에서 이들 여성 노인들은 아마 제일 나이가 많은 학습자들일 것이다. 노인이 집 에서 백 걸음 안쪽으로 다다를 수 있는 이러저러한 장소에서 노 인들이 글자를 익히는 것에서부터 시를 쓰고, 알파벳을 배우고, 이메일을 만들어 계정을 개설하고, 건강관리 앱을 사용하는 것까 지 알려 주면 좋겠다.

우리보다 먼저 고령화를 맞이한 일본의 지역사회에서는 고령 자의 여가 활용을 위한 학습 지원이 상당히 다양한 공간에서 펼 쳐지고 있다. 특히 지방자치단체가 실시하는 고령자대학인 아지 사이대학(あじさい大学)은 주로 시(市)·정(町)·촌(村)이 실시하는 고령자 의 평생학습 사업의 한 사례이다. '실버대학', '장수대학' 등의 명 칭을 사용하기도 한다. 주로 지방자치단체의 노인복지 관련 부서 가 지원한다. 지원자가 다수일 경우에는 추첨으로 입학이 결정되

며 80세 이상의 고령자에게는 우선권이 주어진다고 한다. 졸업한 노인은 동아리를 구성해서 작품전도 하고 건강체조회 등을 개최하기도 한다.[4] 고령자의 불리한 학습기회를 보상하고 현실 노년기에 필요한 역량을 키우기 위한 지역사회의 노력은 교육이나 복지의 칸막이를 가리지 않아야 한다.

찾아가는
선생님

그런데 문해교육을 활성화시킬 수 있는 방법 중의 하나가 '찾아가는 교육'이다. '아웃리치(outreach)'라는 영어는 문자적으로는 밖으로 '나가(out)' 어떤 대상에 '다가가는 것(reach)'을 의미한다. 이는 단순히 재정적 지원에 치중하기보다는 실제 직접 만나는 형태이다.[5] 이 영어 단어는 이제 사회복지계를 통해 널리 퍼져 별도의 번역을 하지 않고 쓴다.

찾아가는 교육은 그 어떤 집단보다도 노인에게 좋다. 노화와 질병으로 인해 이동성에 문제가 생기기 때문이다. 노인들에게 미디어 문해교육을 실시하는 학자와 실천가들은 '나무 그늘 밑의 평상'으로 다가가는 교육을 말한다.[6]

"노인 대상일 때 찾아가는 교육도 많이 해야 될 거예요. 노인 분들은 아예 거동이 불편하셔서 움직이지 못하시는 분들도 많아요. 그 동네 평상에서만 움직이시는 거죠. 평상으로 찾아가면 모이실 수 있어요. 이런 경우들을 제가 많이 봤거든요. 이동성 있는 교육이 필요하다는 생각이 듭니다."

이젠 노인들을 위해 의사나 간호사도 집으로 찾아오는 세상이다. 2023년부터 75살 이상의 어르신을 찾아가 진료하는 '방문형 의료·돌봄 서비스'가 시범사업의 형태로 시작되었다. 노인이 거동이 불편하더라도 살던 곳에서 노후를 보낼 수 있는 돌봄 체계를 만드는 일에 대한 관심이 증가하였다.[7] 이 돌봄 체계 속 노인교육은 찾아가고, 작은 규모로, 수시로, 지속가능하게, 그러니까 삶의 일부로 이루어지면 좋을 것이다.

끝으로 '찾아가는' 사람의 수준을 늘 따져 물어야 한다. 칠곡 늘배움학교의 한글교실 선생님은 재미있고, 사랑스럽고, 또 놀랍다. 할머니들도 선생님을 무척 좋아한다. 할머니들을 학습자로 존중하는 선생님이기에 그런 사랑을 받지 않았을까? 노인교육 교수자들이 가져야 할 덕목과 역량에 대해 생각해 보게 된다. 이제는 글을 못 읽는 사람보다는 글을 읽을 수는 있지만 내용과 의미를 파악하는 데 어려움을 겪는 사람들이 많아 문해교육의 중요성은 오히려 더 강조된다. 특히 노인에게 글을 짓고 나누는 일은 삶의 의미를 되돌아보는 기회가 될 수 있다. 이들의 옆에서 들여다보고 말 걸어 주는 교육자의 가치는 값을 매길 수 없을 것이다.

에피소드

사계(四季)의 이야기
삶이 그대를 속일지라도…

영화는 칠곡의 봄여름가을겨울 사계의 아름다움과 함께 각 계절
별로 에피소드를 보여 준다.

　한여름, 박금분은 도시에 있는 장녀의 아파트 거실에서 에어
컨 바람을 맞으며 한글 공부를 하고 잘 정리된 아파트 정원에서
반려견 홍아와 산책을 한다. 그런데 아파트 할머니들은 경로당에
잘 나오지 않고 나오는 할머니도 인사만 하고 지나간다.

　　아파트는 심심하다 / 몸은 피안데 재미가 업다 / 경로당 시설이 조아
　　도 친한 할마시들이 업서 드가기 실타 / 우리 칠곡 할매들도 내가 업
　　서이 마이 심심할끼다.

　이 시의 낭독과 함께 아파트 사이로 홀로 걸어가는 박금분의
뒷모습은 도시의 전형적인 고독한 노인으로 보인다.

　가을, 곽두조는 약목면 주민화합 노래자랑대회에 나간다.

　　어를 때 가수해쑷마 조아쓸글 끝

　곽두조의 시다. 할머니들은 그날 일찍 경로당에 모여 함께 국

할머니들은 칠곡군 배움학교 발표회에서 여고생 교복을 예쁘게 입고 턱받침을 하면서 시를 낭독한다. "우리가 몇 살이고? 열일곱 아이가, 우리 동기동창이네!"

수를 끓여 먹고 곽두조에게 생달걀을 깨서 준다. 생달걀 시식은 노래대회 경연자에게 중요한 의례다. 그리고 모두 그를 응원하기 위해 길을 나선다. 그들의 슬로모션 걸음에 〈풍문으로 들었소〉라는 노래를 탑재한 장면은 영화 〈범죄와의 전쟁〉에서 건달들이 세를 과시하느라 폼 잡고 행진하는 시그니처 신을 패러디한다. 이 영화는 승리를 향한 할머니들의 굳은 각오를 유머스럽게 연출했다. 참가자 중 최고령자로 보이는 곽두조는 할머니들의 응원 속에서 이미자의 〈동백 아가씨〉를 완창하지만 아쉽게 예선에서 떨어진다. 집으로 돌아오는 길에 할머니들은 "우리에게는 형님은 1등이다."라면서 잘했다고 곽두조에게 위로의 말을 건넨다.

겨울, 할머니들은 칠곡 교육문화회관에서 개최하는 칠곡군 배움학교 발표회에서 여고생 교복을 입고 볼터치를 이쁘게 하고 직접 쓴 시를 낭독하고 〈나는 열일곱 살이에요〉라는 노래에 맞춰 춤을 춘다. 이 할머니 여고생들은 다 같이 하트를 그리며 기념사진을 찍은 후 햇살에 반짝이는 억새밭을 지팡이를 짚고 걷는다. 박금분은 시를 낭독한다.

행사를 마치고 / 집에 누버가 생각하이 / 마음이 허전하이 이상하대 / 등개댁 형님(곽두조)한테 눈물이 날것 가타고 하니 / 울지마 울긴 왜 울어 / 하고 노래를 하네 / 그래서 웃어뿟다.

설 차례를 준비하는 강금연 가족, 차례를 끝내고 세배를 한 후 가족이 떠나자 강금연은 홀로 집에 남아 양지 바른 대청에 앉아 있다가 어둠이 내리자 길고양이에게 밥을 준다. 다시 겨울이 온 경로당에서 박금분과 곽두조는 설날 음식을 안주 삼아 요구르트를 탄 소주를 마신다. 명절에 가족이 찾아오든 안 오든 그들은 서로 의지하고 산다. 그리고 박금분이 아파서 한글학교에 결석하자 곽두조는 한글 선생님과 함께 병문안을 간다.

빨리 죽어야 데는 데 / 십게 죽지도 아나고 참죽겐네 / 몸이 아푸마 빨리 주거여지시푸고 / 재매끼 놀때는 좀 사라야지시푸다 / 내마음이 이래 와따까다한다.

영화는 할머니들의 일상을 함께하는 칠곡군의 산과 저수지의 아름다운 사계를 보여 준다.

박금분의 〈내 마음〉이라는 시다. 시 뒤로 멀리 산들이 서로 의지하듯이 정겹게 겹쳐 누워 있다. 그는 러시아 시인 푸시킨의 시를 경로당에서 혼자 앉아 또박또박 적는다.

> **삶이 그대를 속일지라도 슬퍼하거나 노하지 마라 / 우울한 날들을 참고 견디면 기쁨의 날이 오리니.**

영화 속 할머니들이 함께 모여 웃고 떠들지만 그것은 일상의 표피일 뿐이다. 한 자 한 자 조심스럽게 적는 시에서 그 일상의 깊이를 엿볼 수 있다.

봄, 다시 벚꽃이 활짝 핀 봄이 찾아왔다. 강금연, 곽두조, 박금분이 저수지 둑 위에 모여 앉아 봄나물을 따며 이야기를 나눈다.

> **봄에는 들에 먹을 게 천지다 / 봄에는 하늘에서 굶어죽지 말라고 / 봄나물을 많이 주는것 같아 / 형님 숙제 했습니까? / 숙제가 뭐꼬 / 숙제도 모르요… / 삶이 그대를 속일지라도….**

에브리씽 에브리웨어 올 앳 원스

감독: 다니엘 콴**Daniel Kwan**, 다니엘 쉐이너트**Daniel Scheinert**

출연: 양자경**Michelle Yeoh**(에블린 역), 키 호이콴**Ke Huy Quan**(웨이먼드 역),

스테파니 수**Stephanie Hsu**(조이 역), 제이미 리 커티스**Jamie Lee Curtis**(디어드리 역)

각본: 다니엘 콴, 다니엘 쉐이너트

개봉: 2022년

제작사: A24, IAC Films, AGBO

(미국, 139분)

노년에 맞이한 신문명

다정함으로 극복하는 디지털 세대 격차

"제발 다정함을 보여 줘,
특히나 뭐가 뭔지 혼란스러울 땐…."

〈에브리씽 에브리웨어 올 앳 원스〉는 2023년 제95회 아카데미 시상식에서 작품상, 감독상, 남녀주연상, 남녀조연상, 편집상의 7개 부문에서 수상했다. 그런데 이 영화는 기존 아카데미의 수상작과 달리 장난스럽게 기존 영화를 패러디하고 키치 또는 '병맛' 감성이 가득한 B급 영화 스타일을 보여 준다. 예를 들어 복대를 두르고 싸우는 웨이먼드는 성룡의 코믹 액션을 오마주했고, 머리에 바나나와 포도로 장식된 터번을 쓰고 플라멩코 춤을 추는 경관이 총탄을 맞고 피를 뿌리는 장면은 타란티노 감독의 유혈 낭자한 영화를 연상시키며, 에블린이 세무조사관 디어드리에게 쫓기는 장면은 〈매트릭스〉(1999)에서 네오가 요원에게 쫓기는 장면을 그대로 가져왔다. 그리고 다중우주 속 에블린과 웨이먼드는 〈화양연화〉(2000)의 주모운(양조위 분)과 소려진(장만옥 분)처럼 홍콩 어느 뒷골목에서 은밀하게 대화를 나눈다. 그리고 현실 장면은 사실주의적으로 보여 주지만 다중우주 장면은 1920년대 아방가르드 영화처럼 표현주의적으로 보여 준다.

요절복통하는 장면과 이야기가 신세대 감독들의 새로운 연출에
의해 어우러지고 영화를 관람하는 모든 세대에게 상당한 의미를
남겼다는 것은 미국 아카데미상의 선택과 평단 및 관객의 호의적
인 반응으로 어느 정도 입증되었다고 볼 수 있다. 영화 속 표현은
낯설고 정신없지만 전달하고자 하는 의미는 '나는 어디든 갈 수
있지만 난 너와 지금 여기 머무르고 싶다.'라는 것이다. '지금, 여
기(here and now)'에 집중하며 살아가자는 제안이다. 이를 '노년기 이
해'라는 입장에서 본다면 크게 두 가지를 생각해 볼 수 있다. 첫
째, 중장년기, 더 나아가 노년기에도 사회심리적 발달이 진행된
다는 것을 보여 주며 '다정함으로 세상과 싸우는 노인상'을 모색
해 볼 수 있다. 둘째, 노인의 디지털 환경 부적응의 문제와 이에
대한 지원 방법의 실마리를 얻을 수 있다.

그리스 신전 같은 공간의 흰색과 모든 것을 빨아들이는 베이글 블랙홀의 검은색은
실존하는 것이 아니라 인위적으로 만들어진 흑백 논리의 세계를 상징한다.

노년기
사회심리적 발달

다중우주(multiverse)는 우리가 사는 이 세상 외에 다른 물리적 법칙
과 구조를 가진 다른 우주가 무한히 존재한다는 가설이다. 영화
가 시작되면 어두운 거실의 장식장 위에 놓여진 거울 위로 에블
린과 웨이먼드 부부와 딸 조이의 얼굴이 비춰진다. 그들은 노래
방 기기를 틀어 놓고 노래를 부르고 있다. 갑자기 낮으로 바뀌면
서 카메라는 거울 속으로 점점 깊이 들어가 식탁 위에 가득 쌓아
놓은 영수증을 정리하고 있는 에블린을 보여 준다. 그때 남편 웨
이먼드가 등장해 영수증을 뺏으며 장난을 친다. 그의 얼굴이 에
블린 옆의 거울에 비친다. 그는 거울 속의 거울 속에 존재한다. 이
는 앞으로 펼쳐질 다중우주의 세계를 복선으로 예시하는 것이다.

에블린은 이 다중우주 속 수많은 에블린들을 만나며 그중 현
재의 자신이 가장 초라한 존재임을 깨닫는다. 그는 세탁, 세금, 세
탁, 세금…, 그렇게 쳇바퀴처럼 살아가는 자신을 경멸하며 이혼
신청서에 서명하고 빨래방 유리창을 다 깨뜨린다. 이런 에블린

성공을 선으로, 실패를 악으로 규정하여 성공한 자는 그리스 신전에서
이상적인 삶을 살지만, 실패한 자는 베이글 블랙홀 안으로 들어가야 한다.

을 보며 우리는 이상을 추구하며 살았으나 실패한 후 중장년 혹
은 노년기에 접어들어 허무주의에 빠지는 문제를 생각해 볼 수
있다. 에블린의 문제는 이상을 추구하면서 일상의 시간을 헛되게
본다는 점이다. 그는 아버지 공공이 바라는 '부자로 성공하는 인
생'을 꿈꾼다. 그가 입고 있는 빨간 조끼와 빨간 운동화, 빨간 가
디건과 신년 파티의 빨간 장식은 모두 부귀를 상징하는 중국의
빨간색이다. 또 쿵푸와 경극, 요리를 위해 그가 입은 유니폼은 그
세계의 획일적인 규범을 상징한다. 그리고 에블린이 정리하는 영
수증은 경제성을, 2층의 남편을 부르고 유사시 물리력을 행사할
수 있는 그의 야구 배트는 실용성을, "세상은 잔인하고 쳇바퀴 돌
듯 살 뿐"이라는 그의 대사는 비정함을, 아버지의 말을 따라 미국
으로 오지 말았어야 한다는 그의 후회는 의존성을 상징한다.

이로써 그는 전통의 빨간색 옷과 규범의 유니폼을 입고 전쟁
같은 세상에서 비정한 투사로 빨래방을 경영하는 실패자로서, 경
제적이며 실용적이고 규범적인 가치를 지닌 비정(非情)을 상징한
다. 그러한 세계관 속에서 딸 조이 역시 스스로 별다른 성과를 못
낸 자신을 실패자로 여기며 괴로워하고 동성애자인 자신의 존재

구글 눈알은 다정과 사랑을, 조부 투파키가 만든 베이글 블랙홀은 비정과 증오를 상징한다.

자체도 인정을 받지 못하자 집을 나가려 한다. 실현되지 않은 이상은 허무를 낳는다. 그러므로 이상주의와 허무주의는 동전의 양면일 수 있다.[1]

이렇게 우리는 중장년 또는 노년의 길목에서 뒤를 돌아보며 절망하고 허무를 느끼기 십상이다. 그러나 에릭슨(Erikson)의 사회심리적 발달 단계 이론(Psychosocial Development Theory)에 의하면 이런 허무주의는 충분히 극복 가능한 것이다. 에릭슨에 따르면 우리는 전 생애에 걸쳐 심리사회적으로 발달을 성취하는 존재이며 앞 단계에서 부정적인 경험을 했어도 이는 그다음 단계에 이루어질 발달로서 극복할 수 있다. 즉, 우리는 그 어느 나이라도 충분히 이전과는 다른 삶을 살아갈 수 있다. 이는 우리의 오늘을 든든하게 붙들어 주는, 가히 매력적인 주장이 아닐 수 없다.

우선 에릭슨의 사회심리적 발달 단계 이론에 대해서 간단한 설명이 필요하다. 에릭슨의 이론은 프로이트를 확장하고 발전시켰다는 평가를 받는다. 프로이트는 인간을 다분히 성(性)적인 존재로만 보는 반면, 에릭슨은 인간이 성적인 존재라는 점을 인정하되, 동시에 사회적 존재이기도 하다는 점을 제시하였기 때문이다. 그러니까 프로이트가 인간의 발달 단계를 유아기부터의 성욕

(libido)을 중심으로 보았다면, 에릭슨은 개인의 발달은 내적 성숙 요인과 사회문화적 요인들의 상호작용 결과로 이루어진다고 설명함으로써 대인관계, 사회적 접촉 등 사회적 요인들이 우리 삶에 미치는 영향에 대해 초점을 맞추었다.

또한 에릭슨은 인생 주기의 각 단계를 하나의 도전과 위기로 보고 그 위기를 극복하기 위한 노력을 통해 인간이 발달하는 것으로 보았다. 그리고 이것을 자아동질적(ego-syntonic) 요소와 자아이질적(ego-dystonic) 요소로 표현하고 있다. 발달 단계마다 존재하는 위기를 성공적으로 극복하면 바람직한 쪽으로 자아발달이 이루어지고, 그렇지 못하면 바람직하지 못한 성격이 형성되거나 그 시기에 발달시켜야 할 긍정적 행동이나 사고 유형이 획득되지 못한다는 설명이다. 예를 들면 갓 태어난 아기는 따뜻한 양육자의 손길을 받으면 자아동질적 요소인 '신뢰감(trust)'이 생기고, 그렇지 못하면 자아이질적 요소인 '불신감(mistrust)'이 생긴다. 같은 기조로 에릭슨은 이후 단계의 자율성 대 수치감, 주도성 대 죄책감, 근면성 대 열등감, 정체감 대 정체감 혼미, 친밀감 대 고립감, 생산성

에릭슨의 사회심리적 발달 단계

단계	시기	요소
1단계	출생~만 1세경(영아기)	신뢰감 vs. 불신감
2단계	만 1세~만 4세경(유아기)	자율성 vs. 수치감
3단계	만 5세~만 6세경	주도성 vs. 죄책감
4단계	만 6세~만 11세경(초등학교 시기)	근면성 vs. 열등감
5단계	만 12세~만 18세경(청소년기)	정체감 vs. 정체감 혼미
6단계	만 18세~만 30세경(성인 전기, 청년기)	친밀감 vs. 고립감
7단계	만 30세~만 65세경(성인 중기, 장년기)	생산성 vs. 침체감
8단계	만 65세 이상(성인 후기 노년기)	자아통합 vs. 절망

대 침체감, 통합성 대 절망을 설명하고 있다.

에릭슨의 사회심리적 발달 이론은 아직도 모두가 배우고 있으며 강력한 영향력을 갖고 있다. 그런데 에릭슨이 이 이론을 내놓은 직후부터 생애의 끝자락에 이르기까지 상당히 여러 번 자신의 의견을 수정했다는 사실은 교과서에는 잘 등장하지 않는다. 이런 수정의 과정에는 그 자신의 '나이듦'이 영향을 끼쳤다는 것도 아는 사람만 아는 이야기이다. 앞서 제시했던 희망, 즉, 노년기에 이르러서도 이전과는 충분히 다른 삶을 살 수 있다는 이야기도 그 자신이 노인으로 사는 삶을 경험하며 나온 것이다. 이는 앞선 삶에서도 잘 살 수 있었다면 나이가 들어서도 계속 행복할 가능성이 크겠지만 어려운 삶을 살아오며 장년이나 노년에 이른 사람들도 노년기 발달의 열매를 향유할 수 있다는 말이기 때문에 노인의 허무주의를 극복할 수 있는 '특효약'이자 '상비약'이 될 수 있다. 이는 반면 이전 단계에서 성공적 발달을 경험했어도 노년기에 이르러 전에 없는 어려움을 경험할 가능성도 있다는 것을 의미한다. 어쨌든 중장년기 그리고 노년기의 발달은 이제까지 살아온 삶의 방식에 의해서만 결정되는 것은 아니라는 것, 이것이 우리에게 우리 주변의 노인들, 특히 삶이 허무하다고 말하는 노인들과 나누어야 할 희망의 이야기가 아닐까?

아홉 번째 발달 단계,
노년초월과 다정함

에릭슨이 자신의 이론을 수정한 것 중 중요한 것이 하나 더 있다. 그것은 아홉 번째 단계, 즉, 노년초월(gerotranscendence) 단계를 추가한 것이다. 원래 노년초월의 개념은 스웨덴의 학자인 토른스탐 (Tornstam)이 처음 제시하였고, 이후 심리발달 이론으로 발전하였다. 에릭슨의 기존 이론에서 마지막 8단계로 제시되었던 노년기는 자신의 지나온 삶을 되돌아보고 그 의미를 점검하고 수용하는 시기로 이해된다. 앞에서 겪은 인생의 각 주요 단계의 교훈이 노년기에 이르러 지혜로 무르익을 방법을 설명하고 점진적인 노쇠 (decrepitude)가 가져올 수 있는 절망이 아니라 자신의 완전성에 대한 충분한 확신을 가진 노년을 '건강한 노년'으로 묘사한다. 이 시기에 다다른 사람들이 '자아통합' 쪽으로 가느냐, '절망' 쪽으로 가느냐를 건강한 노년의 관건으로 보았던 에릭슨은 그의 나이 90세에 이르러 가진 1996년 《뉴욕 타임스》와의 인터뷰에서 무려 40년 전에 내놓은 자신의 이론에 대해 바뀐 생각을 이야기한다. 주름진 얼굴로 아내 조안 에릭슨과 함께한 이 인터뷰에서 그는 부부가 노년의 삶에서 느끼고 얻은 것들을 이야기해 준다.

여기에서 에릭슨이 새롭게 추가한 9단계에 대한 그의 견해를 알 수 있다. 전 생애에 걸쳐 발달 과업을 잘 성취하였다 하더라도 노년기의 후반에는 이미 한 차례씩 지나갔던 자아이질적 요소가 지배적인 위치를 차지할 수 있는데, 그것이 노년기 중에서도 초고령기의 특징이라는 것이다. 그 이유는 무엇보다도 신체적 쇠락에 있다. 그러니까 다른 단계와는 달리 노년기 후기는 자아동질적 요소와 이질적 요소가 따로 있는 게 아니라 이전의 것들이 모두 다시 떠오르고 충돌하는데, 몸이 제대로 움직여 주지 않기 때문에 부정적인 쪽이 먼저 그 사람을 압도할 수 있다는 것이다.

하나만 예를 들자. 노년기에는 갓 태어나며 겪었던 신뢰감과 불신감이 다시 충돌한다. 노인은 자신의 능력을 불신하게 되기 때문이다. 여태까지 잘해 온 것을 혼자서 하지 못하게 될 때, 그

기분이 어떨까? 시간은 건강을 잘 유지해 온 사람에게도 타격을 가하고 신체는 아무리 잘 관리해도 약해지기만 한다. 이런 상황에서 자신을 불신하기 쉽지만 그래도 담담하게 받아들이면서 여전히 삶 속에서 신뢰와 희망을 발견하는 노인이 있다. 이런 식으로 9단계에서는 앞선 단계들의 자아이질적 요소를 전부 다시, 그것도 먼저 경험하게 되고, 그 결과 그것에 사로잡힐 수도 있지만, 반대로 이를 잘 수용하는 시간을 보내게 된다면 비로소 노년의 초월에 이르게 된다는 설명이다. 이는 피할 수 없는 물리적 붕괴로 인한 심리적인 추락을 상쇄할 만큼 충분히 강하다는 것이 그의 설명이다.

인터뷰에서 에릭슨 부부는 "모든 노인이 다 현명한 것은 아니지만 당신도 나이를 먹지 않으면 현명해질 수 없다."라고 말한다. 이를 영화 속 에블린과 웨이먼드에 대입해 보고 에블린이 허무주의를 어떻게 극복했는지 살펴보자. 에블린보다는 웨이먼드가 앞으로 노년초월을 경험할 가능성이 커 보인다. 아내를 노년의 행복한 삶으로 초대하는 모습이 이 영화의 해피엔딩에 큰 기여를 하기 때문이다. 웨이먼드는 나약해 보이지만 사실 그 누구보다도 강하고 균형 잡힌 사람이다. 그는 자신이 "다정한 친구로 세상과 싸운다."고 말한다. 그리고 아내에게 당신 자신에게 세계의 평화를 찾을 우주적인 힘이 있다고 일러 준다. 그의 전략은 '다정함'이다.[2] 《다정한 것이 살아남는다》라는 책도 있는데, 이 책은 '친화력으로 세상을 바꾸는 인류의 진화에 관하여'라는 부제를 갖고 있다.[3] 웨이먼드의 다정함은 세대 내, 그리고 세대 간 차이를 포용하며 친절함으로 가정을 위기에서 구하고, 이 가정은 결국 어려움을 뚫고 진화한다. 이를 다정하게 세대 간 차이를 온몸으로 감싸 안으며 살아가는 데에 노년기 발달이 있다는 말로 설명할 수 있다.

인류의 수명이 계속해서 길어지는 지금, 앞으로는 무려 여섯 세대가 공존한다고 한다. 고조부모, 증조부모, 조부모, 나, 자녀, 그리고 손자녀가 한 날 한 시에 한자리에 모일 수 있다고 한다.[4] 일단 에블린과 대결하는 최강 악당 조부 투파키는 딸인 조이의 모습을 하고 있다. '자식이 웬수'라는 말은 동서양 공통인 것 같다. 딸은 엄마가 성소수자인 자신을 이해하지 못한다고 비난한다. 그러면서 반항과 우울 증세를 보이고 세상을 파괴하고자 하며, 그 속에서 자신까지 상실하려는 부정적인 의지를 가지게 된 것이다. 이런 딸 조이가 다중우주의 다른 세계에서 최강 악당으로 등장하는 것은 이 영화가 의도한 메시지 중 하나일 것이다. 이 영화의 감독 다니엘 콴(Daniel Kwan)과 다니엘 쉐이너트(Daniel Schein-ert)는 영화에 대한 의견을 나누다가, "그러고 보면 우리 부모님 입장에서 악당은 우리 아니야?" 하는 생각이 들어 이런 설정을 넣었다고 한다.[5] 반면 웨이먼드가 부모 세대와도, 그리고 자녀 세대와도 친절하고 다정한 대화로 해결점을 모색하는 모습은 부모와 자녀 사이에서 위아래로 부양을 해야 한다는 '낀 세대'의 어려움을 나타낸 '샌드위치 세대'라는 개념을 보다 긍정적으로 수용하도록 도와주며, 영화가 끝난 이후 계속 나이 들어갈 그의, 그리고 이 부부의 노년기의 삶에 대해서도 기대를 갖게 한다.

'디지털 이주민'으로서의
동병상련

현대사회 노인이 당면한 가장 큰 문제 중 하나는 과거 방식만을 고수하면서 디지털 환경에 적응하지 못하는 문제다. 이 영화는 한 이주민 가정의 이야기인데, 따지고 보면 디지털 세상에서 우리 성인들은 모두 '이주민'이 아닐까?

마침 디지털 원주민(digital natives), 그리고 디지털 이주민(digital immigrants)이라는 구분이 있다. 미국의 학자 마크 프렌스키(Marc Prensky)의 논문 〈디지털 원주민, 디지털 이주민(Digital Natives, Digital Immigrants)〉에서 유래한 이 구분은 사실 기성세대 전체가 디지털 세상의 '이주민'이라는 점에서 서로 연대할 수 있는 계기를 제공한다.⁶ 현재 기성세대의 자녀들이 태어나면서부터 디지털 기기에 둘러싸여 성장한 디지털 '원주민'이라면 기성세대는 아무리 노력해도 아날로그적 취향을 완전히 떨치지 못해 '이주민'에 머무른다는 의미에서 우리 중 대다수는 '디지털 이주민'이다. '같은 처지'에 있다는 동병상련(同病相憐)에 기초한 다정함으로 우리보다 더한 어려움을 겪고 있는 노인들의 디지털 부적응에 대해서 이야기해 볼 필요가 있다.

에블린의 문제는 디지털 시대에 도통 적응하지 못한다는 점이다. 다중우주의 버스점프(verse jump)는 인터넷의 하이퍼링크(hyperlink)에 대한 은유다. 다중우주 속 웨이먼드는 자유자재로 순간이동을 한다. 이는 웹상에서 공간을 불연속적으로 이동하는 디지털 원주민의 일상과 유사하다. 반면 에블린은 다중우주의 규칙, 즉 디지털 세계의 방식을 외국어처럼 느끼는 디지털 이주민이다. 에블린은 이 특별한 세계에서 아무것도 할 수 없는 아기 같은 존재다. 그는 웨이먼드로부터 버스점프를 배우고 네트워크에 접속해 다양한 능력을 다운받아야 한다. 두 감독은 '에블린이 시공간이 빠르게 바뀌거나 이곳저곳을 옮겨 다녀야 하는 세계관에 혼란스러운 모습을 보이는데 이를 통해 인터넷을 이해하고 받아들이는 부모 세대의 어려움을 상징적으로 확인할 수 있다.'라고 말한다.⁷

디지털 원주민 세대가 만든 다중우주와 그것을 표현하는 빠르고 현란한 몽타주와 혼종적인 미장센은 그들의 부모 세대에게는 낯설고 불편할 수 있다. 에블린과 조부 투파키의 결투 장면은 '스트리트 파이터' 게임처럼 두 인물이 법정의 검사와 변호사, 강호의 고수들, 감옥의 간수와 죄수 등의 다양한 캐릭터로 변신하는 것뿐만 아니라 피냐타(Piñata) 인형 같은 사물로 변형하기도 한다. 에블린이 베이글 블랙홀 앞에서 모든 것을 포기해 버리는 절망의 순간, 그의 얼굴에 다중우주 속 수많은 에블린들이 순간적으로 점멸하며 사라진다. 분간할 수 없을 정도로 빠르게 지나가는 수많은 에블린의 얼굴들은 맥락 없는 기괴한 이미지들과 합성된다. 예를 들어 고양이 얼굴을 한 에블린, 수녀복을 입은 에블린, 아기 얼굴의 에블린, 늑대인간의 에블린, 외계인의 에블린, 눈에서 검은 피를 흘리는 세 얼굴의 에블린, 한복을 입은 에블린, 그림으로 그려진 에블린, 방독마스크를 낀 에블린 등은 마치 아방가르드(avant-garde) 미술이나 초현실주의적 콜라주(collage)처럼 보인다. 결국 에블린은 쓰러져 돌이 된다. 이는 다중우주 속에서 단순히 인간이 아니라 수많은 생명체와 무생물로 존재하는 에블린이 자신의 실패를 깨닫고 모든 것을 체념하여 허무주의에 빠져드는 순간인데, 이는 한편으로는 기성세대가 젊은 세대의 디지털적 혼종을 체감하는 순간이기도 하다.[8]

현대 디지털 세상에서는 영화 제목 '에브리씽 에브리웨어 올 앳 원스'처럼 모든 것이 모든 곳에서 동시에 접속되어 살아진다. 에블린이 쿵푸 배우, 경극 배우, 피자 배달원, 죄수, 작가, 핫도그 인간 등의 다양한 캐릭터를 동시에 갖는 것처럼 현대인은 사이버 공간에서 다양한 '부캐', 즉 부(副)캐릭터를 가지고 살면서 순간적으로 다차원의 세상으로 점프를 하며 일상을 산다. 여기서 다차원적 세상은 1차원적인 문자 세상과 2차원적인 웹 세상, 3차원적인 메타버스 공간 등으로 말할 수 있다. 이런 세상이 처음에는 혼란스럽지만 결국 에블린은 점프 방식을 배운 후 자신의 능력을 향상시켜 놀라운 성취를 이룬다. 즉 영화 속 황당해 보이는 다중우주는 갈등하는 에블린의 내면에 대한 은유일 뿐만 아니라 디지털 이주민이 디지털 리터러시를 갖추게 되면서 디지털과 하나가 되어 살아가는 새로운 현실에 대한 은유다. 에블린처럼 기성세대 역시 그 낯선 경험을 자신의 것으로 받아들이는 순간 세상은 확장되고 더 즐거워질 것이다. 에블린이 마지막에 딸을 있는 그대로 받아들이게 된 것은 그가 다중우주의 수많은 자신을 만나면서 그 이질적 문화를 자기화(自己化)했기에 가능했던 것이다. 종국에 에블린은 어떤 세계도 아름다운 면이 있고, 어떤 존재도 사랑받을 가치가 있으며, 자신도 이웃도 모두 서로에게 그런 존재임을 깨달으면서 관대함을 실천하게 된다.

기성세대의 입장에서 젊은이의 문화가 불편한 것은 낯설기 때문이다. 그러나 어떤 문화이든 자꾸 접하다 보면 즐기게 된다. 감각도 학습된다. 기성세대도 젊은 세대처럼 부지런히 자신의 감각을 업그레이드할 수 있다. 몸은 노화되지만 감각은 젊음을 유지할 수 있기 때문이다. 그리고 디지털 원주민 세대의 기술은 학교에서 배워야 할 전문가의 기술이 아니다. 누구나 관심을 가지고 자주 쓰다 보면 쉽게 배울 수 있는 직관적인 기술이다. 어린아이가 아무도 가르쳐 주지 않아도 혼자서 쉽게 디지털 기기의 사용법을 터득하는 사실에서 그 배움이 혼자서도 할 수 있는 자연스러운 과정임을 알 수 있다. 문제는 낯선 세상에 대한 불안과 닫힌 마음이다. 그러므로 디지털 리터러시는 어렵게 배워야 할 기술의 문제가 아니라 낯선 세상도 친절하게 받아들이는 친교(親交)

의 문제다.

기계치(機械癡)는 기계를 싫어하거나 두려워해 기계에 익숙하지 않고 제대로 다루지 못하는 사람을 뜻한다. 과거에는 기계가 단순히 도구로서 존재했다면 현재 디지털 기기는 '제2의 신체'로서 함께 살아가야 하는 존재가 되고 있다. 2019년 말 찾아와 3년이 넘는 시간 동안 인류 전체에 큰 위협이었던 팬데믹 사태로 인해 사회 전반의 디지털 전환은 더욱 급물살을 탔고 이는 전 사회적으로 빠른 디지털화를 촉진시켰다. 또 2023년 챗GPT가 유행하고 기계가 인간의 언어를 알아듣게 되면서 디지털의 높은 벽이 무너지고 있다. 노인을 쉽사리 '디지털 취약계층'으로 단정 짓기보다는 다정함으로, 친절하게, 디지털 세계에 조금 먼저 도달한 이주민으로서 노인을 안내하는 일의 즐거움을 발견할 수 있다. 여기에서는 노인을 돕는 디지털 리터러시의 지원 포인트를 세 가지로 제시한다.

'시니어 디지털 리터러시' 지원의
세 가지 주안점

첫째, 노인이 디지털 이용을 겁내지 않도록 하는 것은 다급한 과제이며 의미 있는 시도이다. 80대 이상의 많은 노인들은 스마트폰을 쥐고도 '그냥 오는 전화만 받는다.'고 한다. 잘 몰라서 어려움과 두려움이 있기 때문이다. 이는 상당 부분 고령층의 신체적 특징과 디지털 기기의 특성 때문이라고 한다. 스마트폰의 경우 폴더폰과 달리 직관적으로 숫자가 보이지 않는 화면, 작은 글자 등, 고령층이 편하게 사용하기 어렵다는 것이다.

이를 넘어서려면 사용화면(user interface, UI) 개념에 대한 이해가 선행되어야 한다. 이것이 안 되면 젊은이들에게는 익숙한 '밀어서 잠금 해제'도 어렵고 항상 '어느 화면을 끌어내리라고?'를 자꾸 묻게 된다. 스마트폰으로 전화 받기와 전화 끊기도 어려워하는 노인이 많다.[9] 복지관 등에서 노인의 자존감을 다치지 않으면서도 디지털 자신감을 고취할 수 있도록 하는 스마트폰 교육이 한창인데, 되도록 맞춤형으로 1대 1 또는 1대 2 교육이 필요할 것이다. '만사핸통' 시대에 '폰맹'을 벗어나는 것은 가장 중요한 일 중 하나가 될 것이다.

둘째, 노인이 디지털의 속성 중 '알고리즘(algorithm)'을 이해하도록 지원하는 일이다. '알고리즘'이란 유튜브의 인공지능(artificial intelligence, AI)이 시청자가 선호하는 영상 주제와 과거 시청 데이터를 분석하여 개인적 선호도에 맞게 시청자에게 가장 적합한 영상을 추천해 주는 것을 의미한다. 알고리즘에 대한 이해를 도모한다는 의미는 정보편향을 주의하는 법, 그리고 가짜뉴스와 왜곡된 정보나 허위정보에 말려들지 않도록 하는 것이며 더 나아가서는 디지털로 세대 내, 그리고 세대 간 원활한 소통을 목표로 한다.

카카오톡과 유튜브를 끼고 사는 노인들은 비슷한 내용의 유튜브를 '보고 또 보며' 하루를 보낸다. 또는 자신이 본 유튜브를 카카오톡에 있는 지인들의 톡방에 보내고 또 보낸다. 한 예를 들어 보자. 노인이 건강에 대한 높은 관심을 갖는 것은 당연하다. 그러나 한 연구에 따르면, 노인은 디지털 매체를 통한 정보 탐색 과정에서 한정되고 폐쇄적인 출처로부터 얻은 건강 정보에 대해 확신을 가지고 판단하는 경향이 크다고 한다.[10] 부정확한 정보는 노인의 관계망을 통해 확산되어 많은 노인들에게 영향을 미치고 결국 세대 간 파편화가 고착된다. 노인들에게 요즘 핫한 디지털 리터러시 교육에서도 알고리즘의 작동기제를 안내해야 한다. 노인에게 이런 교육을 하면 디지털 비문해(digital illiteracy) 상태를 벗어나 노인을 바라보는 사회의 시선을 깨닫기도 하고 왜곡된 노인상(老人像)에 대해 항의할 수 있는 역량도 생긴다. 그렇게 되면 유튜브는 오히려 다른 세대와 소통하고 협업하는 도구가 된다.

셋째, 최근 디지털은 인간의 신체적·정신적 어려움을 덜어 주어 보다 풍요로운 삶을 살 수 있도록 지원하고 있다. 노인이 이런 디지털 기술을 적극적으로 이용하도록 독려하고 사용법을 적극 안내할 수 있다. 최근 가상현실(virtual reality, VR)을 이용한 노인 건강 증진 솔루션이 인기를 끌고 있다. 국내에서도 가상현실과 의료기술을 융합한 스마트 케어가 속속 등장하고 있다. 한 예로 VR 기반 회상 요법을 소개한다. 노인들의 기억을 개인 디지털 기념관에 저장하여 추억 회상에 활용할 수 있는 기술은 뇌의 기억력과 인지력을 자극해 치매 예방 및 치료는 물론 우울감 등이 지속적으로 심화되는 노년층에 큰 만족과 함께 자존감 회복까지 제공할 수 있다고 한다.[11] 디지털 문해력이 높은 노년층은 메타버스 속 가상 진료실을 이용하고 다른 나라 박물관의 유물도 앉은 자리에서 감상한다. 과거 여행했던 나라를 다시 가 보고, 젊은 시절 추억의 장소로 순간이동하기도 한다. 이러한 메타버스 경험은 노화로 인한 심리적, 물리적 제약을 극복하는 기회가 된다.

삶에 지치고 외로운 노인에게 적극적으로 디지털 기기를 나누고 사용 방법을 반복하여 숙지하도록 한다면 진정 다른 이의 삶을 도왔다는 뿌듯함을 경험하게 될 것이다. 영화의 끝에 이르러 비로소 볼 수 있는 에블린의 환한 웃음은 모든 혼란을 극복한 모습을 상징한다. 이주민으로서 선주민인 세무조사관과 잘 지내고 세대 차이를 아우르며 딸을 있는 그대로 받아들이고 디지털로 스스럼없이 교감하고 협업하는 모습은 알파 세계의 에블린이다. 그가 새로운 관점을 배우고 받아들이면서 모든 혼란을 정리하고 풀어 나가면서 행복을 찾았듯 급변하는 디지털 환경에서 고령자 역시 그렇게 살 수 있다. 결국 우리 중 대부분이 디지털 이주민이며 디지털 리터러시는 단순 기능을 가르치고 배우는 것을 넘어선다. 다정함으로 다가서는 시니어 디지털 리터러시가 절실히 필요한 때이다.

혼종양식

병맛 감성이 가득한 이유
디지털 세상, 모든 것·모든 곳·한꺼번에

〈에브리씽 에브리웨어 올 앳 원스〉는 줄거리를 요약하기 힘든 영화다. '기성세대'라고 불리는 사람들이라면 편안하게 보기 힘든 영화라는 평도 있다. 그 이유가 다양할 수 있으나 가장 짐작할 만한 것은 디지털 환경과 온라인 세상에 대한 낯설음이라고 본다. 우선 영화 속에서 주인공이 넘나드는 다중우주, 즉 멀티버스(multi-verse)에 대한 이해가 필요하다.

영화는 미국의 한 중국인 이민자 가족을 비추며 시작된다. 주인공인 에블린, 남편 웨이먼드, 그리고 에블린의 아버지인 공공, 이렇게 세 명은 기성세대, 청년으로는 부부의 딸 조이가 있다. 에블린은 가족이 운영하는 빨래방에 대한 세무조사를 받기로 되어 있고 아버지를 위해 중국 전통 신년 파티도 열어야 하기에 남편이 가져온 이혼신청서를 볼 여유조차 없다. 그런데 국세청 엘리베이터에서 소심하던 남편이 갑자기 상남자 스타일로 변해 다중우주에 접속해 에블린에게 그의 과거를 보여 주며 악인 조부 투파키로부터 다중우주를 구원하라는 소명을 전달한다. 에블린은 또 다른 우주로 순간이동하여 또 다른 자신의 모습들을 만나게 되고, 다름 아닌 자신이 딸 조이를 악인으로 만들었다는 사실을 알게 된다. 이런 위기 상황에서 웨이먼드는 세상을 전쟁터로 보고 투사로 싸우고 있는 에블린에게 세상을 친구처럼 다정하게 대해 달라고 부탁하고 이에 감화를 받은 에블린은 베이글 블랙홀로 들어서는 조이를 모성애로 끌어안으며 마지막에는 골치 아픈 세무조사 문제도 해결한다. 영화는 현실과 다중우주를 수평으로 병치하다가 마지막에 이 모든 시간들이 결국 이 가족의 힘든 하루였음을 알려 준다. 그러니까 그날 하루, 에블린은 다중우주의 여행을 거치면서 아버지에 의존하는 자신과 단절하고 남편을 인정하고 딸과 화해하여 자신의 문제와 가족의 문제를 동시에 해결한 것이다.

이 영화는 병맛 감성이 가득하다고는 하나 그렇다고 그렇게 가볍지만은 않다. 전후 이탈리아에서 생존을 위해 자전거를 훔칠 수밖에 없는 주인공 리치의 암울한 현실을 보여 주었던 네오리얼리즘의 대표 영화인 〈자전거 도둑〉(1948)처럼 〈에브리씽 에브리웨어 올 앳 원스〉는 글로벌 자본주의의 최전선인 미국 사회에서 열심히 일해도 결코 풍족하지도 행복하지도 않고 반대로 복합적인 위기에 처한 하층민의 현실을 보여 준다. 리치는 자전거를 도둑맞았지만 주위 이웃들의 도움을 받을 수 있는 전통 사회에 살고 있고 부부 관계도 자식과의 관계도 기본적으로 끈끈한 사랑으로 맺어져 있다. 반면 에블린은 주위의 모든 사람들이 적(敵)인 전쟁터 같은 비정한 도시에서 온갖 기술(멀티버스 속의 무술)을 동원해서 살아남아야 한다. 〈자전거 도둑〉이 마지막에 자전거를 훔치다 걸려 수모를 당한 아버지의 손을 잡아 주는 아들 부르노의 모습을 통해 암울한 현실 속에서도 희망을 제시하듯 〈에브리씽 에브리웨어 올 앳 원스〉 역시 마지막에 에블린의 손을 다시 잡고 가족으로 돌아온 조이의 모습에서 삶의 희망을 찾는다. 리치나 에블린이나 주위 환경을 바꿀 수는 없는 무력한 존재이지만 주위 사람들과 손을 잡

에블린은 빨래방 이층의 다국적 문화가 혼종된 정리되지 않은 좁은 공간에서 사는
미국 사회 하류층 중국계 이주민이다.

고 한 줌의 시간을 소중히 여기는 삶의 태도를 선택할 수 있는 것
이다.

《영화의 이해》라는 책의 저자 자네티(Louis Jiannetti)에 의하면 대
부분의 영화는 고전주의를 중앙에 두고 사실주의와 표현주의가
양극단에 위치한 스펙트럼 위에서 자신의 스타일을 찾을 수 있
다.[12] 〈에브리씽 에브리웨어 올 앳 원스〉는 형식에 있어 드라마,
코미디, SF, 액션, 부조리극 등의 장르를 섞고 고전주의, 사실주의,
표현주의 등의 양식을 혼합하고 내용에 있어 다문화적 기호들을
무질서하게 버무린 영화다.[13]

이 영화는 고전 서사를 바탕으로 할리우드의 전형적인 3막
시퀀스 구조로 스토리를 구성했고 그 스토리를 표현하는 데 있어
할리우드의 고전적 스타일을 활용했다. 특히 결말의 깔끔한 해결
은 할리우드의 전형적인 고전주의 방식이다. 할리우드의 고전주
의적 특징은 심리적 문제를 가지고 있는 주인공이 뚜렷한 목표
를 추구하면서 스토리가 전개되고 주인공은 적대자의 방해를 극

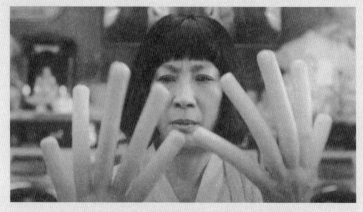

현대인은 사이버 공간에서 다양한 부캐를 가지고 순간적으로 다차원의 세상으로 점프한다.

복하고 자신의 심리적 문제를 해결하여 스스로 변화하면서 결국 목표를 성취한다는 점이다. 그리고 인과적 연결이 철저한 전개와 모든 것이 명쾌하게 해결되는 완결된 결말이라는 특징을 갖는다. 그러나 이 영화가 기존 할리우드 영화와 차별되는 지점은 그러한 할리우드 전통 속에서 기존에 상반된 스타일로 간주되던 사실주의와 표현주의를 혼합시킨 새로운 스타일에 있다.

영화가 탄생한 이래 오랫동안 영화는 자신의 고유한 예술적 특성을 창조하는 방향인 표현주의와 영화의 미디어적 사물성을 보존하려는 방향인 사실주의로 분리되는 경향을 보였다. 그러나 사실주의가 외부 세계를 객관적으로 보여 주고 표현주의가 인물의 내면 세계를 주관적으로 보여 주는 점에서 둘 다 객관적이든 주관적이든 실재하는 인간의 시간을 기록한다는 공통점을 찾을 수 있다. 또한 영화가 디지털화되면서 금단의 영토로 여겨졌던 프레임의 세계를 자유롭게 디자인할 수 있게 되었고 실제의 기계적인 기록과 상상의 디지털적 창작이 서로 구분하기 힘들 정도의 동일한 사실성을 보여 주게 되면서 기존의 사실주의와 표현주의 간의 스타일 차이가 모호해지고 있다. 이런 상황에서 〈에브리씽 에브리웨어 올 앳 원스〉는 현실 장면을 사실주의 스타일로, 멀티버스 장면을 표현주의 스타일로 연출하면서 마지막에 고전적 할리우드 방식으로 두 스타일을 통합한다. 영화의 절정에서 멀티버스의 세계와 현실 세계가 교차하면서 결국 모든 것이 하루 동안 벌어진 에블린 가족의 객관적인 시간과 주관적인 시간이었음이 밝혀진다. 인간이 경험하는 객관적인 시간과 주관적인 시간이 하나이듯이 이를 표현한 사실주의와 표현주의 스타일도 결국 하나로 통합된다.

2부.

노년에도 반짝이는 삶

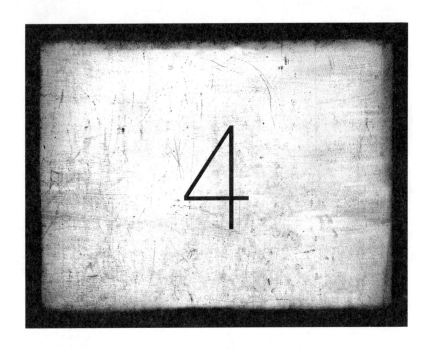

창문 넘어 도망친 100세 노인

감독: 펠릭스 헤르그렌Felix Herngren
출연: 로베르트 구스타프손Robert Gustafsson(알란 칼손 역), 이바르 비크란더Iwar Wiklander(율리우스 역)
원작: 요나스 요나손Jonas Jonasson
개봉: 2014년
제작사: Nice FLX pictures

(스웨덴, 114분)

탈주로 회복하려는 일상의 평범함

"소중한 순간이 오면 따지지 말고 누려라,
우리에게 내일이 있으리란 보장은 없으니까."

〈창문 넘어 도망친 100세 노인〉은 스웨덴 초고령 노인의 유쾌한 모험을 담은 요나스 요나손의 동명 소설을 영화화한 작품으로, 이보다 더 유쾌할 수 없는 100세 노인의 여정을 따라가는 로드무비이다. 이 이야기는 주인공 알란 칼슨(로베르트 구스타프손 분)이 말코핌 요양원을 탈출하여 아무 버스를 타고 여행을 떠나면서 시작된다.

100세 생일을 맞은 노인 알란은 남은 인생을 좀 더 즐겨 보겠다는 마음으로 요양원을 빠져나온다. 이후 그는 우연히 손에 넣은 갱단의 돈가방 때문에 쫓기는 신세가 되며 끝없는 모험에 초대된다. 아슬아슬한 순간들 사이로 그의 범상치 않은 이력이 스치고 지나간다. 젊어서는 뛰어난 폭탄 제조 기술 덕분에 고생도 많이 했지만 결국 실력을 인정받아 20세기 세계사의 굵직굵직한 사건에 관여하게 된다. 알란의 나이 100세는 그의 오랜 경험과 시간의 기록뿐만 아니라 한 세기 역사를 상징하는 숫자다. 영화 〈포레스트 검프〉(1994)의 주인공처럼 알란도 의도치 않게 역사를 바꾸는 결정적인 역할을 하는데, 역사의 중요한 결정이 한낱 우연한 사건과 개인의 착각으로 이뤄진 것이라는 의미이다. 갱단에 쫓기면서도 언제나 낙천적인 알란. 가는 길목마다 다양한 사람들을 만나며 이들의 삶에 도움을 주게 되며, 결국 낯선 나라에서 행복한 아침을 맞는 것으로 영화는 막을 내린다.

2070년,
둘 중 하나는 노인

스웨덴에서는 노인이 늘어나는 것과 비례해서 노인이 주인공인
책과 영화도 늘어났다고 한다. 노인이 주인공인 책을 읽고 영화
를 본다니, 우리는 아닌 것 같은데? 스웨덴에는 그만큼 주인공 노
인과 동질감을 느끼는 노인 세대가 많다는 이야기도 된다. 이미
2019년에 초고령사회에 들어선 스웨덴은 2040년이면 65세 이상
이 인구의 4분의 1이 된다고 한다.[1] 우리도 2025년에 초고령사회
가 되고 '신(新)노년'으로 불리는 베이비부머가 이미 노년기에 접
어들었으니 이 영화 속 할아버지처럼 역동적인 삶을 살아가는 노
인을 주인공으로 내세운 소설이나 영화가 많이 만들어지고 모두
가 즐기게 되는 날이 머지않은 듯하다.

　　65세 이상의 사람을 노인이라고 할 때 전체 인구 중 이들이
차지하는 비율이 7% 이상이면 고령화사회(aging society), 14% 이
상이면 고령사회(aged society), 그리고 20% 이상이면 초고령사회

100세 노인 알란은 어린아이 같은 호기심이 있으며 어떠한 상황에도 동요하지 않는
침착성을 보여 준다.

(super-aged society)로 분류한다고 한다. 이는 UN의 정의라고 알려졌지만 팩트 체크 결과 한 연구자의 주장이 잘못 알려진 것이라고 한다. 어쨌든 우리 사회는 곧 이 초고령사회의 기준인 20%를 넘기게 된다. 2014년 미국의 신용평가회사 무디스는 보고서를 내어 2020년에는 13개국이 초고령사회가 되며, 2030년에는 34개국으로 늘어난다는 전망을 낸 바 있다.[2] 당시 초고령사회에 들어선 나라는 독일, 일본, 이탈리아의 단 3개국이었다. 이 영화의 배경인 스웨덴은 2019년에 초고령사회에 합류했다.[3] 그런데 이 전망에 따르면 우리나라는 2030년 20%를 넘길 전망이었는데 실제 현실은 그보다 5년이나 이른 2025년에 초고령사회에 진입한다고 하니 이 얼마나 놀라운 속도인가.

　경제개발협력기구(OECD)의 보고서 역시 "한국은 그동안 가장 젊은 나라였지만, 향후 50년 이내 가장 늙은 나라로 변화할 것이다."라고 전망하였다. 이러한 속도는 '노인의 나라'로 불리는 일본보다 10년 빨리 초고령사회로 진입하는 것으로 세계에서 유래를 찾기 어려운 추세라 한다.[4] 통계청 〈장래인구 추계〉를 보면 우리

고령인구(65세 이상) **비중**

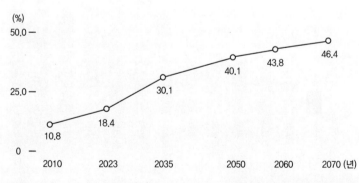

출처: 통계청. 장래인구 추계: 2020~2070년.

의 미래를 조금 더 실감할 수 있다. 2023년 65세 이상 고령인구는 우리나라 전체 인구의 18.4%인 950만 명인데, 2035년 30%, 2050년에 40%를 넘어설 것으로 전망되고 있다. 2070년에 이르면 무려 한국인 둘 중 하나가 노인인 상황을 보여 주고 있다.[5]

그럼 영화의 배경인 스웨덴과 비교해 보자. OECD 주요국이 초고령사회에 도달하기까지 걸린 햇수를 보면, 고령사회에서 초고령사회에 도달하는 데 소요되는 기간, 즉 65세 이상 고령인구 비중이 14%에서 20%가 되는 기간을 볼 때 스웨덴은 약 48년이었다. 그런데 우리나라는 이 기간이 고작 7년에 불과할 것으로 전망되는 것이다.[6] 즉, 우리나라는 상대적으로 고령화사회로 진입한 시점은 늦었지만 고령화 속도는 세계에서 가장 빠른 것이다.[7]

그러면 초고령사회에 진입한 이후, 우리 사회에는 어떤 일이

OECD 주요국 초고령사회 도달 연수

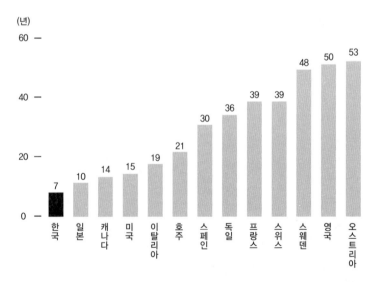

출처: World Population Prospects 2022.

펼쳐질 것인가? 우리의 현실을 감안하면서 이 영화를 통해 짐작해 보자면 대략 세 가지 정도를 꼽을 수 있다.

첫째, 노인이 주인공인 스웨덴의 소설과 영화처럼 노인은 사회의 중심 세력으로 등장할 것이다. 인생 2막, 3막을 거치며 새로운 일을 꿈꾸고 그간 해 보지 못했던 모험을 떠나며 자신과 이웃을 위해 목소리를 낼 것이다. 이 과정에서 일어나는 세대 갈등도 상당할 것이지만 반면 세대 간 협업이나 소통도 그에 비례하게 일어날 것이다. 그러면서 노인은 자신을 지목하는 다양한 혐오와 싸우며 가장 자신다운 삶을 이어 가려고 하는 데 관심을 기울일 것이다.

둘째, 노인은 살던 집에서 보다 오랫동안 살아가기 위해 주택을 무장애시설(배리어프리, barrier-free)로 개선하는 등, 길어진 노년기에 필요한 서비스를 찾게 되며 사회적으로는 이에 대한 정책과 사업이 늘어날 것이다. 독립생활이 불가능해져서 요양원에 갈 수밖에 없는 상황이 된다면 공동생활을 하면서도 자신의 권리를 행사할 수 있는 환경에 관심이 증가할 것이다.

셋째, 노인을 고객으로 하는 서비스 영역이 늘어나고 해당 직업 역시 늘어나고 분화되는 등, 노인을 대상으로 하는 서비스 환경의 변화에 상응하는 종사자 역량이 중요해질 것이다. 〈창문 넘어 도망친 100세 노인〉은 스웨덴의 경우를 통해 우리의 미래를 볼 수 있는 재미있고 의미 있는 영화이다.

초고령 노인,
'슈퍼에이저'의 특징

초고령기 노인은 어떤 사람인가? 라는 질문을 하는 사람이 있다
면 〈창문 넘어 도망친 100세 노인〉은 그 질문에 세상에서 가장 유
쾌하게 답을 준다. 초고령기 노인이라도 정신적으로나 신체적으
로나 젊은이와 능력이 비슷한 사람들이 상당수 있다. 그러나 절
대 다수는 신체적, 정신적으로 노화가 가져온 어려움을 만나게
된다. 나이가 들면서 경험과 지혜의 축적, 기술과 지적 수준의 향
상 등과 같은 긍정적인 결과를 얻을 수 있는 반면에 신체적 노화,
정신적 감퇴, 친구나 배우자의 죽음 등을 겪으며 침울해하는 사
람도 많은 것이 현실이다.

초고령기 노인을 논하기 전, 우선 공식적으로 '노인'으로 불리
게 되는 연령인 65세에 대해서부터 검토해 볼 필요가 있다. 사람
들은 이 기준이 무려 130여 년 전 것이라는 사실을 잘 모른다. 노
인 연령의 기준은 1889년 독일의 비스마르크가 사회보험제도를
도입하면서 노령연금을 받을 수 있는 나이를 65세로 정한 것에
근거한다. 유엔도 이 기준을 따르고 있으며 이는 생산가능인구를
15세부터 64세로 잡게 되는 계기가 된다. 우리나라도 1964년 「노
인복지법」을 제정하면서 이를 적용하였다. 그런데 비스마르크 시
대에는 독일 국민의 평균 수명이 49세였다고 하는데, 그렇다면
그 당시 노인 기준 연령 65세가 다소 혁신적이었을지 모르나 이
기준을 100세 시대를 맞이하는 지금에도 적용하는 것은 다소 이
해하기 어렵다.[8]

엄연히 존재하는 노인의 나이 기준을 가볍게 무시하고 자신
만의 삶을 살아가는 노인 아닌 노인들을 우리의 일상에서 많이

만나게 되는 것도 이 때문이다. 지금 우리 사회 노인 절반은 적어도 70세가 넘어야 비로소 노인이라는 생각을 한다고 한다. 전 세대 노인보다 평균적으로 학력이 높고, 여전히 전문적인 일을 활발하게 하는 사람도 많고, 자신의 건강에 자신을 가지고 있으며, 노후 경제생활에도 큰 어려움이 없는 사람도 많다. 노년기에도 자립생활에 대한 확신을 가지고 있으며 따라서 자녀와 함께 살면서 돌봄을 받고 싶어 하는 노인도 갈수록 적어지고 있다고 한다.

나이가 초고령기에 들어서 몸은 비록 노화를 거스를 순 없지만 젊은이 못지않은 정신적 활동을 보이는 사람들을 '슈퍼에이저(super-agers)'라고 부른다. 이 '슈퍼에이저'의 개념은 지난 2007년 미국 노스웨스턴 의과대학의 연구진에 의해 처음 도입되었다고 한다. 최근에는 슈퍼에이저의 뇌 특징 및 생활습관 등을 분석하고 이 비법을 통해 알츠하이머 환자들의 치료제를 개발하려는 연구가 한창 진행 중이라는 보도도 있다.[9] 어떤 연구는 생활습관이 이들이 슈퍼에이저가 된 결정적인 요인일 수도 있다고 말한다.

100세 노인 알란은 영화 처음부터 현실을 위반하고 탈주하고 폭로한다. 그는 사회의 규범이나 질서를 무시하고 마음 가는 대로 행동하는 무법자다.

신체적으로나 지적으로 활동적인 라이프스타일, 끊임없이 도전하려는 의지나 능력, 활발한 사회생활과 폭넓은 사회적 네트워크 등이 그것이다.[10]

〈창문 넘어 도망친 100세 노인〉의 주인공 알란의 라이프스타일은 극적 구조상 웃음을 유발하지만 자세히 보면 슈퍼에이저의 그것과 유사하다. 안락하지만 재미가 없는 요양원의 창문을 '세상에서 가장 느린 속도'로 탈출하지를 않나, 한 번도 가 본 적이 없는 지방으로 향하는 버스에 덜컥 오르지를 않나, 계속해서 새로운 사람을 만나며 결국 하고 싶은 일을 다 하면서 낯선 곳에서의 느긋한 아침을 맞는다. 알란이 어려운 삶의 한가운데 서 있는 젊은이들을 만나며 이들을 예상치 않게 행복으로 인도

영화 〈업〉 포스터

하는 모습을 보면 다가올 초고령사회에서 백세 노인들이 가져올, 아직은 보자기에 싸여 있는 선물에 대해 자못 기대를 할 수도 있을 것이다.

배우자와의 사별 등으로 혼자 살게 된 노인들도 지역사회에서 미래 세대를 만나며 새로운 삶을 꿈꿀 수 있다. 픽사 애니메이션 영화인 〈업(UP)〉의 칼 할아버지도 그랬다. 아내가 죽은 후 상실감으로 스스로를 고립시켜 남은 인생을 쓸쓸하게 살아가던 할아버지는 동네 아이와 새로운 모험을 떠나며 인생의 반전을 맞는다. 싱글맘 가정에서 자라 온 한 아이를 위해 자신이 할 일을 찾는 모습에서 우리는 감동을 받는다. 노인 세대와 잘 살아가기 위한 방법에 대한 학습, 즉 '함께 살기 위한 학습(learning to live together)'도 우리 안에서부터 자연스럽게 시작될 것이다.

스웨덴의
재가복지

〈창문 넘어 도망친 100세 노인〉에는 우리나라가 초고령 노인의 인간적인 노년을 설계할 때 참고해야 할 '베스트 프랙티스' 중 하나인 스웨덴의 사회복지가 배경으로 펼쳐진다. 초고령사회까지 고작 7년밖에 안 남은 지금, 이 영화에서 몇 가지 주목하고 참조할 만한 아이디어를 얻을 수 있다.

스웨덴은 노인을 대상으로 하는 사회서비스가 잘 되어 있있는 나라이다. 세금과 정부 보조금으로 노인의 독립적 삶을 지원한다. 가능한 한 오랫동안 자기 집에서 살 수 있도록 하는 것이 핵심이다. 이를 사회복지 용어로 '재가복지'라고 한다. 주인공 알란

할아버지 역시 만약 여우를 폭사시키는 사고를 치지만 않았으면 100세가 가까운 나이이지만 자기 집에서 더 오래 살 수 있었다. 노인이 보다 오랫동안 자신이 살아온 집에 그대로 거주하면서 각자가 필요한 노년기 돌봄을 받는 것이 핵심이다. '일상적 생활의 계속(normalization)'에 입각해서 수립된 정책 패러다임이다. 이는 불과 10여 년 사이에 노인이 스스로를 돌볼 수 없을 정도로 기력이 쇠하면 요양원에 가는 것을 당연한 것처럼 생각하게 된 우리의 노인 돌봄 현실에 대해 다시 생각해 볼 기회를 제공한다.

스웨덴은 1971년 고령사회가 되면서 늘어나는 노인의 돌봄에 대한 고민이 시작되었고 1992년 '에델개혁(Ädel Reformen)'을 통해 현재의 노인복지 정책의 기초를 갖추게 된다. 에델개혁은 보건 의료와 복지 서비스를 하나의 체계로 통합 운영하는 것이 인간 중심의 복지 서비스를 실현할 수 있다는 생각, 그러면서도 거기에 소요되는 비용은 줄일 수 있다는 착상에 기반하였다. 노인복지 서비스와 관련된 모든 업무와 재원 조달을 기초자치단체인 코뮨(Kommun)으로 이관하였는데, 그러면서 재가복지 서비스에 중점을 두어 이전까지 요양원 수용이 중심이던 노인복지 자원 분배의 방향을 크게 전환하였다. 이전까지 대형 시설 중심이던 요양원도 소규모화를 장려하여 요양원에서도 마치 집과 같은 느낌을 가질 수 있도록 했다. 65세 이상 모든 노인이 노인복지의 대상이지만, 특히 80세 이상 초고령 노인의 삶에 관심을 가져 의료와 복지를 통합하여 제공하게 되었다.[11]

이런 변화는 무엇보다도 노인의 선택할 권리를 중심으로 한다.[12] 에델개혁의 핵심은 기초자치단체가 요양원을 포함하여 노인에 대한 모든 형태의 제도적 주거 및 보호시설 및 서비스를 제공하는 법적 책임을 지도록 하는 것이었다. 그러다 보니 다수 노

단계	시기	내용
주택	주거환경개선보조금	본인 소유의 주택에 대한 노인친화적 시설이나 환경 조성 개선에 소요되는 비용을 최대 90%까지 지원
	연금수급자주택	주택 내의 공동시설 이용, 선택적 홈서비스, 지역사회 코뮌(kommune)의 주택수당 지원
시설	노인홈, 노인양로시설	자취 능력이 없는 노쇠한 노인을 대상으로 공용 식당 및 청소, 세탁 등의 서비스를 제공함
	너싱홈	노인홈, 노인양로시설에 비해 더욱 거취가 불편한 노인을 대상으로 간호사가 상주하여 간병과 생활 도움서비스를 제공함
	서비스하우스	연금수급자주택과 유사하나 그보다 높은 수준의 서비스를 제공함

인들은 집에서 거주하며 의료적 처치가 덜한 돌봄 서비스를 받을 수 있는 선택의 자유를 가지게 되었고, 의료적 돌봄이 필요한 사람은 너싱홈(nursing home)에서 수준 높은 의료적 서비스를 받을 수 있게 되었으며, 그 사이에 노인 주거에 대한 다양한 선택이 존재한다. 스웨덴 노인주거보장정책의 주요 내용은 스웨덴의 노인주거보장정책을 주택과 시설로 나누어 각각이 제공하는 서비스의 내용을 알려 준다.[13]

이렇게 노인재가복지를 중심으로 하는 정책과 제도가 자리 잡은 이유는 요양원에 가는 것보다 살던 집에서 최대한 오랫동안 사는 게 더 좋다는 것을 많은 사람들이 실감했기 때문이다. 요양원 등의 대형 시설이 수용된 노인들의 부자유와 무력화를 낳는다는 비판이 고조되면서 재가돌봄 서비스의 비중이 빠르게 증가했다고 한다.[14] 이는 한 신문에 실린 주한 스웨덴 대사와의 인터뷰에도 잘 나타난다. 그는 70세에 파킨슨병을 진단받고 요양원에 들어간 자신의 할머니가 90세까지 20년을 우울하게 지내야 했던 것과는 달리 90세가 넘은 어머니는 줄곧 집에서 지내다가 최근에 이르러서야 비로소 노인보호주택으로 옮겼다고 한다. 이 주택 전체의 정원은 60명이지만 각각의 주택에는 소수만을 배정하여 그의 어머니는 일곱 명의 노인과 함께 산다고 한다.[15] 이렇게 집과 요양원 사이에는 노인들이 모여 사는 다양한 공동주택이 있어 살던 지역사회에서 계속 살아가는 '에이징 인 플레이스(aging in place)'가 가능하다. 2000년 이후는 이런 노인 중심 공동체의 활력이 적은 것에 대한 해결책으로 입주 연령을 동거하는 자녀가 없는 40세 이상으로 낮춘 '+40 코하우징' 모델이 부각되고 있다고 한다.[16] 40~50대 구성원은 외부 사회와의 연결을 가져오고 60대 이상의 주민들은 은퇴 후에 여유로운 시간과 축적된 사회경험을 통해 공동체의 운영에 기여할 수 있으므로 두 집단은 상호 보완적이고 서로에게 긍정적인 영향을 미친다고 한다.[17]

　스웨덴은 노인을 대상으로 하는 다양한 서비스를 제공할 수 있는 공공 및 민간 공급자의 진입을 장려함으로서 노인들의 선택의 폭을 넓히는 것을 그 목적으로 했다.[18] 이렇다 보니 자격 있는 간호 및 복지 서비스 인력의 요구가 늘어날 수밖에 없었고 노인돌봄 서비스뿐 아니라 사회 서비스 전반의 발전 과정에서 큰 전환점을 맞이하게 되었다. 우리나라도 고령자복지주택 제도를 시행하고 있다. 국토교통부는 고령자복지주택 공급량을 2019~2022년까지 4,243호 공급을 시작으로 2023년부터 6,000호까지 확대, 2025년까지 총 1만 호를 공급할 계획을 발표하였다. 이러한 고령자복지주택은 저층부와 고층부를 나누어 저층부에 노인 친화형 사회복지시설을 두고 상층부는 청년, 신혼부부

등이 거주하는 임대주택을 둔다고 하니 다양한 계층과 세대 혼합
공간이 되어 스웨덴의 경우와 유사한 점이 있다.[19] 앞으로 노인이
편하고 행복하게 살아갈 수 있는 공간에 대한 관심이 커질 것인
데, 부모님을 비롯 사랑하는 노인들의 초고령기의 삶이 어떤 공
간에서 진행되고 마감되는 것이 좋은지에 대해 우리도 지금보다
관심을 기울일 필요가 있을 것이다.

요양원도
집처럼

알란이 왜 요양원을 탈출하는지 어리둥절할 정도로 스웨덴 요양
원의 시설과 사람들은 모두 좋아 보인다. 일단 1인 1실은 기본이
고 방 안의 가구는 다 자기 집에서 가져온 것이다. 우리나라 요양
원은 옷가지 몇 벌 넣을 수 없을 정도로 낯설고 좁은 공간이 일반
적인데 차이가 크다. 이렇게 가구나 세간살이를 집에서 가져오면
위화감도 적고 마치 집에 있는 것과 같은 편안한 느낌을 줄 것이
다. 스웨덴에서는 이렇게 대개의 요양원 입소자가 모두 1인실이
나 부부 공동실 등 독립적인 공간을 갖고 있다고 한다. 본인 부담
금은 개인 소득에 비례해서 결정되는데, 통상 전체 비용의 5~6%
정도라고 하며 대부분의 재원을 지방세로 충당한다. 재산과 소득
에 상관없이 입소자가 시설에서 누리는 서비스의 질은 동일하며,
이에 대한 관리와 감독도 지방자치단체인 코뮌의 몫이다.[20] 삶의
질을 보장하는 사회복지 예산에서도 우리나라의 2020년 GDP 대
비 공공 사회복지지출 비율(14.4%)은 OECD 평균(23.0%)의 3분의 2에
도 미치지 못하는 수준이다.[21] 노인이 되어서도 누구에게 기대거

나 부담될 일이 없도록 누구나 인간다운 삶을 살아갈 수 있는 사회를 만들어야 할 필요를 생각해 본다.[22]

요양원 직원들도 그렇다. 알란을 위해 만든 100세 생일 축하 케이크에 모여든 직원들과 노인들이 생일축하 노래를 불러 주는 것을 보면 불현듯 우리 현실을 돌아보게 된다. 신문에 나온 스웨덴의 한 요양시설의 사례 역시 우리에게 필요한 돌봄 종사자의 규모와 수준에 대해서 알 수 있게 한다. 수도 스톡홀름 인근 한 요양원의 입소자는 48명인데 이들에게 '1대 1 돌봄'을 제공하기 위한 돌봄 종사자 수는 52명이라고 한다. 입소자보다 많은 숫자인 것은 물론, 이들 중 80%는 요양보호사 자격 요건보다 강화된 '준(準)간호사' 자격을 지녔다고 한다. 주택 형태의 4개 동에는 치매 환자와 일반 입소자가 삶의 공간을 나눠서 살아간다. 치매 환자를 위해선 인내심이 강한 준간호사를, 움직일 수 없는 입소자를 위해선 대화를 즐기는 종사자를 배치하는 방식이라고 한다. 재가복지가 활성화된 결과 65세부터 입소할 수 있지만 평균 입소 연령은 85세 이상이라고 한다.[23]

인간적인 노년을 보장받는 노인들은 그가 살아온 사회에 상당한 역할을 하는 시민으로 살아간다. 이를 위해 모두의 학습이 중요하다는 결론이 도출된다. 스웨덴에서는 노인 질환, 특히 치매에 대해 왕실에서 특별히 관심을 가지고 다양한 후원을 해 온 걸로 알려져 있다. 왕립 치매센터를 두고 치매에 대한 연구뿐만 아니라 치매 환자를 둔 가족이 환자를 어떻게 돌봐야 하는지, 어린 자녀에게 치매에 걸린 할아버지나 할머니의 질병을 어떻게 이해시켜야 하는지, 그리고 치매 전문 간호인을 양성하는 교육 프로그램까지, 종사자와 가족, 그리고 일반 시민을 위한 수많은 교육과 학습 기회가 자리한다.[24] 나이 들거나, 기력이 떨어져도, 치매를 비롯한 장애가 와도 노인들이 이전과 그다지 다르지 않은 일상을 누리게 되면 초고령기도 그저 웅크리고 버티는 시기가 아닌, 편안한 일상으로부터의 행복은 물론, 미지의 세계로의 모험도 가능한 시기가 될 것이다.

그로테스크

현실을 폭로하고 위반하는 영웅
백발 노인이 찾는 것은 무엇인가

《천의 얼굴을 가진 영웅》의 저자 조셉 캠벨(Joseph Campbell)은 수많은 신화와 설화를 관통하는 하나의 이야기를 '영웅의 여행'으로 정리했다. 일상적인 세계의 영웅은 소명을 받고 특별한 세계로 여행을 떠나 그곳에서 조력자와 적대자를 만나고 시련을 거쳐 소명을 성취하고 다시 일상의 세계로 돌아와 사람들에게 성취의 혜택을 나눠 준다.

기호 서사학자 알기르다스 그레마스(Algirdas Greimas)는 수많은 이야기를 단순하게 계약, 자격시련, 결정시련, 영광시련 네 단계

발리까지 쫓아온 갱단 두목 핌이 교통사고로 우연찮게 죽게 되자
백발 노인들은 자유롭게 해변을 거닐면서 아름다운 노을을 만끽한다.

로 도식화했다. 주인공은 발령자로부터 소명을 받아 그것을 성취하기로 계약한 후 '소명'을 추구하기 위해 길을 떠난다. 그리고 주인공은 역량을 갖추는 '자격시련'을 거쳐 조력자의 도움을 받고 적대자의 방해를 극복하면서 마지막 행동을 통해 소명을 성취한다. 이것이 '결정시련'이고 주인공이 다시 돌아와 영웅으로서 인정을 받는 것이 '영광시련'이다. 결국 대부분의 이야기는 여행의 구조를 가지고 있고 주인공은 목표를 성취하는 과정에서 역량을 습득하고 자기발견을 하면서 성장과 변화를 겪는다. 할리우드 영화를 대표하는 고전주의적 영화는 대부분 이러한 구조와 캐릭터를 가지고 있다. 〈창문 넘어 도망친 100세 노인〉 역시 이러한 영웅의 여행 구조를 갖지만 그 캐릭터가 상반된다.

알란에게는 주어진 소명도 없고 여행 과정에서 자기발견이나 성장 변화도 없다. 알란은 100세 노인으로 삶의 철학이 명확하고 특별한 목표나 욕구가 없으므로 영화가 전개되는 과정에서 특별한 깨달음이나 변화를 겪지 않는다. 그는 어린아이 같은 호기심을 갖고 있고 어떠한 상황에도 동요하지 않고 침착하며, 현실을 과장하거나 꾸밈없이 있는 그대로 보는 타고난 능력을 갖고 있다. 또한 그는 어린 시절부터 폭발물을 좋아하여 경험과 학습을 통해 폭파 기술을 익혔다.

또 그는 많은 사회경험과 인간관계를 통해 인간에 대한 친화적인 태도를 길렀다. 그럼에도 불구하고 그는 사실상 할리우드 영화의 전형적인 주인공을 반전시킨 캐릭터다. 젊고 매력적인 외모를 가진 할리우드 영화의 주인공과 달리 알란은 죽기 직전의 노인으로 백발에 주름이 가득하다. 이런 점은 이 영화가 고전적인 미학의 인물이 아니라 그로테스크(grotesque)적 미학의 인물을 주인공으로 삼고 있다고 볼 수 있다.

15세기 말 예술 양식의 일환으로 구현된 그로테스크는 고대 지하 동굴 그로토(Grotto)에서 유래했으며 르네상스 이후 고전적인 미학에 대항하는 대안으로 부상했다. 그리고 매너리즘, 바로크, 낭만주의, 상징주의, 초현실주의 등으로 예술적 입지를 확장하고 있다. 바로크 화가 렘브란트의 자화상을 보면 얼굴의 주름을 생생하게 표현하였다. 그것은 추미(醜美)로서 아름답지 않은 것의 아름다움을 추구하는 반미학(反美學)의 미학이라고 할 수 있다.

그로테스크 미학은 전통 미학의 숭고미가 갖는 우아, 정제, 정결의 고결함과 반대로 비속, 조야, 외설의 저열함을 보여 준다. 그리고 그로테스크 미학은 현실을 칭찬하고 동조하고 안주하는 전통 미학과 달리 현실을 폭로하고 위반하고 탈주하는 양상을 보인다.[25] 100세 노인 알란은 영화 처음부터 위반하고 탈주하고 폭로한다. 알란은 사회의 규범이나 질서를 무시하고 마음 가는 대로 행동하는 무법자로 사회의 문제를 해결해 만인에게 혜택을 주는 영웅과 거리가 먼 인물이다. 이 영화는 반영웅(反英雄)의 캐릭터에서 출발해 사건의 전개 과정에서 기존 관습을 파괴하면서 관객의 기존 습관과 관념에 도전한다. 그러면 그 탈주의 순간을 처음부터 살펴보자.

백발 노인 알란은 애완 고양이를 사랑한다. 그런데 여우가 그 고양이를 죽인 것이다. 그래서 처절한 복수로서 다이너마이트로 여우를 폭파시킨다. 알란은 무력해 보이는 노인이지만 아이러니하게 폭발적인 폭력을 가해 기존 도덕적 가치를 무너뜨린다. 처절한 복수의 대가로 알란은 말코핌 요양원에 갇히게 된다. 하지만 요양원 직원이 거대한 케이크 위에 꽂힌 100개의 초를 세고 있는 사이에 알란은 창문 넘어 도망친다. 그리고 버스 터미널에서 아무 것도 없는 비링거로 가는 버스를 기다리면서 폭주족 갱

••

단의 젊은 건달인 불텐을 만난다. 불텐은 좁은 화장실에 들어가지 않는 커다란 여행가방을 강제로 알란에게 맡긴다. 알란은 그 무례에 대한 복수로 가방을 훔쳐 버스를 타고 달아난다. 이를 알게 된 불텐이 소리를 지른다. 왜냐하면 그 가방 안에 50억의 돈이 들어 있기 때문이다. 비링거역에 도착한 알란은 역장인 줄리어스와 술을 마신다. 줄리어스 역시 백발 노인으로 다가올 가을에 요양원에 입원할 예정이다. 요양원은 그들에게 안전한 안식처가 아니라 자유를 박탈하는 감옥이다. 이들에게 돈가방은 탈주를 위한 적절한 구실이 된다. 알란은 역으로 찾아와 행패를 부리는 불텐을 나무 방망이 한 방으로 날려 버린다. 줄리어스는 그를 냉동실에 가둔 후 건망증 때문에 영하 20도로 동사시킨다.

알란 역시 어린 시절 실수로 사람을 죽인다. 그는 어린 시절 폭파를 즐기다 우연찮게 다이너마이트 앞에서 볼일을 보는 이웃집 가게 주인까지 폭파시킨다. 그 죄로 그는 정신병원에 갇히게 되고 폭력적이고 미개한 DNA를 멸종시키겠다는 대의를 가진 인종주의 의사의 강제 수술로 알란은 불구가 되어 평생 자식 없는 인생을 살게 된다. 그러나 그는 별로 괴로워하지 않는다. 왜냐하면 수술 덕분에 인생 역전을 했기 때문이다. 그는 엄마의 유언을 인생의 진리로 따르고 있다. 엄마는 말했다.

"너무 걱정하지 마. 아빠는 생각만 많아서 사는 게 힘들었잖아. 괜히 고민해 봤자 도움이 안 돼, 어차피 일어날 일은 일어나고 세상은 살아가게 되어 있어."

할리우드 영화의 철칙은 사건 전개의 정확한 인과율이다. 반면 이 영화의 사건은 대부분 우연성에 기반한다. 알란의 불행과

행운 모두 우연의 소산이다. 젊은 시절 그는 '우연찮게' 스페인 독재자 프랑코의 목숨을 구해 줘 멋진 총을 선물 받고 그 총으로 미국 노동허가증을 받아 맨해튼 프로젝트에 '우연히' 참여하게 되고 오펜하이머의 복잡한 고민을 다이너마이트 폭파로 '우연찮게' 해결해 준다. 알란은 과거에 연연하지도 않고 미래를 걱정하지도 않는다. 왜냐하면 그에게 현실은 할리우드 영화처럼 철저하게 원인과 결과에 따라 결정되지 않는 우연의 연속이기 때문이다. 그는 우연을 사는 사람이다. 그리고 그러한 현실을 즐긴다. 기억이나 걱정이 현실을 잠식하게 내버려 두지 않고 현실에 집중하여 소중한 순간을 따지지 않고 즐긴다.

이 영화의 전개도 우연의 연속이다. 알란과 줄리어스는 우연찮게 젊은 남자 베니를 만나 함께 창고가 있는 허허벌판으로 가기로 한다. 베니는 18년간 920학점을 땄지만 진로를 못 정해 학위가 없고 복잡한 생각이 행동으로 이어지지 못하는 싱글남이다. 그

알란은 어린 시절 폭파를 즐기다 우연찮게
다이너마이트 앞에서 볼일을 보는 이웃집 가게 주인까지 폭파시킨다.

는 항상 단순하게 생각하고 즉흥적으로 행동하는 알란과 상반된 캐릭터다. 역시 우연찮게 백발 노인들이 불텐의 시체를 실은 화물 상자가 폭탄 테러로 불타 버려 살인 사건의 수사가 종결된다. 또 그들은 자동차 연료가 떨어져 우연히 들른 호숫가 오두막에서 얼마 전 폭주족과 헤어진 젊은 여성인 구닐라와 그 폭주족이 서커스단에서 구출해 온 코끼리 소냐를 만난다. 또 다른 폭주족 힌킨은 구닐라로부터 실연당한 폭주족을 위로해 주다가 100세 노인이 호숫가 오두막에 있다는 사실을 우연찮게 알게 된다. 그리고 힌킨은 대장 리키의 명령에 따라 돈가방을 찾기 위해 호숫가 오두막에 침입한다. 그런데 그는 백발 노인들을 총으로 위협하며 돈가방을 챙기다가 우연찮게 코끼리에 깔려 죽는다. 그리고 리키 역시 백발 노인 일당을 쫓다가 우연하게 자동차 사고를 당해 기억상실증에 걸린다. 백발 노인들은 불쌍한 리키를 자신의 여행에 합류시킨다.

맨해튼 프로젝트에 참여하게 된 알란은 오펜하이머의 복잡한 고민을 다이너마이트 폭파로 우연찮게 해결해 준다.

지난 100년의 현대사를 살아온 알란의 삶 자체가 우연의 연속이었다. 냉전시대 전 지구적 프로젝트인 맨해튼 프로젝트 역시 전문가의 치밀한 계산이 아니라 단순하게 저지른 행동 하나에 의해 성취된다. 맨해튼 프로젝트의 결정적 기여자인 알란은 첩자 유리 포포프에 이끌려 스탈린을 만나지만 우연찮게 스탈린은 알란이 극우 독재자 프랑코의 은인임을 알게 되어 알란을 강제노동 수용소로 보낸다. 거기서 또 우연찮게 알버트 아인슈타인의 바보 동생 허버트 아인슈타인을 만나 예상치 않은 그의 도움으로 탈출에 성공한다. 이후 알란은 유리 포포프와 함께 이중 첩자로 활약하면서 그의 아들 알렉과 친해진다.

100세의 100은 알란의 오랜 경험과 시간의 기록일 뿐만 아니라 한 세기 역사를 상징하는 숫자다. 영화 〈포레스트 검프〉(1994)의 주인공처럼 알란도 의도치 않게 역사를 바꾸는 결정적인 역할을 한다. 이중 첩자인 알란이 백악관을 방문하여 담장을 고치는 일꾼에게 벽을 건드리지 말라고 난리치는 레이건의 욕설을 비밀리에 녹음해 고르바초프에게 넘기자 고르바초프는 베를린 장벽을 허무는 결정을 한다. 이는 거대한 대의를 앞세우고 실행한 정

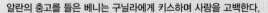
알란의 충고를 들은 베니는 구닐라에게 키스하며 사랑을 고백한다.

치가들의 진지한 프로젝트들을 희화하는 풍자다. 역사의 중요한 결정이 한낱 우연한 사건과 개인의 착각으로 이뤄진 것이라는 풍자다.

결국 돈가방을 들고 코끼리까지 대동한 100세 노인 무리들은 부자가 된 알렉의 수송비행선을 타고 발리로 가게 된다. 그리고 발리까지 쫓아온 폭주족의 두목 핌 역시 교통사고로 우연찮게 죽게 되면서 모든 문제가 해결된다. 백발 노인들은 발리의 바닷가에서 열대 과일 주스를 마시며 아름다운 노을을 만끽하고 있다. 백사장 위에서 구닐라가 코끼리와 놀고 있다. 그때 얼굴이 백지장이 되어 나타난 베니에게 알란은 충고한다.

"소중한 순간이 오면 따지지 말고 누려라, 우리에게 내일이 있으리란
보장은 없으니까."

베니는 구닐라에게 다가가 사랑 고백을 하고 구닐라는 베니에게 키스를 한다.

끊임없는 야망과 경쟁, 물질적인 성공을 이루기 위해 매사에 전전긍긍하는 현대인에게 알란은 대안적 삶을 제시한다. 세상을 있는 그대로 바라보면서 작은 일에 동요하지 않고 매사에 여유와 유머를 잃지 않고 현실의 단순함과 평범함에서 행복을 찾으라고.

나, 다니엘 블레이크

감독: 켄 로치|Ken Loach
출연: 데이브 존스Dave Johns(다니엘 역), 헤일리 스콰이어Hayley Squires(케이티 역)
각본: 폴 래버티Paul Laverty
개봉: 2016년
제작사: 레베카 오브라이언

(영국, 100분)

노년의 존엄성과 정체성

나는 인간이다

"나, 다니엘. 개 아니라 사람이고…
시민일 뿐 그 이상도 이하도 아닙니다."

영국의 영화감독 켄 로치는 꾸준히 유럽 노동계층의 삶을 누구보다도 사실적으로 그려 왔다. 2006년 〈보리밭을 흔드는 바람〉으로 칸 영화제의 최고상인 황금종려상을 받은 후 10년 만에 〈나, 다니엘 블레이크〉로 다시 황금종려상을 수상했다. 켄 로치는 1936년생의 노인이지만 여전히 왕성하게 영화 제작을 하고 있다. 평생 그는 노동계급, 빈민, 노숙자 등 사회적 약자의 이야기를 사실적으로 연출하고 있다.

다니엘 블레이크는 목수 경력 40년의 59살 남자다. 넉넉하지는 않지만 큰 부족함 없이 목수로 살아왔지만 다정했던 아내가 정신 질환을 앓다가 먼저 떠나갔다. 그 이후 자신도 심장병을 얻어 의사로부터 일을 쉬어야 한다는 소견을 듣고 질병수당을 신청하지만 여의치가 않다. 관공서 직원의 상황을 전혀 고려하지 않는 기계적인 질문이 이어진 후 그의 신청은 기각당한다. 화가 난 다니엘은 고용센터에 전화를 걸지만 ARS 음성과 음악만 나올 뿐이다. 결국 만난 담당자는 의료전문가가 다니엘의 상태가 취업이 가능하다고 평가했다고 할 뿐이다. 다니엘이 항고하겠다고 하니 재심사를 신청하고 다시 기각이 되어야 항고할 수 있다고 한다. 이렇게 다니엘은 복잡하고 이해하기 어려운 수당 신청을 위해 동분서주하지만 실패하고 결국 죽음을 맞는다.

신자유주의와
가난하고 아픈 노인

노인인데, 병들었고, 가난해! 더구나 디지털 문화에도 뒤처져 있다면? 그들은 이 사회에서 어떤 존재인가? 이런 질문을 던지며 〈나, 다니엘 블레이크〉는 담담하게 다니엘이 죽음에 이르는 과정을 보여 준다. 〈나, 다니엘 블레이크〉는 우선 노인을 둘러싼 의료보장과 복지제도의 문제를 고발한다. 영국의 신자유주의는 건강에 문제가 생긴 다니엘에게 '복지제도'라는 잣대를 들이대지만 당연하게도 그는 이런 새로운 '게임의 규칙'을 잘 이해하지 못한다. 컴퓨터로만 신청이 가능한 복지 지원이라니!

  궁지에 내몰린 사람은 이유도 정확히 모른 채 수난을 당한다. 전 세계적으로 큰 인기를 끌었던 넷플릭스 드라마 〈오징어 게임〉이 생각나기도 한다. 크고 작은 불행을 당한 사람들이 어느 날 갑자기 정체불명의 초대장을 받고 규칙을 알 수 없는 게임에 참가한다. 미지의 장소에서 마주친 것은 듣도 보도 못한 생존의 조건이다. 어이가 없어 항변하지만, 그 외침은 이내 다른 사람의 죽음을 알리는 총소리에 묻혀 버릴 뿐, 살아남으려면 다음 생존의 조건을 바쁘게 숙지해야 한다. 여유나 배려심을 갖는 이에게 기다리는 건 죽음뿐이다.

  이 영국의 노인에게 주어진 생존 미션은 복잡한 복지 지원에 성공적으로 접수를 마쳐야 한다는 것이었다. 투박한 연필을 귀에 꽂고 소박한 목수로 살아가던 다니엘은 디지털 혁명이 어느 날 갑자기 이렇게 자신의 생존을 위협할 줄은 꿈에도 몰랐을 것이다. 설마, 마우스로 클릭을 못 한다고 굶기야 할까? 분명 다른 방법이 있을 것 같지만 영화가 끝나기까지 그런 대안은 없었다. 현실의 영국 사회가 〈오징어 게임〉과 같은 가상의 세계와 겹쳐 보이는 것은 기이하면서도 한편으로 익숙한 느낌도 든다. 과연 우리 사회는 영국과 많이 다를까?

〈오징어 게임〉을 언급한 김에 다니엘과 같은 노인으로 생존 게임에 참가한 '오 노인'을 떠올리지 않을 수 없다. 신자유주의 사회에서 노인은 곧잘 '쓸모를 다한 사람'으로 여겨진다. 이들이 무대의 전면에 다시 등장하는 일은 거의 없다. 〈오징어 게임〉의 비틀린 결말을 알기 전까지 오 노인을 딱하게 생각한 사람들이 한둘이 아닐 것이다. 남이 죽어야, 아니 남을 죽여야 내가 살 수 있는 처절한 생존게임에서 마치 꺼져 가는 등불 같은 오 노인은 처음부터 측은하고 딱해 보인다. 마찬가지로 다니엘도 평생을 성실하게 일해 왔지만 건강에 문제가 생기자 복지제도에 의해 판단받아야 하는 안타까운 상황이 되는데 영화를 보는 어느 누구라도 이 장면에서 안타까움을 느끼지 않을 수 없을 것이다. 이렇게 다니엘의 죽음은 어쩌면 '제도적 살인'에 가까운 것이 아닌지 질문하지 않을 수 없다.

그러나 영화 속 다니엘은 알 수 없는 이유로 죽음에 처한 불쌍한 노인이기보다는 이런 현대 사회의 변죽 울리기에 저항하는 한 명의 실존적 인간으로 그려진다. '다니엘 블레이크'라는 그의 이름이 영화의 제목이 된 것도, 그 앞에 '나(I)'라는 1인칭 주어가 붙은 것도 '조리돌림'을 거부하는, 활용 가치가 소진된 종족으로 대우받기를 거부하는 노인의 저항이 아닐까? '고령자를 위한 UN의 원칙(UN Principles for Older Persons)'인 자립(independence), 참여(participation), 돌봄(care), 자아실현(self-fulfilment), 그리고 존엄성(dignity)을 이토록 떠올리게 하는 영화가 또 있을까?

이상과 현실 사이에는 간극이 늘 있듯, 영화 속 마주한 영국의

고령자를 위한 UN의 원칙

① 자립 (Independence)

② 참여 (Participation)

③ 돌봄 (Care)

④ 자아실현 (Self-fulfillment)

⑤ 존엄성 (Dignity)

현실 속에서는 이러한 이상적 선언이 무색하다. 건강에 이상이 생기기 전까지 일을 쉬어 본 적이 없고, 가진 것이 많지 않음에도 주변 사람들을 돌보며 살아온 노인에게 존엄한 생존이 이토록 허락되지 않는 상황은 영화 밖 무수히 많은 현실들의 반영이다. 바다 건너 영국의 일만이 아닌 지금 여기, 우리 사회 많은 노인들의 이야기로 느껴지는 것도 이 때문일 것이다.

'성공적인 노화' 속 숨은 편견

다니엘은 질병이 있다는 소견으로 어쩔 수 없이 일을 내려놓으면서 급격하게 나락으로 떨어진다. 누구나 알다시피 질병(illness)은 노년기의 대단한 적이다. 노화(aging)는 자연스러운 것이지만 질병은 자연스럽지 않은 것으로 여겨지는데, 이는 따지고 보면 이상한 일이다. 아무리 건강한 사람도 생애 마지막에 가까이 가면서 크고 작은 질병을 피할 수 없고, 결국은 기능의 부전(不全)이 인간 모두를 죽음으로 이끄는데도 불구하고 왜 질병이 없거나 최소인 상태만을 '성공'이라고 여기는 것일까?

로우와 칸이 내놓은 '성공적 노화(successful aging)'의 개념에는 이런 입장이 가장 잘 나타나 있다.[1] 이들에 의하면, 성공적 노화는 생물학적, 심리적, 사회적 측면으로 나누어 볼 수 있다. 이 세 가지 요소를 다 갖추었을 때 성공적 노화의 상태를 충족시킨다고 하였다. 우선 생물학적인 측면에서 본 성공적 노화는 '질병이 없거나 질병으로 인한 위험 요인이 없는 상태'로 의학계의 관심 및 희망과 일치한다. 가능하면 질병이 없거나 있더라도 삶을 최소한으로 방해할 것을 주문한다. 한편 심리적 측면의 성공적 노화는 '삶의 목표의식이 뚜렷하고, 건강한 인지기능을 유지하거나 인지적 잠재력을 발휘하고 환경적 요구에 잘 대처하는 것'이다. 마지막으로 사회적 측면에서의 성공적 노화는 '사회적으로 인정받을 수 있는 활동에 참여해서 상호작용을 추구'할 때 달성된다. 이렇게 성공적 노화의 측면은 다양하지만 사실은 연속적인 개념이라고 볼 수도 있다. 질병이나 장애 위험 수준이 낮아야만 신체적 기능과 정신적 기능이 잘 유지될 수 있고 또한 신체적 기능과 정신적 기능이 잘 유지되어야만 적극적이고 활동적인 생활이 가능하기 때문에 세 가지 요인을 꼽았지만 사실은 건강, 특히 '질병 없음'이 가장 중요하다는 데 대부분 동의한다.[2]

다니엘도 건강에 문제가 생기자 불행이 찾아왔다. 실제로도 많은 사람들이 나이가 들면서 이러저러한 질병으로 노동시장에서 탈락한다. 그래서 의학계는 '질병 없음'을 성공적 노화의 관건으로 놓는다. 세계보건기구(WHO)는 아예 '건강한 노화(healthy age-ing)'를 채택하여 신체적 및 정신적 건강을 강조한다. '성공적 노화'이든 '건강한 노화'이든 다 질병이 없거나 있어도 삶을 방해하지 않을 정도를 주문하는 데 그 핵심이 있다.

일부 노년학자들은 노인의 질병을 실패로 보는 이러한 방식의 이해를 당연한 것으로 여기지 말아야 한다고 주장한다. 예를 들어 크룩섕크(Cruikshank)는 질병이 있다고 '실패한 노화'로 본다면 대부분의 노인은 '환자'로만 취급될 것이라고 경고하면서 노화를 질병의 관점으로 응시하는 이러한 '질병 프리즘(prism of illness)'을 벗어나야 한다고 주장한다.³ 그러면서 노년학이 내세우고 있는 성공적 노화, 건강한 노화, 액티브 에이징 등등의 개념이 계급적이라고 주장한다. 여기에 더해 애당초 노년학이라는 단어 'gerontology'의 'geron'이 그리스어로 '늙은 남자'를 뜻한다고 하며 노년학의 남성성을 주장한다.

'계급적' 그리고 '남성적'인 노년학은 많은 노인을 배제한다. 예를 들어 한 가난하고 병든 여성 노인이 있는데 두 명의 손자녀를 키워 내고 자신보다 더 가난하고 아픈 이웃을 도와주는 삶을 살고 있다면, 이 여성은 실패한 노인인가? 다니엘 역시 건강에 문제가 생긴 뒤로도 지역사회의 일원으로 살아가기를 멈추지 않는다. 다니엘은 미혼모인 케이티와 그의 아이들을 돌보려고 애쓸 뿐만 아니라 이웃 이민자 청년들과 잘 지내고 그들의 미래를 위해 진심어린 조언을 한다. 이쯤 되면 성공적 노화가 아닐까?

한국 영화 〈죽여주는 여자〉의 주인공인 가난한 여성 노인 소영(윤여정 분)도 다니엘의 모습과 겹쳐 떠오른다. 소영은 성노동으로 생계를 꾸리면서도 '코피노'라고 불리는 아이에게 따뜻한 밥을 먹이고 아이의 외국인 엄마를 도와준다. 트랜스젠더나 장애인과 이웃이자 친구로 마음을 열고 살아간다. 어려운 가운데에서도 남을 도와주는 삶을 살아가고 있음에도 아프거나 빈곤하다는 이유로 실패한 인생이라고 말할 수 있는가? 다니엘과 소영은 모두 시민(citizen)으로서 살아가고자 하며 삶의 존엄성을 지키려고 애쓰지만 세상은 그들의 의지와 무관하게 흘러간다. 다니엘이 도와주려 애쓰는 미혼모인 케이티가 빈곤에 시달리다가 성노동에 이르게 되는 모습에 겹쳐지는 얼굴은 소영의 나이 든 얼굴이다. 소영 역시 케이티처럼 할 수 있는 것이 거의 없는 상황에 내몰렸기에 소위 '박카스 아줌마'가 된다. 그는 "나 같은 늙은 여자가 벌어먹고 살기가 얼마나 힘든지 알아?"라고 말한다.

우리나라 노년층 빈곤율은 40%가 넘고 OECD 국가 중 가장 높다.⁴ 그러니까 가난하더라도, 아프더라도 인간적인 노년을 보낼 수 있는 사회가 아닌 것은 켄 로치가 〈나, 다니엘 블레이크〉를 통해 고발하고 있는 영국만이 아니다. 성공적인 노화이든 건강한 노화이든 노인이 '노화'를 자연스러운 과정으로 받아들이고 행복하게 살아가도록 지원하려면 이 사회가 어떤 노력을 해야 해야 하는지를 묻고 있는 것이다. 가난하고 아픈 노인은 결핍된 존재가 아니다. 결함이 있는 존재는 더더욱 아니다. 그런 시선, 그런 관점의 함정에 빠지지 않는 것이 중요하다.

영국 복지제도의 민낯

노동력을 상실한 사람은 도움을 받을 수 있어야 한다. 과거 전통 사회에서는 혈연 또는 지연 공동체가 도와주었지만 현대 도시사회의 시민은 복지제도에 의존할 수밖에 없다. 그런데 다니엘의 경우 말도 안 되는 시스템 때문에 도움을 받지 못했다. 그의 이웃 청년 막스 밀리언은 고용센터가 일부러 신청자를 불편하게 만들어 포기하게 만든다고 말한다. 그러나 다니엘은 한번 시작하면 쉽게 포기하지 않고 끝까지 가는 성격의 소유자로 계속 도전하지만 끝내 성공하지 못한다. 과연 그 실패가 다니엘의 부족함 때문일까.

다니엘 블레이크는 성실하고 가난하지만 남을 돕는 노인이다. 그런데 이런 노인이 행복할 수 없는 이유는 왜일까? 켄 로치 감독은 그 답을 바로 이 영국의 복지제도에서 찾는다. 다니엘은 한평생을 일했지만 일을 손에서 놓게 되자 바로 빈곤층으로 추락한다. 켄 로치는 2019년 〈미안해요, 리키(Sorry We Missed You)〉라는 제목의 영화도 만들었는데, 이 영화 역시 온 가족이 성실하게 일해도 결코 행복할 수 없는 영국의 현실을 다루고 있다. 노인복지 정책이나 노동 정책 모두 영국의 사회제도에 심각한 문제가 있다는 것을 보여 준다.

질병 때문에 일을 할 수 없게 되었을 때 정부가 실업 또는 질병 수당을 지급해 생계를 유지해 주는 것은 매우 이상적인 혜택처럼 보인다. 그런데 정작 현실은 어떤가? 일단 그 수당을 신청하는 일부터 쉽지 않다. 예상치 못한 어려움이 계속 따른다. 수당을 받기 위해선 구직 노력을 증명해야 하는데 고용센터에서 요구하는 것은 디지털 기기를 활용하는 스마트한 구직자다. 어찌어찌 이력서를 제출했지만 다니엘은 불합격점을 받는다. 스마트폰으로 인증 사진을 남기지 않았고 이력서를 연필로 썼기 때문이다. 게다가 질병 관리 또한 제대로 되지 않는다. 의사로부터 병이 생겼다고만 들었을 뿐, 의사는 그의 질병 관리에 대한 그 어떤 조력도 하지 않는다. 의학과 복지 양쪽에서 서로 말이 다르다. 한쪽에서는 아프니까 일하지 말라고 하고, 한쪽에서는 이 정도면 일해도 된다고 한다. 당사자 입장에서는 헷갈리지 않을 수 없다. 어려

블레이크는 푸드뱅크에서 배고픔에 못 이겨 통조림을 허겁지겁 따 먹으며 울고 있는 케이티에게 지금의 이 불행은 그의 잘못이 아니라고 다독인다.

운 상황을 벗어날 수 있는 도움을 제공하고 이후 노동시장에 복귀하고 자립할 수 있도록 지원하는 것이 복지 아닌가. 정부는 복지니 수당이니 각종 정책을 내세우지만 영화 속 다니엘과 같이 기초생활수급비를 받기까지 넘어야 할 장벽이 크고 수급자의 특성에 맞는 교육이나 직업훈련이 결합되지 않는다면 그것은 무의미한 일이 될뿐더러 누군가에 고통을 안기는 일이 될 수도 있다. 어찌어찌 겨우 노동시장에 복귀하여도 빈곤 상태를 벗어나지 못할 우려가 있다.

다니엘을 통해 그려지는 영국 복지정책의 문제점은 다음과 같다. 첫째, 사람을 위한 정책이 아니라 정책을 위한 정책을 사람에게 일방적으로 적용하려는 문제이다. 다니엘이나 케이티의 건강 상태나 환경적 상황은 중요하지 않고, 복지 수급의 형식과 절차만을 강조하고 있다. 둘째, 근로능력평가의 기준이 모호하고 형식적인 것도 문제이다. 다니엘은 '일할 수 없다'는 진단을 받지만 해당 관서의 직원은 형식적인 질문 뒤 '일할 수 있다'는 판정을 내려 질병수당 대상에서 탈락한다. 셋째, 디지털에 미숙한 노인에게는 너무나 힘든 스마트화된(?) 행정 시스템의 문제다. 다니엘은 질병수당 수급에서 탈락한 후 이의 신청을 하려고 하지만 복잡한 행정 시스템은 그를 더욱 피곤하게 만든다. 전화를 걸어도 연결이 되지 않거나 늘어지는 기다림일 뿐이고, 컴퓨터를 사용해본 적도 없는 그에게 인터넷 신청만 강요하는 제도는 그를 막막한 상황으로 밀어 넣는다. 감독은 아무리 외관상 좋아 보이는 복지제도도 인간을 중심에 두지 않을 때 그것은 사람을 구하는 것이 아니라 오히려 한 사람의 삶을 파괴할 수 있는 위험이 있음을 보여 주려 한 것이다.

　다니엘 블레이크의 비극은 우리 사회에서도 벌어지고 있다. 현재 우리나라는 그간의 노동시장 정책이 지나치게 현금 급여 중심이었다는 지적에 따라 실업자에게 구직 의무를 더 강조하고 반복 수급자의 급여를 삭감하는 등 현금성 지원을 줄이고 고용-복지 연계 및 역량 지원 서비스를 강화하는 정책을 제시하고 있다. 그러나 우리나라의 GDP 대비 고용서비스 지출은 0.05%로 OECD 평균인 0.13%에 비해 현저히 낮은 편이다. 어떤 연구에 따르면 우리나라의 경제활동 인구 대비 공공 고용서비스 인력은 독일의 12분의 1, 프랑스의 11분의 1이라고 한다. 영국이 이런 유럽 주요국에 비해 복지제도가 두텁지 않다는 평가를 받는 것은 사실이지만, GDP 대비 복지 지출은 우리의 약 1.5배가 넘는다. 우리의 현실이 다니엘을 통해 그려지는 영국의 현실보다 나쁘면 나빴지 좋을 것이 없을 것 같다.[5]

노인을 위한
디지털 배려

〈나, 다니엘 블레이크〉에서 다니엘이 시대와 불화하는 것 같아 보이는 가장 큰 요인 중의 하나는 디지털 활용에 미숙하기 때문이다. 고용센터 관리자는 그에게 인터넷으로 신청하고 어려우면 전화 도우미를 이용하라고 말한다. 하지만 전화 도움은커녕 전화 연결도 쉽지 않은 현실을 알고 있는 그는 '차라리 집 한 채 짓는 것이 더 쉽겠다.'고 말한다. 다니엘은 연필 세대로 컴퓨터 난독증이 있다고 호소해 보지만 관리자는 예약 없이 왔다고 냉정하게 나가라고 한다. 고용센터의 목표는 실업에 처한 사람을 도와주는 것이라기보다 복지 지출을 최소화하는 것으로 보인다.

영국의 보수당은 신자유주의 정책하에 복지 프로그램을 삭감하고 고용센터를 민영화하여 효율성과 규제를 강화하고 실업과 빈곤에 있어 개인의 책임과 자립을 강조하며 공동체의 책임을 경시한다는 비판을 받아 왔다. 영화 후반부에 다니엘이 고용센터 건물 벽에 관료주의적 행태를 비판하는 낙서를 쓸 때도 그를 응원하는 한 남자가 다니엘을 체포하려는 경찰에게 자신은 저택에서 살면서 주택보조금을 깎는 장관 이언 덩컨이나 체포하라고 소리친다. 또 그는 '빌어먹을 민영화, 망할 보수당'이라고 소리친다.

다니엘은 굶어죽지 않기 위해 인터넷으로 구직 신청을 하러 도서관에 간다. 그러나 도서관의 컴퓨터실은 만석이라 그는 컴퓨터실 시간을 예약하고 비오는 거리를 걸으며 시간을 보낸다. 직원의 도움을 받아 마우스 사용법을 배워 인터넷 신청서를 작성하여 마지막 제출 버튼을 누르자 오류 메시지가 뜬다. 옆자리 젊은이의 도움을 받아 다시 작성해서 제출 버튼을 누르자 이번에

연필 세대인 다니엘이 구직수당을 신청하기는 쉽지 않다. 고용센터 관리자는 그에게
인터넷으로 신청하고 어려우면 전화 도우미를 이용하라고 말한다.

는 컴퓨터 자체가 멈춰 버린다. 타임아웃, 컴퓨터 사용 시간이 끝
난 것이다. 그는 다시 고용센터에 가서 친절한 직원 앤의 도움을
받아 작성해 보려고 했지만 앤의 상관이 나타나 나쁜 전례를 만
든다며 앤의 도움을 막는다. 상관은 관리자로서 살아남기 위해
친절은 사치라고 생각하고 있는 듯하다. 고용센터 사람들은 대부
분 이익사회의 구성원으로 보인다. 페르디난드 퇴니이스(Ferdinand
Tönnies)가 주장한 이익사회(Gesellschaft)는 회사, 도시, 조합, 정당 등
과 같이 계약이나 협정에 의해 인위적이고 타산적인 이해에 따라
움직이는 집단을 말하고, 공동사회(Gemeinschaft)는 가족, 친족, 마을
처럼 혈연이나 지연 등 애정을 기초한 친화적인 관계에 따라 움
직이는 집단을 말한다. 앤은 이익사회인 고용센터의 부적응자 또
는 마지막 남은 공동사회의 구성원이라 할 수 있다. 다니엘은 결
국 포기하고 집으로 돌아와 이웃 막시 밀리언의 도움을 받아 신
청서를 제출한다. 그와 같은 아날로그 세대에게 디지털 세계는
생존을 위협할 수 있다.

평생 목수로 살아온 다니엘은 마우스를 어떻게 쓰는지도 모른다.

　노인과 디지털의 '불화'를 단순히 디지털 리터러시 역량이 있고 없고의 차원으로 파악하려는 것은 자못 신자유적인 접근이다. 디지털 부적응을 순전히 능력의 문제로 간주해 그 문제의 책임을 오로지 개인에게 돌릴 수 있기 때문이다. 현대 사회에서의 생존을 위한 문해력이 디지털인 것은 맞다. 디지털 문해력은 일상을 가능하게 하는 삶의 수단이 되고 있기 때문에 학습이 필요하지만 노인에게 맞는 적절한 교육은 미비한 반면 빠르게 변화하는 세상에 뒤처지는 공포를 강조하는 목소리는 드높다. 한평생 디지털을 경험하지 못한 노인인 다니엘이 겪는 행정 절차의 어려움을 보면 대면 신청 등의 대안을 함께 열어 놓고 다른 한편으로는 노인이 행복해지기 위한 디지털 문해력 교육을 차근차근 제시해야 할 것이다. 이런 변화를 만들기 위해 세 가지 정도를 강조할 수 있다.

　첫째, 노인의 디지털 역량을 강조하기에 앞서 디지털 환경 변화가 우선이다. 노인을 대상으로 한 디지털 교육에 앞서 사회 전반적으로 시스템을 고령친화적으로 개선하는 노력이 있어야 한다. 이미 보편화된 키오스크만 해도 노인들의 이용 경험을 전혀 고려하지 않고 있다. 불필요한 외래어가 너무 많고 글자는 터무니없이 작다 보니 그 자체로 노인들에게 '장벽'이 되는 것이다. 한 실험에서 외래어를 우리말로 풀고 글자 크기를 확 키운 키오스크 화면을 제시했더니 노인들은 "이제 알아볼 수 있겠다."면서 좋아했다고 한다. 스마트폰 화면도 이렇게 조정하면 알아보기 쉬울 것이다.

둘째, 노인에 대한 이해가 필요하다. 고령친화적인 사회가 도래하기 전까지 우리 모두가 노인을 도울 수 있다는 뜻이다. 예를 들면 스마트폰도 글씨 키우기 기능이 이미 있는데 그걸 어떻게 하는지 모르는 노인이 많으니 가족이거나 이웃인 노인에게 먼저 알려 주어도 행복의 크기가 커질 것이다. 이 부분은 우리 중 누구든 할 수 있는 일이다. 우리 중 대부분이 사실 노인보다 좀 더 디지털을 잘 알고 잘 다루기 때문이다. 다니엘도 고용센터에서 디지털을 친절하게 가르쳐 주는 직원이 있었다. 그러나 제도가 뒷받침하지 못해 그는 제대로 다니엘을 도울 수 없었다. 일터에서 노인들을 만나는 공무원이나 노인복지 종사자라면 더더욱 업무에서 이런 여유와 친절이 허용되어야 하겠다.

셋째, 세대 간의 통합을 통한 디지털 역량 제고이다. 아동청소년, 그리고 청년은 지금의 노년층과는 다르게 태어나서부터 디지털을 접한 디지털 원주민이다. 말썽 많은 이웃 청년에게 충고와 도움을 주던 다니엘은 그토록 해결하지 못하던 연금 신청서를 그 청년의 도움을 받아서 해결한다. 그러면서 다니엘은 디지털 문화에 대해 눈을 뜨고 그들은 친한 사이가 되며 이 청년은 다니엘의 장례식장을 지킨다.

노인의 경우 직접 해 보는 교육의 중요성이 그 어느 교육보다, 그 어느 대상보다 클 것이다. 천천히, 반복적으로 시범을 통해 체험할 수 있다면 노인은 디지털 '불리(不利)'를 헤치고 나와 디지털로 행복할 수 있을 것이다. 사실 인공지능의 급격한 발전으로 앞으로의 디지털은 그저 편리할 일만 남았다. 그 문턱으로 노인을 인도하는 것이 필요한 시대이다. 디지털 원주민인 아동청소년, 그리고 청년들은 노인을 가르치는 역(逆)멘토링(reverse mentoring)으로 노인에 대한 이해가 한결 깊어지고 노인의 지혜를 받아들일 기회를 얻을 것이다.

롱테이크

삶의 정직한 노출
또 다른 삶의 조건 그리고 예술과 자비

〈나, 다니엘 블레이크〉는 사회적 약자인 노인이 직면한 현실을 있는 그대로 드러내는 롱테이크(longtake) 촬영 기법을 통하여 우리가 외면하고 싶은 혹은 외면하고 있는 문제를 바라볼 수 있도록 한다. 롱테이크는 인위적인 컷이나 카메라 움직임을 최소화하고, 있는 그대로 현실을 정직하게 기록하는 촬영 기법으로 네오리얼리즘의 대표적인 미학이다.

다니엘은 굶어죽지 않기 위해 돈이 필요하지만 그가 삶을 이어 가기 위해서는 또 다른 소중한 것들이 필요하다. 다니엘이 살아가는 방법으로 예술이 있다. 그가 만든 나무 물고기 모빌은 중고품 판매자가 탐낼 정도로 아름답다. 그는 그 모빌을 팔지 않는다. 왜냐하면 파는 물건이 아니기 때문이다. 그는 나무 물고기 모빌을 케이티의 딸 데이지에게 선물로 준다. 그는 아내가 카세트테이프에 녹음한 해상 일기예보 심야방송의 노래인 〈항해〉를 자주 듣는다. 그는 나무로 물고기를 조각하고 〈항해〉를 들으면서 아내가 마지막에 말한 대로 바람에 기대어 먼 바다로 가고 싶어 했을 것이다. 질병, 경제적 어려움, 꽉 막힌 관료적 행정 앞에 그는 자유롭게 먼 바다를 항해하면서 불어오는 바람을 만끽하고 싶었던 것이다. 케이티가 그에게 다시 시작하기 힘들다고 말하자 그

••

는 대답한다.

"우리에게도 잠시 기대어 쉴 바람이 필요하지."

바람에 흔들리는 물고기 모빌은 그가 만든 예술이자 세상을 향한 그의 외침이다.

다니엘이 추구한 삶의 또 다른 조건은 자비다. 다니엘은 아내 몰리가 항상 자신을 웃게 했다고 말한다. 그와 먼 바다로 가고 싶었지만 그렇게 하지 못했다. 몰리가 정신질환을 앓게 되어 감당이 안 됐지만 사랑했고 끝까지 돌봐주는 바람에 일을 제대로 못했다. 그는 이웃을 사랑한다. 옆집에 사는 차이나와 막시 밀리언과 축구를 함께 보고 서로 음식을 나눠 먹고 택배를 대신 받아 주는 등 필요할 때 서로 돕는다. 다니엘은 고용센터에 정시 출석하지 않았다는 이유로 40% 지원을 삭감당해 항의하다 쫓겨난 케이티를 도와준다. 케이티는 런던에서 온 미혼모로 두 아이를 부양해야 하는데 돈이 없다. 그는 아파트의 문손잡이를 수리하고 창문에 뽁뽁이도 붙여 준다. 그리고 케이티가 일자리를 구하는 동안 아이들과 함께 촛불로 작은 난로를 만들어 난방이 안 되는 집과 아이들의 마음속에 온기를 살려 낸다. 다니엘의 도움은 계약이나 주고받는 거래 때문에 행해지는 것이 아니라 무조건적인 것이다. 힘든 사람을 보고 아픈 가슴에 도와주려는 그의 마음은 아내에게 베푼 자비로운 사랑에서 비롯된 것이다. 자비와 사랑은 그가 살아가는 방법 중 하나다.

케이티는 자신은 며칠 동안 굶으면서 아이들에게 따뜻한 밥을 해 준다. 케이티는 푸드뱅크에서 배고픔에 못 이겨 통조림을 허겁지겁 따 먹으며 눈물을 흘린다. 늪에 빠진 자신의 비참한 모습에 슬픔이 몰려온 것이다. 푸드뱅크의 직원들은 고용센터의 직원과 달리 케이티에게 연민을 갖고 휴지와 따뜻한 물을 갖다 준다. 영화는 정부의 복지제도를 비판하면서도 지역 공동체의 자비로운 자원 활동을 따뜻하게 표현한다. 다니엘은 울고 있는 케이티에게 너의 잘못이 아니라고 다독인다. 이는 가난을 개인의 책임으로 돌리는 신자유주의에 대한 강한 반론이다. 케이티의 초등학생 딸 데이지는 학교 친구들이 자신의 신발 밑창이 찢어졌다고 놀린다고 케이티에게 말한다. 이에 케이티는 데이지에게 새 신발을 사 주기로 약속하고 자신은 밤에 나가 성노동을 한다. 이를 알게 된 다니엘은 케이티를 말리지만 케이티는 그 일로 300파운드나 벌어 아이들에게 신선한 과일을 사 줄 수 있다고 말한다. 생존을 위해 몸을 팔 수밖에 없는 현실에 절망한 다니엘은 고용센터로 가서 구직 활동 포기를 선언하고 스프레이로 고용센터 벽에 글을 쓴다.

> "나 다니엘 블레이크, 굶어 죽기 전에 항고일 배정을 요구한다. 상담 전화의 구린 대기음을 바꿔라."

이를 본 거리의 사람들이 박수치고 그와 함께 사진도 찍는다. 다니엘이 단순히 경제적 지원을 받지 못해 분노한 것은 아니다. 그가 진정으로 원한 것은 인정과 자비다. 그가 아내와 케이티에게 베푼 인정과 자비는 그에게 삶의 조건이었다. 그리고 그는 인정과 자비를 구걸하지 않는다. 그는 인정과 자비가 인간의 권리라고 주장한다. 그는 마지막에 심장마비로 죽은 후 장례식장에 케이티가 읽는 항고장으로 세상을 향해 외친다.

다니엘은 고용센터 벽에 스프레이로 글을 쓴다. "나 다니엘 블레이크 굶어 죽기 전에
항고일 배정을 요구한다. 그리고 상담 전화의 구린 대기음을 바꿔라!"

"나는 의뢰인도 고객도 사용자도 아니다. 나는 게으름뱅이도 거지도
사기꾼도 아니다. 도둑도 아니다. 나는 보험 번호 숫자도 아니고 화면
속 점도 아니다. 난 묵묵히 책임을 다해 떳떳하게 살았다. 난 굽실대
지 않았고 이웃이 어려우면 그들을 도왔다. 자선을 구걸하거나 기대
하지도 않았다. 내 이름은 다니엘 블레이크, 개가 아니라 인간이다.
이에 나는 내 권리를 요구한다. 인간적 존중을 요구한다. 나 다니엘
블레이크, 한 사람의 시민 그 이상도 그 이하도 아니다."

예술과 자비 모두 경제적이지 않고 효율적이지 않을뿐더러
미친 짓으로 폄하되기도 한다. 그러나 둘 다 인간이 살아가는 소
중한 조건이다.

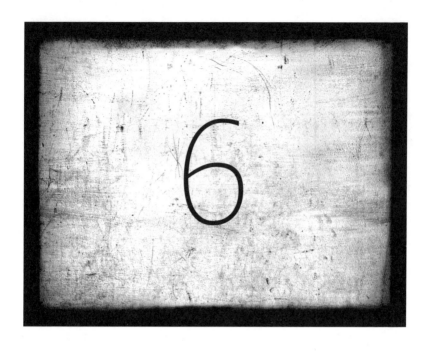

오베라는 남자

감독: 한네스 홀름Hannes Holm

출연: 롤프 라스고르드Rolf Lassgård(오베 역), 바하르 파르스Bahar Pars(파르바네 역),
플립 베리Flip Berg(젊은 오베 역), 이다 엥볼Ida Engvoll(소냐 역)

각본: 한네스 홀름

원작: 프레드리크 베크만Fredrik Backman

개봉: 2016년

제작사: Tre Vänner Produktion AB

(스웨덴, 116분)

동네에서 잘 사는 법

비우고 다시 배워서 남 주는 생활

"낮에 뭔가 할 일이 있으니까 가끔 꽤 괜찮긴 해."

〈창문 넘어 도망친 100세 노인〉에서 100세 스웨덴 노인을 보았다면 영화 〈오베라는 남자〉에서는 이제 막 퇴직한 59세 스웨덴 노인을 만나 볼 수 있다. 오베 린달은 59세 남성으로, 자신이 43년 동안 근무했던 회사를 박차고 나온 '젊은 노인'이다. 외톨이로 살아가면서 이웃에게 심술을 부리며 소통을 거부했지만 결국 이웃의 손을 잡아 주고, 그 자신도 이웃의 도움으로 비로소 행복을 되찾는다. 2016년 영화 〈오베라는 남자〉는 베스트셀러 소설을 영화화한 것으로 이 영화가 인기를 끌자 미국에서는 리메이크작을 만들기도 했다. 톰 행크스 주연의 2022년 영화 〈오토라는 남자〉이다.

지금은 오베처럼 퇴직하는 젊은 노인이 많은 시대이다. 이들을 '베이비부머 세대'로 부르기도 한다. 베이비부머는 제2차 세계대전 이후 세계 각국에서 대규모로 태어난 사람들의 집단을 일컫는 말인데 우리나라에서도 이제 이들은 일터에서 나와서 동네에서 살아가고 있다. 갑자기 일이 없어져 '어떻게 살아야 할까?'를 묻는 이들에게 〈오베라는 남자〉는 하나의 답을 주고 있다. 일터가 아닌 동네에서 행복하게 살아가는 법에 대한 하나의 모범 사례 연구 보고서 같은 영화다.

퇴직으로
잃은 것과 얻는 것

오베의 퇴직 이야기를 먼저 해 보자. 생애사건(life event) 중 중요한 하나는 뭐니 뭐니 해도 퇴직, 즉 오랫동안 몸담았던 주된 일자리에서 나오는(혹은 밀려나는) 일이다. 오베는 한평생 일해 온 직장에서 정리해고를 당한다. 16세부터 무려 43년을 같은 회사에서 성실하게 일했는데, 이제 회사는 그가 필요하지 않다. 해고 통보를 받는 자리, 회사에서는 제2의 인생을 위한 다른 일자리 교육을 알아봐 주겠다고 했는데 오베가 거절했기 때문에 어떤 일자리, 어떤 교육이었는지는 나오지 않는다. 미국판 오토도 마찬가지이다. 회사는 그의 일을 줄이고 그가 일을 가르친 새까만 후배를 상사로 앉혔다. 오토가 못 견디고 그만둔다니까 '제2의 인생을 축하한다.'며 파티를 열어 준다. 오베도 오토도 그 자리를 박차고 나온다. 그런데 말리는 사람이 아무도 없다. 회사의 문을 나서는 오베와 오토. 두 사람의 머릿속에 맴도는 말은 '이제부터 뭘 하지?'가 아니었을까?

많은 직장인들이 이런 식으로 그들이 큰 의미를 부여했던 일터에서 쓸쓸한 엔딩을 맞이하고 있다. 앞 세대들의 마지막을 보면서 자신도 이럴 줄 알고는 있었지만 대비하기는 어렵다. 그래서 퇴직은 언제나 '예정된 갑작스러운 사건'이다.[1] 언제까지 살지 모

영화 〈오베라는 남자〉 포스터

르는데 노후자금은 얼마나 들며 어떻게 마련할까? 건강은 갈수록 시원찮아지는데 뭘 해서 용돈이라도 벌지? 아이들이 아직 독립을 못한 경우는 더욱 골치 아프다. 그러나 돈보다도 더 걱정스러운 부분이 '오늘 아침 집을 나서서 갈 곳이 없는' 현실이다.

아직 재직 중일 때 뭐라도 준비를 할 수 있으면 좋겠지만 현실은 그곳을 나서는 마지막 날까지 녹록하지 않은 것이 보통이다. 직장에서 내게 다른 일자리를 소개하거나 전직 지원을 해 준다고 한다면 오히려 그게 문제일 수도 있다. 실제 4050 직장인들의 말을 들어 봐도 그렇다. 퇴직이 가까워 오면 이거저거 알아봐야 하는데 책상에는 아직 해야 할 일이 쌓여 있기에 시간을 내어 뭘 알아보기에는 눈치가 보여 그저 고민만 한다고 한다. 반대로 오베나 오토의 경우처럼 회사에서 일을 잘 주지 않거나, 권한을 낮추어 생기는 여유는 그저 피하고만 싶은 것이다.[2]

그러나 직장에 다닐 때, 이왕이면 3, 40대인 경력 초기부터 자연스럽게 생애설계 교육을 받는다면 개인과 회사가 모두 윈윈할 가능성이 크다고 한다. 대개의 직장은 구성원의 퇴직을 회사와는 상관없는 개인 문제라고 생각하지만 사실은 그렇지 않다는 것이다. 개인은 퇴직 시점이 가까워 오면서 앞으로의 삶에 대해 불안을 느끼게 되어 노동생산성이 낮아지고 이는 회사에도 좋지 않다. 그래서 회사가 미리부터 퇴직이 다가오는 직원들에 대한 관심을 보여 주면 상생이 가능하다. 《포춘(Fourtune)》지가 선정한 미국에서 가장 일하고 싶은 100대 기업, 은퇴하기 좋은 10대 기업에 선정된 목재회사 와이어하우저(Weyerhaeuser)의 경우가 그 하나이다. 처음에는 퇴직이 다가온 직원들을 대상으로 했다가 이후 모든 직원을 대상으로 생애설계 교육을 실시하게 되었다고 한다.[3]

재직 시 전직 지원 관련해 우리나라에서 대표적인 사례의 하나로는 KT 전직지원센터를 꼽을 수 있다. 공기업인 KT는 오랫동안 고락을 함께한 직원들이 정년퇴직과 더불어 행복하게 인생 2막을 맞을 수 있는 방법을 심사숙고했고 그 결과 2018년 현재의 전직지원센터가 만들어졌다. 다양한 사람들이 이 사례를 참고하고자 이곳을 방문한다. 이후 우리나라는 2020년 '고용상 연령차별금지 및 고령자고용촉진에 관한 법률'(이하 '고령자고용촉진법')에 따라 1,000인 이상의 근로자를 고용한 기업에 한해 퇴직 예정자에게 진로 설계, 취업 알선 등 재취업지원서비스를 제공하도록 의무화하였다. 그러나 아직은 기업의 인식 부족은 물론, 참여 대상이 되는 근로자들도 일부 부정적 선입견을 보이는 것으로 나타나 인식 개선 및 제도 보완이 요청된다. 따라서 KT는 국가가 법률로 도입한 것보다 전직지원과 은퇴교육의 제공이 2년 정도 앞선 것이다. KT는 또한 정년퇴직 후 같은 자리에서 2년 더 일하면서 후배에게 기술과 노하우를 전하는 '시니어 컨설턴트', 50세 이상이면 최대 4년까지 휴직하며 제2의 인생을 탐색할 수 있는 '내일설계휴직제도' 등을 운영한다고 한다. 이제 이러한 제도는 전 직원이 '퇴직 전 꼭 누려야 할 복지'라는 인식이 확산되어 시니어 직원의 만족도가 높고 젊은 직원들에게는 '우리도 퇴직할 때 혜택 받을 수 있다'는 동기부여가 된다고 한다.[5]

독거노인의
극단적 선택

〈오베라는 남자〉는 노년기 자아정체성 만들기의 어려움을 '노인 자살'의 문제로 이야기하는 영화이기도 하다. 노년기 가장 큰 문

오베는 부인 소냐와 사별하고 외톨이로 살면서
이웃에게 심술을 부리고 소통을 거부하는 59세의 퇴직자다.

제 중 하나는 외로움이다. 〈오베라는 남자〉는 외로움으로 여러
번 자살을 시도하는 오베를 비교적 자세하게 묘사한다. 미국판
〈오토라는 남자〉는 아예 영화 도입부에 '이 영화는 자살에 대한
자세한 묘사를 담고 있으니 시청에 주의를 요한다.'고 써 놓을 정
도이다.

　아내를 잃고 살아야 할 이유가 없어진 독거노인 오베. 그는 네
번이나, 각각 다른 방법으로 자살을 시도한다. 목을 매달고, 가스
를 마시고, 철로에 뛰어들고 권총 자살을 시도하기도 한다. 모두
실패해서 다행이지만 현실에서는 매번 그렇게 방해꾼이 등장하
는 우연이 작용할 리 없다. 영화 밖 실제 상황은 시시각각 목숨을
끊는 노인이 생기는 위태로운 초고령사회일 것이다. 그가 죽음에
가까이 가는 순간마다 그가 지나온 세월의 회상이 등장하는데 그
것으로 그의 반복되는 자살 시도를 이해할 수 있다. 그는 아내만
있었다면 자살하지 않았을 노인이다. 아내 곁으로 가려는 시도가
곧 자살인 것이다. 이렇게 배우자의 죽음은 노년기에 당면할 수
있는 가슴 아픈 변화 중 하나이다. 새로운 삶의 상황에 대처하기

젊은 시절 어느날 오베에게 소냐가 찾아왔고
오베 마음 속 모성애의 결핍을 그가 채워 주면서 심적으로 의존하게 된다.
그리고 소냐가 없는 삶은 그에게 무의미한 것이 되어 버린다.

위해서는 배우자가 담당했던 일을 스스로 해내는 방법을 배우는 것도 필요하겠지만 정서적으로 어려움을 잘 극복하고 새로운 정체성을 찾는 것이 한층 더 중요할 것이다.[6] 다행히 이런 어려움을 겪으면서 오베는 결국 자신에게 연결된 이웃의 존재를 확인하게 되며 새로운 정체성을 완성한다.

독거노인 오베는 영화 속에서 가까스로 이웃과 '연결'되는 경험을 한다지만 우리나라 독거노인들은 어떤 상황에 처해 있을까? 통계청에 의하면 2023년 기준 65세 이상 독거노인 세대는 199만 3,334가구로 전체 가구의 10%에 육박하며 노인 인구 중 23%를 넘어섰다.[7] 전체 노인 인구 중 독거노인이 차지하는 비율은 2000년 16.0%에서 2023년 21.1%로 점차 증가하고 있다.

이미 우리나라 65세 이상 노인 가운데 네다섯 명 중 한 명은 혼자 살고 있다는 것이다. 또 44.5%에 달하는 노인 부부 가구도 부부 중 한 명이 먼저 사망하면 대다수가 곧바로 노인독거 가구에 합류한다는 것을 감안하면 노인독거 가구는 더욱 빠르게 증가

우리나라의 독거노인 수치

연도	65세 이상 인구(명)	65세 이상 1인 가구 수	독거노인 비율(%)
2017	7,066,060	1,345,161	19.0
2018	7,336,085	1,419,797	19.3
2019	7,688,994	1,503,047	19.5
2020	8,151,867	1,617,739	19.8
2021	8,569,865	1,762,969	20.6
2022	8,981,133	1,875,270	20.9
2023	9,435,816	1,993,334	21.1

출처: 통계청. 장래가구 추계.

할 전망이다. 심지어 연락할 수 있는 친척이나 친구 하나 없어 외로이 장례를 치르는 무연고 사망자도 매년 증가하는 추세이다.

독거노인은 스웨덴이나 미국보다 우리나라에서 특히 취약한 집단이다. 우리나라는 일찍부터 고령화를 경험한 선진국들만큼 고령자를 위한 사회보장제도가 발달하지 못하였다. 우리나라의 독거노인은 국가로부터는 물론 가족으로부터 이러저러한 지원을 받을 수 없어 힘들다. 특히 만성질환에 시달릴 경우 기본적인 일상생활을 영위하기도 쉽지 않아 바로 사회복지의 대상이 되지만 정작 지원은 미미하다. 독거노인은 이렇게 경제 상황이나 신체건강의 어려움도 있지만 정신건강도 매우 취약하다. 함께 사는 가족이 없어 외로움이나 우울감을 더 많이 느끼기 때문이다. 독거노인의 치솟는 자살률이 이를 잘 보여 준다. 우리나라는 65세 이상 노인 자살률이 OECD 국가 중 1위이며 OECD 국가 평균보다 3배나 높다.[8]

네 번의 자살 시도 후 드디어 살아갈 이유를 찾은 오베, 그는 아내의 묘에 가서 이렇게 말한다.

"낮에 뭔가 할 일이 있으니까 가끔 꽤 괜찮긴 해."

노인들을 도우려는 사람들은 '믿지 않은 방해꾼' 역할을 해야 한다. 우리도 노인들이 지역공동체 속에서 살아가며 삶의 의미를 찾도록 뭔가 할 일을 선물해 보자.

지역공동체에서
성장하는 노인

초고령사회를 눈앞에 둔 지금, 노년기 자아정체성 만들기는 어떻게 가능한가? 이는 노년교육학(educational gerontology)의 한 갈래인 비판적 제라고지(critical geragogy)의 가장 큰 질문이라고 할 수 있다.

우선 제라고지(geragory)는 노인의 계속적 발달을 지지하는 노인교육이론이다.[9] 그러면 교육학의 세분화도 함께 이야기가 되어야 할 것 같다. 교육학은 원래 아동을 가르치는 데 필요한 학문으로 출발했다. 그러다가 성인을 대상으로 하는 교육에 대한 개념이 필요해지고 관련 이론을 아동 교육학인 페다고지(pedagogy)에 대비해서 안드라고지(andragogy)라고 부르게 되었다. 페다고지의 페드(ped-)라는 부분이 어린아이를 나타내고 안드라고지의 안드라(andra-)라는 부분이 성인을 나타낸다고 한다. 노인도 성인이기는 하지만 청년, 중장년과는 또 다르다. 그래서 노인들의 교육에 대한 개념이 필요해졌고 노인을 뜻하는 제르(혹은 게르, ger-)라는 어근을 쓴 제라고지(geragogy)라는 노인교육학이 부상하게 되었다.

신혼여행에서 돌아오는 길에 버스가 절벽으로 추락한다.
그 사고로 소냐는 유산을 하고 하반신 마비가 되어 버리고,
이 일로 오베는 세상에 대한 분노와 소냐에 대한 의존이 심해진다.

이제 노인에 관한, 그리고 노인을 위한 교육학인 제라고지를 들여다보자. 독일의 노년학자 페졸트(Petzold)는 일반적으로 노년기의 네 가지 불행 중 하나로 드는 '일을 할 수 없게 된다.'와 관련해 반론을 폈다. 오히려 나이가 들면서 생기는 원숙미로 어떤 일을 해도 감당이 가능하다며 노년기에도 계속적인 학습과 발달이 가능하다고 보았다.[10] 나이가 들어서도 젊은이와 교류하면서 그들을 돕고 그들의 존경과 사랑을 받으면서 살아가는 세대공동체가 가능함을 이야기하였다.

이러한 제라고지에 '비판적(critical)'이라는 단어를 추가하면 학습자의 실제적 참여가 강조된다. 그래서 노인의 정체성을 새로이 구성하고 이들의 사회참여와 공헌을 이끌어 내는 노인교육학을 '비판적 제라고지'로 부를 수 있다.

그렇다면 노인을 이런 방향으로 안내하고 이끌어 가는 학문은 힘을 합쳐야 한다. 평생교육학은 물론이고 초고령사회의 발전을 위한 논의와 정책을 담은 사회학과 사회복지학, 노인의 심리

소냐가 암으로 죽고 43년간 일한 철도 건설회사에서 정리해고를 당하자
오베는 소냐를 다시 만나러 가기로 결심한다.

적 통합감을 추구하는 심리학 등등, 여러 학문이 합하여 노인을
향한다. 노인의 사회참여를 강조하는 이런 관점은 노인에게 결핍
된 것을 제공하는 노인복지관의 교육 프로그램들과는 그 기본 전
제가 사뭇 다른 것이다.[11] 부족을 채워 주는 복지 일변도의 패러
다임에서 잠재력을 소지한 역량 개발의 대상으로 보는 교육 패러
다임으로의 전환이 필요한 상황이다. 이렇게 비판적 제라고지의
관점은 노년기 자아정체성 만들기를 통해 노인 스스로가 시민사
회의 주체가 되어야 함을 강조하고 있다.

〈오베라는 남자〉는 일을 그만둔 베이비부머 세대가 그간 일에
맞추어져 있던 자아정체성을 상실하게 되는 위기를 극복하고 자
신이 현재 살고 있는 사회에 관심을 가지면서 새로운 자아정체성
을 형성해 가는 과정을 담고 있다. 그럼 퇴직으로 힘들고, 아내를
잃어 외롭다는 심정에 휘둘리던 오베가 어떻게 지역사회와 이웃
에 적응하게 되는지 자세히 살펴보자.

'꼰대'의
다시 배우는 시간

노년기는 '비우고 다시 배우는 시간'이기도 하다. 퇴직 후 이제 집
과 동네가 삶의 주 공간이 된 오베. 그의 눈에는 이 세상이 갈수록
미쳐 가는 것 같다. 익숙했던 것이 새로운 것에 자리를 내어 주는
것은 어떻게 보면 당연한 일이기도 한데, 그는 도무지 바뀌는 세
상을 이해하지 못하고 따라가기를 거부하는 것처럼 보인다. 이런
측면에서 오베는 우리 주변에서 흔히 볼 수 있는 보수적인 노인
의 전형을 보여 준다. 처음에 그는 이런 세상에 분노한다. 이주민
이 옆집으로 이사 오고, 질서를 지키지 않는 젊은이들은 그를 '영
감탱이(old man)'라고 부른다. 우리나라라면 '노인네' 정도인 것 같
은데 그래도 이 정도면 다행이다.

우리 사회에도 '꼰대 할배', '틀딱' 같은 신조어는 늘어만 간
다. '틀니 딱딱'의 준말인 '틀딱'처럼 노골적으로 혐오를 드러내는
단어는 접어 두고서라도 '꼰대' 그리고 '라떼'도 가볍지만 조롱과
혐오를 담고 있다. '꼰대'는 아버지나 교사 등 나이 많은 사람들
을 지칭하는 것으로, 원래는 부정적인 뉘앙스가 없었다고 한다.
끓인 우유와 에스프레소의 조화로 많은 이들이 좋아하는 커피
인 라떼는 '나 때는 말이야~'를 입에 달고 다니는 사람을 'Latte is
horse(라떼 이즈 호오스, 라떼는 말(馬)이야)'라고 흉보다가 생긴, 이제는 모
두가 알아듣는 신조어가 되었다.

오베는 자신이 오랫동안 살아온 동네가 달라지는 게 도무지
싫다. 자동차도 당연히 국민차 사브(SAAB)를 사야지, 다른 나라의
브랜드를 사는 사람과는 절교 각이다. 이렇게나 딱딱한 노인인데
옆집 이주민이 생전 보지도 듣지도 못한 음식을 갖다 주지를 않

나, 요즘 젊은 애들은 남자가 남자를 사랑한다고 하지를 않나, 세상에 별일이 다 일어난다.

이건 현재 우리나라의 노인들도 그렇게 느끼고 있지 않을까? 우리나라를 포함하여 많은 사회에서 맞이하고 있는 다문화적 변화의 예를 들어 보자. 오베는 이란 음식인 사프란(saffron) 밥을 받아들고 낯설음에 눈살을 찌푸리지만 막상 맛있게 먹고 '세상엔 이런 요리도 있구나.' 하며 타인의 문화를 알아간다. 이는 노인만이 아니라 이주민의 수도 함께 늘어나는 우리 사회에 많은 것을 시사한다. 노인 중 그들의 자녀가 이주민과 결혼한 경우 한편으로는 '아이고, 어찌 이 먼 데까지 와서 고생을 하누.' 하며 아껴 주면서도 다른 한편으로는 이들을 어떻게든 '한국인'을 만들려 한다.

그 자신이 이주민인 알 마문 섹 감독의 〈빠마〉(2021)에서 나타나는 소위 다문화가정의 갈등은 결국 노인이 해결의 열쇠를 쥐고 있다. 시어머니는 이슬람교를 믿는 방글라데시 사람인 며느리가 돼지고기를 못 먹는다는 것을 도무지 이해하지 못한다. 간만에 가족이 둘러앉은 시간, 아들이 쇠고기 따로, 돼지고기 따로 두 개의 불판에서 고기를 굽자 그는 화가 나서 벌떡 일어나 방으로 들어가 버린다. 가족의 중요한 행사인 제사가 다가오던 어느 날, 며느리를 억지로 미용실에 끌고 가서 한국식 '빠마'를 해 주기도 한다. 원래 이 시어머니는 좋은 사람이다. 하지만 상대를 이해하지 못한 일방적인 행동은 때로 폭력 아닌 폭력이 되기도 한다. 시어머니는 안타깝지만 소위 '선량한 차별주의자'의 반열에 오를 만하다.[12]

〈오베라는 남자〉에서 볼 수 있는 것은 보수주의자 노인이 빠르게 변하는 세상을 도무지 이해하지 못하면서도 결국 이를 끌어안는 포용의 몸짓이다. 이런 모습은 이 영화의 원작 소설이 노인들뿐 아니라 젊은이들에게도 큰 인기를 끌었던 이유였기도 하다. 앨빈 토플러(Alvin Toffler)는 21세기의 문맹자는 배우고(learn) 비우고 (unlearn) 재학습(relearn)하지 못하는 사람이다.'라고 했다. 나이가 들었지만 여전히 사회 속에서 할 일을 찾을 수 있는 노인은 행복하다. 그들은 자신이 가진 수만 가지 경험들 중 낡아서 더 이상 이 사회에서 필요 없는 것들이 분명히 있음을, 아니 많다는 것을 안다. 새로 배우는 것만이 아니라 비우고(unlearn) 다시 배우는(relearn) 시간이 노인에게 필요하다.

일상화된
자원봉사의 중요성

젊은 노인의 특성을 좀 더 이야기해 보자. 언뜻 보기에 오베는 불평불만으로 가득한 노인처럼 보이지만 길고양이를 먹여 주고 재워 주는 따뜻한 마음을 지녔다. 또한 수십 년간 일터에서 단련된 그의 근로윤리(work ethic)는 동네의 구석구석에서 빛을 발한다.

우리나라의 베이비부머들도 그렇다. '산업화'와 '민주화'라는 시대의 변화를 경험하며 실력과 함께 남다른 책임감과 인내심을 길렀다. 베이비부머의 이런 특성은 지역사회를 더 좋은 곳으로 만드는 시민성으로 연결될 수 있다. 영국 수상이었던 윈스턴 처칠은 "우리는 일함으로 생계를 유지하지만 나눔으로 인생을 만들어 간다."는 말을 남겼다. 나눔의 의미는 그만큼 중요하다. 퇴직한 베이비부머가 자원봉사 등 나눔에 좀 더 관심을 둔다면 세상은 조금 더 살 만한 곳이 될 것이다.

그러나 우리 사회와 다른 나라의 자원봉사 현황을 살펴보면

AmeriCorps Seniors 프로그램 개요

프로그램명	참여 대상자	활동 내용	자원봉사자 지원	실적(2018년)
위탁 조부모 프로그램	55세 이상 고령자	지역 내 취약 아동을 대상으로 롤모델, 멘토, 친구로서 병원, 학교, 지역아동센터, 교정기관 등에서 주당 평균 20시간 정도 활동함.	훈련 프로그램, 활동비, 보험 등	자원봉사자 30,000명, 지원 아동 170,000명 이상
시니어 동반자 프로그램		지역 내 거동이 불편한 고령자를 대상으로 일상생활 지원활동 (예: 병원 동행, 장보기 지원, 말벗 되어 주기 등)을 수행하며, 주당 평균 20 시간 정도 활동함.		자원봉사자 14,000명, 지원 고령자 38,600명 이상
은퇴 봉사자 프로그램		파견되는 지역기관에 따라 활동 내용이 상이하며, 주 4~40시간 활동함. (예: 청소년 검정고시 지원, 취약계층 식사 배달, 장보기 지원, 집수리 지원, 환경정화 활동, 청장년 구직활동 지원 등)	훈련 프로그램, 유류비 지원 (이 외 활동비 지원 불가)	자원봉사자 174,000명, 지원 고령자 700,000명 이상

출처: 강은나, 류병주(2023). 미국의 고령자 자원봉사 프로그램 현황과 시사점. 국제사회보장리뷰, 26. 76-87.

많은 차이가 난다. 미국 같은 경우 고령자를 경험과 역량을 지닌 중요한 사회적 자본으로 인식하여 고령자 자원봉사를 비롯한 다양한 사회참여 프로그램이 활발히 운영되고 있다고 한다. 55세 이상 고령자의 자원봉사 참여율이 25%에 이른다고 한다.[13] 한 사례로 고령자를 위한 자원봉사 프로그램인 AmeriCorps Seniors를 들 수 있다. 55세 이상 고령자만 지원할 수 있는 이 프로그램은 위탁조부모 프로그램(Foster Grandparents Program), 시니어 동반자 프로그램(Senior Companion Program), 은퇴봉사자 프로그램(Retired and Senior Volunteer Program)으로 구성된다.[14]

동네의 가난한 집 아이들, 나보다 힘든 노인들을 돌보며 내가 살아있는 의미를 확인할 수 있다. 이제 오베도 죽어야 할 이유보다 살아야 할 이유가 점점 더 많아지기 시작한다. 나눔의 실천이 몸에 배인 것이다. 동네 아이들의 자애로운 할아버지가 되어 가고, 옛 친구의 정의로운 벗으로 변화하며, 의미 없게 느껴지던 날들이 보람과 기쁨의 시간으로 채워지기 시작한다. 그리고 이웃의 도움으로 생애의 마지막 날들을 보내며 동네 사람들의 애도를 뒤로하고 세상을 떠난다.

오베에게는 어떤 순간부터 죽는 날까지의 모든 순간이 행복을 찾아가는 길이었다고 생각된다. 행복은 혼자 찾을 수 있는 것이 아니다. 노인도 한 사회의 온전한 시민으로 살아갈 때, 사회 안에서 자신의 역할을 적극적으로 찾을 때 남아 있는 생의 행복도, 삶의 의미도 찾을 수 있다.

성장영화

상실과 공허에 대처하는 힘
이웃의 우정으로 열린 마음의 문

〈오베라는 남자〉는 노인을 주인공으로 한 성장영화이다. 〈죽은 시인의 사회〉, 〈길버트 그레이프〉, 〈굿월 헌팅〉, 〈빌리 엘리어트〉, 〈고양이를 부탁해〉, 〈파수꾼〉 같은 성장영화의 주인공은 대부분 10대이다. 왜냐하면 10대는 청소년기에서 성인으로 전환하는 성장기이기 때문이다. 그런데 〈오베라는 남자〉는 노인이 놀랍게도 성장통을 겪는다. 성장영화 속 성장은 신체적 성장이 아니라 정신적 성숙을 말한다. 그런 면에서 성장은 평생 동안 계속되는 지속적인 과정으로 이해해야 한다. 노인 역시 노화되는 신체에 적응하고 가족과 친구의 상실에 대처하고 퇴직 후에도 관계를 유지하며 삶의 목적과 의미를 찾는 등 성장을 위한 다양한 도전과 기회에 직면할 수 있다.

그러나 오랫동안 굳어 온 나쁜 습관은 성장의 걸림돌이 된다. 그런 습관은 이미 체화되어 바꾸기가 쉽지 않다. 그럼에도 불구하고 성장하기 위해서 과감히 나쁜 습관과 단절해야 한다. 많은 경우 그 습관이 생존을 위협한다고 판단될 때 단절을 하게 된다. 예를 들어 건강에 적신호가 켜져야 비로소 담배를 끊거나 운동을 하게 된다. 신체적인 습관 이외에 정신적인 습관도 마찬가지다. 성장을 방해하는 고정관념, 편견, 분노조절 장애, 트라우마 등도 지속 가능한 삶을 위협할 수 있다.

오베는 부인과 사별하고 세상과 담을 쌓고 직장에서 해고되면서 삶의 의미를 잃고 극단적인 선택을 결심한다. 그는 자신을 보존하기 위해서는 아내 없이 살아가는 방법을 배워야 하고 퇴직 후 새로운 목적과 삶의 의미를 찾아야 한다. 다행히 자살 시도에 실패하고 이웃들과 예상치 못한 우정을 쌓으면서 세상을 향해 마음의 문을 연다. 이런 과정은 관객에게 특정 생애 단계에 국한되지 않는 성장에 대해 생각해 볼 기회를 준다. 나이가 든다고 자연스럽게 정신적으로 성숙하지 않는다. 진정한 성장은 현실과 더 이상 맞지 않는 낡은 성격과 단절하고 새롭게 다시 태어나는 죽음과 재생의 과정을 겪는다. 성장은 단절과 재연결이 필요한 불연속적인 과정이다. 그럼 오베의 성장 여정을 살펴보도록 하자.

많은 영화가 첫 장면에서 주인공이 어떤 사람인지 효과적으로 알려 주는 일상적인 사건을 넣는다. 오베는 꽃 두 다발에 70크로나로 할인해 주는 쿠폰을 가지고 와서 35크로나에 한 다발을 사려고 한다. 직원이 한 다발은 50크로나이고 두 다발을 사야 할인이 된다는 사실을 알려 줘도 자신은 한 다발만 사고 싶다면서 계산도 못 하느냐고 성을 낸다. 그리고 소비자보호원에 고발하겠다고 하고 점장을 부르라고 소리친다. 편의점에 가서 원 플러스 원을 사면서 하나는 반값이어야 한다고 우기는 것과 마찬가지다. 오베는 결국 두 다발을 사서 부인 소냐의 무덤에 올려놓는다. 이 첫 장면은 그를 부인과 사별한 막무가내 노인으로 설정한다.

오베가 사는 집은 검은색 지붕에 상층부는 빨간색 벽돌, 하층부는 흰색 벽돌로 된 2층 박공집들이 공용도로를 사이에 두고 연결된 타운 하우스이다. 자연채광을 극대화하는 큰 창문을 가진 집은 깔끔한 선과 단순한 모양, 장식이 없는 기능적인 공간으로

미니멀리즘을 특징으로 하는 스칸디나비아 디자인을 보여 준다. 오베의 집은 작지만 원목 가구와 녹색 식물 화분과 함께 벽에 붙은 아기자기한 액자 속 사진과 그림이 행복한 신혼집 같은 분위기를 자아낸다.

오베는 공용도로에 떨어진 꽁초를 줍고 창고의 모든 문을 확인하고 내버려진 자전거를 창고에 넣고 분리수거를 확인하고 길고양이를 쫓아내며 차량금지 간판을 확인한다. 죽음을 불사하고 차 없는 도로를 사수해야 한다고 말하는 것을 보면 그는 지역사회의 질서가 파괴되고 외부로부터 보금자리가 침해당할까 봐 노심초사하는 사람이다. 이는 어린 시절 와이셔츠를 입은 공무원에게 자신의 집을 빼앗긴 아픈 기억으로부터 학습된, 생존을 위한 행동이다.

오베는 43년 일한 철도 건설 회사에서 정리해고 당한다. 아버지가 그곳에서 일하다가 기차 사고로 죽은 후 아버지를 대신하여 고용되어 열차 청소부로 일을 시작한 회사이다. 나이 어린 상사는 비용 절감을 이유로 평생 헌신한 그를 하루아침에 해고하며 퇴사 선물로 삽을 건넨다. 집에 돌아와 청소를 하고 전화를 해지하고 파란색 양복을 입는다. 그는 끝까지 사회적 책임과 헌신을 다하는 모습을 보인다. 바다와 하늘의 색인 파란색은 일반적으로 신뢰와 헌신을 상징한다. 그는 넥타이를 매고 소녀의 사진을 뒤로 돌려 자신을 못 보게 한 후 천정에 매어 놓은 줄에 목을 맨다. 오베가 간절히 바라는 것은 죽은 아내를 찾아가는 것이다. 생존이 목적이 되는 많은 영화와 달리 죽음이 주인공이 추구하는 목표다.

그러나 그 목표를 방해하는 이웃이 등장한다. 패트릭과 파르베네 부부가 차를 가지고 공용도로에 들어온 것이다. 차를 막는 것은 그에게 죽음보다 더 중요한 일이다. 그는 자살을 포기하고 지역사회의 질서 지킴이로 잠시 돌아간다. 그리고 그들에게 심술을 부리지만 이사 온 것을 알고 주차를 도와준다. 그리고 돌아와 다시 자살을 시도하지만 부부의 아이들이 호기심으로 창 안을 쳐다보게 되면서 결국 포기하게 된다.

다음 날 블라인드를 내리고 다시 자살 시도를 하는데 초인종 소리가 난다. 이란에서 온 이주여성인 파르베네가 고마움을 표하기 위해 사프란 향료를 넣은 페르시안 음식을 가져 온 것이다. 그는 음식을 냉장고에 넣고 다시 자살을 시도하지만 이번에는 줄이 끊어져 실패한다. 여기까지가 영화의 1막이다. 오베라는 남자와 그가 원하는 것 그리고 파르베네라는 방해꾼으로 이야기가 설정되었다.

2막은 일반적으로 대립 국면으로 오베가 본격적으로 자살을 위한 행동을 하고 파르베네는 본의 아니게 그를 방해한다. 오베가 창고 안에 들어가 다시 고무 호스를 자동차 배기구에 연결

오베가 블라인드를 내리고 자살 시도를 하는데 초인종 소리가 난다.
새로 이사 온 이주여성인 파르베네와 남편 패트릭이
사프란 향료를 넣은 페르시안 음식을 가져 온 것이다.

하여 자살 시도를 한다. 윌리 넬슨의 〈You were always on my mind〉를 들으며 소냐를 만날 시간을 기다린다. 그러나 차고 두드리는 소리에 오베는 깨어난다. 파르베네가 남편 패트릭이 사다리에서 떨어져 병원에 가야 한다며 운전을 대신해 달라고 부탁한다. 결국 오베는 함께 병원에 가서 아이들까지 돌봐 주게 된다. 그리고 아이들과 친해진다.

겉모습과 달리 오베의 속마음은 따뜻하다. 그러나 그는 마음이 여리고 취약하여 상처를 극복하지 못하고 다시 자살하러 기차역으로 향한다. 그런데 기차 플랫폼에서 뛰어내리기 전 옆의 남자가 정신을 잃고 기찻길로 먼저 떨어진다. 아무도 그를 구하지 않고 사진만 찍고 있다. 오베는 용감하게 뛰어들어 그를 구한다. 그리고 다시 플랫폼으로 오르지 않고 기차를 기다린다. 사람들이 소리를 지른다. 결국 오베는 기차와 부딪히기 직전에 한 남자의 손을 잡고 플랫폼에 올라선다.

그는 여리지만 용감한 사람인 것이다. 그는 아무런 쓸모없다고 생각했던 자신이 아이들의 친구가 되고 누군가의 생명을 구하는 능력자임을 깨닫는다. 그리고 그는 살아갈 자신감을 얻었는지 조금씩 세상을 향해 나아간다. 여기가 영화를 전반부와 후반부로 구분하는 중간점이고 영화는 새 국면으로 접어든다.

오베는 길고양이에게 사료를 주고 파르베네에게 운전 연습을 시켜 준다. 또 파르베네의 아이들을 돌봐 주는 동안 고장난 주방 식기세척기도 고쳐 준다. 이제 오베는 이웃 사람과도, 동물과도 친해진다. 그러나 아직 그의 마음속에는 세상에 대한 분노와 자기 파괴적 감정이 잠재하고 그것은 언제든지 촉발될 수 있다. 그 위험한 감정은 그의 트라우마로 다시 폭발한다. 와이셔츠를 입은 공무원이 차를 몰고 마을 공용도로로 침입한다. 이를 막는 오베에게 공무원은 그의 뇌관을 건드린다. 그는 오베를 뒷조사했다면서 오베가 부인이 죽은 후 끊임없이 민원을 올리며 공무원을 괴롭혔다면서 잘난 심장이나 잘 관리하라고 소리친다. 와이셔츠 입은 공무원에 분노한 오베는 다락에 가서 총을 꺼내 다시 자살을 시도한다. 또 초인종이 울린다. 학교 선생이었던 소냐의 제자가 와서 소냐처럼 자신을 도와달라고 말한다. 그는 커밍아웃을 해 집에서 쫓겨난 것이다. 오베는 그를 재워 주고 함께 타운 하우스 주변을 순찰하니 마을 이웃들도 동참한다. 오베는 공무원이 강제로 요양원에 입원시키려는 반신불구가 된 루네를 도와주기로 한다. 루네는 젊은 시절 오베와 함께 지역사회를 이끈 친구였는데 사소한 일로 절교한 상태다. 여기까지 2막이다. 오베는 이제 변했다. 목표가 '자살'에서 '살자'로 역전된 것이다. 그는 이웃의 손길로 삶의 용기를 갖게 되었다. 그런데 지금까지 오베는 왜 그렇게 자살을 하려고 했는지 그 이유가 명확하지 않다. 그 남은 의문점은 3막에서 풀린다.

오베는 소냐와 행복한 신혼 생활을 하다가 소냐의 임신을 기

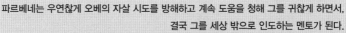

파르베네는 우연찮게 오베의 자살 시도를 방해하고 계속 도움을 청해 그를 귀찮게 하면서, 결국 그를 세상 밖으로 인도하는 멘토가 된다.

오베는 세상 속으로 나와 이웃과 소통하며 여생을 마친다.

넘해 스페인으로 여행을 떠난다. 그리고 인생의 가장 행복한 시간을 느끼면서 돌아오는 길에 버스가 절벽으로 추락한다. 그 사고로 소냐는 유산을 하고 하반신 마비를 겪게 된다. 이 일로 오베는 세상에 대한 분노와 소냐에 대한 의존이 심해진다. 소냐가 6개월 전에 암으로 죽자 오베는 그를 따라가기로 약속한다. 오베는 마음속에 한이 된 이야기를 파르베네에게 털어놓는다. 파르베네는 공감하면서 그의 손을 잡아 준다. 마치 기찻길에서 이웃의 손을 잡고 플랫폼으로 올라섰던 것처럼 오베는 그의 손을 잡고 과거에서 벗어나 현실로 돌아온다. 그리고 오베는 루네를 강제이송하러 온 공무원을 물리치고 트라우마에서 벗어난다. 오베는 루네와도 화해를 한다. 그는 남은 시간을 이웃과 행복하게 지내다가 심장마비로 죽는다.

오베는 죽기 전에 성장한다. 어머니를 일찍 여의고 자동차 이야기 외에 말도 없고 자주 안아 주지도 않는 아버지 밑에서 크면서 사람들과 감정적으로 소통하는 법을 배우지 못한다. 그리고 오베는 어른이 되기 진에 아버지까지 사고로 잃게 된다. 거기에

••

와이셔츠 공무원에게 유산인 집까지 잃게 되면서 오베는 누구에게도 마음의 문을 열지 않은 외톨이가 된다. 오베에게 남겨진 것은 아버지에게 배운 질서와 규칙으로, 그가 세상을 대처하는 유일한 방식이 된다. 그런 오베에게 어느 날 소냐가 찾아왔고 오베 마음속 모성애의 결핍을 소냐가 채워 주면서 오베는 소냐에 심적으로 의존하게 된다. 그리고 소냐가 없는 삶은 그에게 무의미한 것이 된다. 즉 오베는 노인이 됐지만 그의 마음속에는 여전히 어머니 품에서 벗어나 세상 밖으로 나가기가 두려운 어린아이가 숨어 있는 것이다. 그를 다독이면서 세상 밖으로 나올 수 있도록 용기를 준 것은 파르베네를 비롯한 이웃의 친절, 공감, 이해였다. 오베는 죽기 전에 이웃의 도움으로 비로소 성숙한 어른으로 다시 태어난다.

님아, 그 강을 건너지 마오

감독: 진모영
출연: 강계열, 조병만
개봉: 2014년
제작사: 아거스 필름

(한국, 86분)

초고령 부부의 사별

사랑한다는 것과 함께한다는 것

"내가 빨리 가지 않으면 나를 데리러 와 줘요."

2014년 개봉한 〈님아, 그 강을 건너지 마오〉는 480만 명의 관객을 동원하여 우리나라 독립예술영화 역사상 최고 관객 수라는 기록을 세웠다. 지금까지도 그 기록은 깨지지 않고 있다. 이런 흥행이 가능했던 이유는 세대 불문하고 좋은 평가를 얻었기 때문이다. 노인이 주인공으로 나오는 다큐멘터리인데도 불구하고 관객의 반 이상이 20대였다. 당시 뉴스 기사를 보면 이 영화는 20대 관객의 감성을 자극하였고 20대는 이 영화를 '멜로 영화'로 소비하였다고 한다.

진모영 감독은 2011년도에 방영한 KBS TV 프로그램 인간극장 〈백발의 연인〉에서 이 부부의 사랑 이야기를 보고 제작을 결심했다고 한다. 그렇게 2012년에 8월에 촬영을 시작해 2013년 11월 할아버지가 돌아가실 때까지 15개월 동안 촬영을 했다.

〈님아, 그 강을 건너지 마오〉는 76년을 천생연분 연인으로 살았던 98살의 조병만 할아버지와 89살의 강계열 할머니의 사랑 이야기다. 노부부는 강원도 횡성의 작은 마을에서 76년간이나 단둘이 살았다. 부부의 일상은 느리고, 때로는 힘에 겹지만 즐겁고 행복한 일도 많았다. 이러한 소소한 일상을 그리는 이 영화는 할아버지의 건강이 점점 악화되기 시작하면서 점차 비극이 된다. 영원한 이별이 찾아오고 할머니는 할아버지의 무덤가에서 슬퍼하며 곧 따라갈 거라고 말하면서 막이 내린다.

이 영화는 초고령 부부의 삶의 몇몇 주제와 각각의 디테일을 보여 준다. 일단 이 나이까지 부부가 같이 살 수 있는 확률이 적다. 지금이야 100세 시대를 당연하게 생각하기에 이르렀지만 그럼에도 불구하고 초고령, 그것도 독립적인 생활을 영위하는 부부는 극히 적다. 이 영화로 인해 우리는 그들의 삶을 조금이나마 이해할 수 있는 여지가 생겼다.

90대 부부의
삶과 사별

예전에는 상가에 조문을 가면 고인이 80세만 넘어도 '오래 잘 사셨다.'는 덕담을 나누었다면 이제는 노인 인구 증가와 기대수명 증가로 인해 초고령 노인들의 삶에 대한 인식을 새롭게 해야 할 때이다. 노년기에 접어드는 65세 이상 노인 인구 중에서 85세 이상인 노인들을 초고령 노인(oldest-old)이라고 한다. 고령화가 심각한 사회적 문제로 인식될 수 있는 현 시점에서 우리나라 85세 이상 초고령 노인의 비율은 10.1%를 차지하면서 빠른 증가 추세를 보이고 있다.[1] 초고령인 노부부만 사는 고령가족이나 사별 등에 따른 초고령자 단독가구라는 가족 형태가 늘어나고 있지만, 정작 이들의 삶에 대해 아는 것이 별로 없다.

영화 〈님아, 그 강을 건너지 마오〉는 초고령 노인 부부의 삶, 특히 부부의 서로를 향한 사랑에 집중한 영화다. 제목은 고대가요 〈공무도하가(公無渡河歌)〉를 풀어쓴 것인데, 원작의 여성 저자의 애끓는 한탄처럼 이 영화는 할아버지가 삶을 마치며 비극으로 끝난다. 부부의 사랑은 '새드 엔딩'을 맞았지만 그 사랑에 대한 사람들의 반응은 자못 컸다. 아직까지도 다큐멘터리 역사상 최고 관객 수라는 타이틀을 유지하고 있는 것도 그렇고 최근에는 노부부의 일상을 조명하는 글로벌 시리즈의 제작으로 이어졌다. 2021년 넷플릭스 제작 6부작 다큐멘터리 〈님아, 여섯 나라에서 만난 노부부 이야기(My Love: Six Stories of True Love)〉가 바로 그것이다.

〈님아, 그 강을 건너지 마오〉의 감독은 세계 각국 노인 부부의 삶과 사랑을 주제로 한 이 6부작 다큐멘터리의 총감독을 맡아 미국, 스페인, 일본, 브라질, 인도, 그리고 한국 노부부의 '함께 나이듦'을 바라본다. 한국 편 〈생자와 영삼〉에는 보길도에서 전복을 양식하는 노부부의 이야기가 담겼다. 각국 노인 부부의 소소한 일상을 비교하는 것도 재미있지만 각국이 놓여 있는 사회적 현실에 따른 노인 문제도 함께 다루어지면서 여러 생각을 하게 한다. 그러니까 멜로적인 흐름에서 느껴지는 감동과 사회적 문제에 대한 성찰을 하게 한다는 점에서 다큐멘터리의 장점을 잘 살리고 있다고 하겠다. 글을 몰랐던 강계열 할머니가 그간 한글학교에서 글을 익혀 한국 편의 타이틀 글씨를 쓴 것 역시 이 두 '님아'의 연결을 상징하고 있다.

독립생활에의
의지와 역량

영화는 시종일관 불편한 시골집에서 함께 살아가는 노부부를 비춘다. 할아버지는 예전 어느 집 머슴으로 살았다고 한다. 젊어

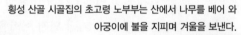
횡성 산골 시골집의 초고령 노부부는 산에서 나무를 베어 와 아궁이에 불을 지피며 겨울을 보낸다.

서부터 나무를 해 왔고, 80이 넘어서도 산에 가서 나무를 베어 자신의 키보다 높이 지게에 지고 집으로 돌아오는 일상을 이어 간다. 여전히 아궁이에 불을 때는 할머니도 마찬가지이다. 이들은 자녀를 많이 낳았지만 일부는 어려서 세상을 떠났고, 장성한 자녀들은 다 읍내에 살거나 멀리 도시에 산다.

노인의 독립생활이 가능한지를 판단하는 척도는 현대 사회복지에서 중요한 부분을 차지하는데 이런 측면에서 이 노부부의 생활을 분석할 수 있다. 가장 기초적인 단계부터 위로 올라가 보자. 일단 일상생활수행능력(Activities of Daily Living: ADL)이라는 지표가 있다. 일상생활수행능력은 카츠(Katz) 등이 제시한[2] 이래 이 분야에서 세계적으로 가장 많이 사용되는 도구 중의 하나이다. 흔히 일상생활의 활동들이라고 간주되는 기본적인 사항을 홀로 해낼 수 있는지를 판단하는 척도이다.

목욕, 의복 입기, 화장실 가기, 거동, 변 가리기, 식사하기의 6가지 일상생활 행위를 놓고 노인 본인이 스스로 진단하거나 노인을 충분히 관찰할 기회가 있었던 가족이나 의료전문가 등이 3단계로 판단한다. '가'를 독립적인 생활이 가능한 단계, '나'와 '다'를 그렇지 않은 단계로 보며 '다'가 어려움이 가장 중한 상태이다. 6가지의 일상생활 활동 중 가장 먼저 어려움에 처하는 능력이 목욕 능력이고 음식물 섭취 능력이 가장 늦게 손실된다고 한다. 이 척도는 노인의 기본적인 기능의 변화를 감시하고, 또한 치료의 효과를 평가하는 용이한 수단이 된다.

이런 ADL을 가장 잘 판단할 수 있어 가장 많이 쓰이는 도구로 바델지수를 꼽는다. 우리나라에서는 실정에 맞게 보완하여 한국판 수정바델지수(Modified Bathel Index: MBI)를 만들었다.

여기에서 9번이 두 가지인 것은 보행이 가능할 경우 보행, 불

한글판 수정바델지수 점수 체계

항목	1 과제를 수행할 수 없는 경우	2 과제를 시도할 수 있지만 안전하지 않은 경우	3 중등도의 도움이 필요한 경우	4 최소의 도움이 필요한 경우	5 완전히 독립적인 경우
1. 개인위생	0	1	3	4	5
2. 목욕하기	0	1	3	4	5
3. 식사하기	0	2	5	8	10
4. 용변 처리	0	2	5	8	10
5. 계단 오르내리기	0	2	5	8	10
6. 옷 입기	0	2	5	8	10
7. 배변 조절	0	2	5	8	10
8. 배뇨 조절	0	2	5	8	10
9. 보행	0	3	8	12	15
9. 휠체어	0	1	3	4	5
10. 의자/침대 이동	0	3	8	12	15

가능할 경우 휠체어 항목으로 적용하면 된다. 휠체어 항목이 적용될 경우 총점은 100점이 아니라 90점으로 내려간다. 의존도에 따라 독립 수준을 5단계로 나누는데 1단계(0~24점)는 완전 의존으로 수행 불가를 나타내며, 2단계(25~49점)는 심한 의존, 3단계(50~74점)는 중등도 의존, 4단계(75~90점)는 경도 의존, 그리고 5단계(91~100점)가 가장 좋은 최소 의존을 나타낸다. 만일 1단계 판정을 받으면 국가로부터 주당 27시간의 도움을 받을 수 있다.

이런 ADL이 가장 기본적인 단계의 일상생활수행능력에 관한 평가라면 수단적 일생생활수행능력(Instrumental Activities of Daily Living: IADL)이라는 것은 그보다 높은 수준의 지표이다. 이는 노인이 독립적인 생활을 영위하는 데 좀 더 복잡한 기능을 평가하기 위한 것이다. 이 IADL 지표는 8가지 영역에 걸쳐 수행능력을 평가한다.

- 전화 사용 능력
- 외출이나 여행 능력
- 시장을 볼 수 있는 능력
- 식사 준비 능력
- 집안일을 수행할 수 있는 능력
- 빨래할 수 있는 능력
- 제대로 약을 복용할 수 있는 능력
- 금전 관리 능력

이 역시 우리나라의 상황을 반영하여 수정된 한국판 도구적 일상생활능력(K-IADL) 지표가 나와 있다. 실제로 K-IADL에 나와 있는 영역들을 보면 ADL보다는 좀 더 복잡한 기능이면서도 이 역시 독립생활을 영위하는 데 반드시 필요한 능력들이라고 할 수 있

읍내 5일장에서 커플 한복을 입은 노부부의 모습이
지역 신문에 실리면서 유명해졌다고 한다.

한국판 도구적 일상생활능력(K-IADL) 지표

항목	0	1	2	3	
1. 시장 보기 상점에 가서 계획한 물건을 잊지 않고 돈 계산에 실수 없이 구매합니까?	혼자 가능	약간 도움이 필요	많은 도움이 필요	불가능	해당 없음
2. 교통 수단 이용 대중교통을 이용하거나 스스로 운전해서 길을 잃지 않고 목적지에 갑니까?	혼자 가능	약간 도움이 필요	많은 도움이 필요	불가능	해당 없음
3. 돈 관리 용돈을 관리하고, 은행에 가서 저축을 하는 등의 돈과 관련된 일을 처리합니까?	혼자 가능	약간 도움이 필요	많은 도움이 필요	불가능	해당 없음
4. 기구 사용과 집안일 하기 진공청소기, 다리미 등의 기구들을 잘 다루고 일상적인 집안일(예: 청소, 화 초 물주기, 설거지)을 예전처럼 말끔하게 합니까?	혼자 가능	약간 도움이 필요	많은 도움이 필요	불가능	해당 없음
5. 음식 준비 적절한 식사를 계획하여 재료를 준비하고, 예전과 같이 맛있게 음식을 만듭니까?	혼자 가능	약간 도움이 필요	많은 도움이 필요	불가능	해당 없음
6. 전화 사용 필요한 전화번호를 수첩에서 찾거나 기억하여 전화를 겁니까?	혼자 가능	약간 도움이 필요	많은 도움이 필요	불가능	해당 없음
7. 약 복용 시간과 용량을 지켜 약을 먹습니까?	혼자 가능	약간 도움이 필요	많은 도움이 필요	불가능	해당 없음
8. 최근 기억 약속, 어제의 일, 다른 사람에게 전달할 전화 내용 등을 기억합니까?	혼자 가능	약간 도움이 필요	많은 도움이 필요	불가능	해당 없음
9. 취미 생활 종교, 독서, 바둑, 장기, 화투, 산책, 등산, 운동 등의 예전에 하던 취미를 그대로 잘 수행합니까?	혼자 가능	약간 도움이 필요	많은 도움이 필요	불가능	해당 없음
10. 텔레비전 시청 집중해서 텔레비전을 보며 그 내용을 이해합니까?	혼자 가능	약간 도움이 필요	많은 도움이 필요	불가능	해당 없음
11. 집안 수리 못 박기나 전구 끼우기 같은 집안 잡일을 수행합니까?	혼자 가능	약간 도움이 필요	많은 도움이 필요	불가능	해당 없음

연출된 장면이지만 할아버지의 사랑은 연출되지 않는다.

다. 각 항목은 0에 가까울수록 독립적임을 나타낸다. IADL가 ADL 보다 더 수준이 높은 수행능력을 나타내므로 노인들은 IADL의 저 하를 먼저 경험하고 이후 ADL의 기능까지 내리막길을 걷게 된다. 이 두 지표는 한국 노인의 일상생활수행능력에 대한 평가를 담당 하므로 노인의 의료, 건강, 사회복지에 관련된 종사자라면 잘 알 고 있지만 노인을 모시거나 지근거리에서 돌보는 자녀들은 물론 혼자 사는 노인들도 자신의 상태를 판단하는 데 좋은 참고가 될 수 있다.

초고령기에는 당연히 이런 ADL과 IADL이 크게 떨어지는 것이 일반적이다. 우리나라의 한 조사에서도 85세 이상의 절반 이상이 신체기능이 급격하게 떨어져 식사, 목욕, 청소 등 일상생활을 하 는 데 크게 어려움을 겪는 것으로 나타났다. 85세 이상 노인 중 절 반도 채 안 되는 사람만 정상적인 일상생활이 가능한 셈이다. 특 히 85세 이상 노인 4명 중 1명은 간병인의 도움 없이는 걷거나 식 사조차 할 수 없는 것으로 나타났다.[3]

　　전문가들은 이러한 실태의 주요 원인 중 하나를 '근육 감소'로 파악한다. 노년기에는 노화 진행에 따라 근육이 줄어드는데, 근육이 줄어들면 몸을 잘 움직이기 힘들어 낙상이나 다른 신체기능 장애를 유발한다. 과거 근육 감소는 어느 정도 고령화의 자연적인 현상으로 여겼으나 최근에는 세계보건기구를 비롯해 여러 전문가들이 적극적으로 근육 감소를 막기 위한 예방책을 내놓고 있다. 현재까지는 근력운동과 단백질 섭취가 유일한 예방책이므로 끼니마다 적절하게 단백질을 챙겨 먹고 체력에 맞는 근육운동을 찾아 꾸준히 하는 것이 필요할 것이다.[4] 가장 쉬운 근력운동은 의자에 앉았다 일어서기를 10회 반복하면 된다고 한다.[5] 질병관리청 국가건강정보포털에서는 운동이 노인의 생활 기능 향상에 필수적이며, 같은 운동이라도 65세 미만과 비교해서 노인이 더 큰 건강상 이익을 얻을 수 있음을 홍보하고 있다.

운동이 노인의 건강에 미치는 영향

조기 사망 감소
심혈관 질환 감소
정신 건강 증진
대사 질환 감소
암 발생 감소
건강 체중 유지
생활 기능 향상
근골격 건강 증진

출처: 국가건강정보포털.

한편 IADL은 노인의 일상생활 유지는 물론 사회적 생활을 위한 기본적인 능력 수준을 포함하므로 IADL 기능 저하는 노인의 사회활동의 지표도 될 수 있다. IADL 기능 저하로 사회생활이나 대인관계가 어려워지면 신체적·정신적 건강 수준과 삶의 질에 영향을 미친다.[6] 나이가 들더라도 신체적인 건강을 유지하고 활발한 사회참여를 통해 노년기에도 자립적인 생활을 영위하려면 IADL이 나타내는 도구적 일상생활수행능력은 타인의 도움 없이 일상생활을 수행하기 위해 충족되어야 하는 필수적인 부분이다. 따라서 노인의 IADL 기능을 저하시키는 요인을 확인하고 대응한다면 초고령기 노인의 자립생활의 시기가 지금보다 늘어날 수 있을 것이다.

영화 속에서도 노부부는 가족모임, 노인회 나들이 등 가족, 친구, 이웃, 또래 노인과 소통하는 모습을 보인다. 이렇게 사회적 교류가 있는 노인은 가족이나 타인과의 왕래가 거의 없는 노인에 비해 완전 자립이 두 배 이상 더 높았다는 연구도 있다. 노인교육에 관심 있는 사람들이라면 지역사회 노인의 독립적인 생활을 위해 이들이 터놓고 이야기하고 교류할 수 있는 소규모 모임을 지원하는 것의 중요성을 생각해 보고 적극적으로 노인의 사회적 지지망을 만들고 확충하는 데 노력해 볼 필요가 있다.[7]

살던 곳에서 늙어 가기

노인들이 되도록 오랫동안 자신의 집에서 살아가도록 돕기 위해서는 이를 가능하게 하는 개인적·사회적 논의가 필요하다. 이것이 '에이징 인 플레이스(aging in place)', 우리말로는 '살던 곳에서 늙어 가기'이다. 즉 '에이징 인 플레이스'는 노인의 독립적인 생활 환경과 이를 지지하는 정책을 포괄한다.

현재 고령자만 사는 가구가 늘어나고 있는 것도 지금이 '에이징 인 플레이스'를 논의해야 할 시점임을 알려 준다.[8] 2023년 통계청 조사를 보면 60세 이상 고령자 중 현재 자녀와 따로 살고 있는 사람은 68.4%였다. 자녀와 따로 사는 주된 이유는 따로 사는 것이 편해서(37.1%), 본인 또는 배우자의 독립생활이 가능(29.6%), 자

자녀와 비동거 비중

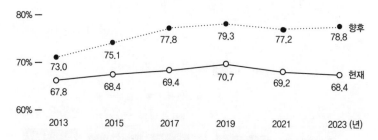

자녀와 같이 살지 않는 이유

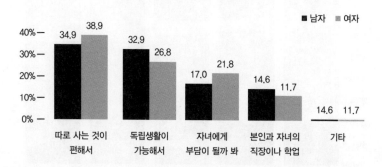

출처: 통계청(2023). 2023년 사회조사 결과: 복지 사회참여 여가 소득과 소비 노동. 정책브리핑 보도자료.

녀에게 부담이 될까 봐(19.6%) 순으로 나타났다. 또한 향후에도 자녀와 같이 살고 싶지 않다고 응답한 사람은 78.8%로, 2년 전보다 증가한 것도 주목할 만하다. 같이 살지 않는 이유도 '따로 사는 것이 편해서'가 제일 많다. 남성보다 여성이 좀 더 자녀와의 비동거를 희망한다.

이런 변화가 갈수록 더욱 심화되고 있다는 것은 2008년부터 2020년까지의 노인의 가구 형태의 변화를 보여 주는 아래 도표에서도 뚜렷이 나타난다.[9] 노인 부부 가구는 노인 독거 혹은 자녀 동거 가구에 비해 전반적인 삶의 질 수준, 건강, 자녀 관계, 친구 및 지역사회 관계에서 모두 삶의 질에 대한 평가가 높은 편이라는 연구 결과가 있다.[10] 이들이 행복한 말년을 함께 보낼 수 있도

2008~2020년 노인 거주 형태의 변화

■ 노인 독거 ■ 노인 부부 ■ 자녀 동거 □ 기타

	2008년	2011년	2014년	2017년	2020년
기타	5.6	4.6	4.0	4.4	1.7
자녀 동거	27.6	27.3	28.4	23.7	20.1
노인 부부	47.1	48.5	44.5	48.4	58.4
노인 독거	19.7	19.6	23.0	23.6	19.8

출처: 이윤경 외(2020). 2020년도 노인실태조사. 보건복지부 한국보건사회연구원.

록 하는 사회적 지혜가 절실한 순간이다.

이렇게 노인이 독립적으로 오래오래 살던 집에서 살아가려면 일단 물리적 주거환경 개선이 핵심이다. 노년기, 특히 초고령기에는 장애인을 위한 시설이 곧 노인을 위한 시설이 되는 경우가 많다. 최근 노인을 위해 '배리어 프리(barrier-free)' 즉, 무장애 주택에 대한 관심이 늘어나고 있다. 기존 주택을 집안 구석구석을 노인이 살기 편리하도록 고쳐 주는 사업을 실시하는 지방자치단체도 늘고 있다.

초고령의 노인에게는 이 모든 것이 거의 다 필요하겠지만 ADL에서 많은 부분을 차지하는 개인위생, 목욕, 용변 등이 수행되는 화장실의 중요성이 큰 것 같다. 한 의학전문 기자가 기고한 글에서 이를 잘 볼 수 있다.[11] 나이가 들수록 변기, 욕조, 세면대에 갈 일이 많아지기에 집에서 가장 중요한 장소가 '화장실'이지만 그런 만큼 가장 위험한 곳도 화장실이라는 것이다. 신체 기능이 떨어져 화장실, 욕실 사용이 점점 힘들어지거니와 물기가 많은 곳이라 미끄러질 우려도 허다하고, 한번 낙상하면 젊은이와 다르게 회복이 어렵기 때문이다. 대부분의 집 화장실은 휠체어가 들어가기도 힘든 구조이므로 노인에 맞는 공사가 필요하다. 문을 넓히고 한쪽 손만 무리하게 쓰지 않도록 휴지걸이를 양쪽에 둔다거나 휠체어 타는 고령인을 위해 화장실 천장에 들어서 이동시키는 크레인을 설치하여 목욕이나 세수를 할 때 미끄러지거나 넘어지는 것을 방지할 필요도 있다. 노인의 독립생활을 응원하는 자녀들은 지금부터라도 부모님의 삶을 유심히 관찰하고 필요한 시설 목록을 참고하여 부모님의 집에 필요한 수리를 계획할 수 있을 것이다.

- 안전손잡이　　○ 높이 조절 세면대
- 경사로　　　　○ 낮은 층고
- 넓은 현관문　　○ 넉넉한 공간
- 휠체어 고려 화장실 ○ 안전한 전기콘센트
- 안전한 바닥재　○ 안전한 문턱
- 안전한 계단　　○ 안전한 창문

　노인을 보다 오래 자기 집에 거주하게 하는 이런 노력이 개인의 노력에만 머물러서는 안 된다. 현재 장기요양 재가수급자가 살던 집에서, 익숙한 지역사회에서 계속 거주할 수 있는 기반을 마련하는 일이 한창이다. 2023년 「노인장기요양보험법」 개정으로 통합재가서비스 제공의 법적 근거를 신설(제23조 제3항 및 제4항)함으로써, 의료·요양 등 복합적 욕구를 가진 노인의 '에이징 인 플레이스'가 눈앞에 와 있다. 이미 침실이나 화장실 또는 거실에 설치하는 활동량 감지기, 화장실에 부착된 응급 호출기 등, 하루가 멀다 하고 놀라움을 안겨 주는 과학기술의 진보 역시 고령 세대

높이 조절 세면대 예시

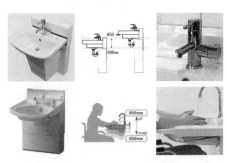

출처: 행정안전부 주민복지서비스개편추진단(2021).
2021년 노인돌봄 전달체계 개편 시범사업주택개조서비스 운영 매뉴얼.

및 독거노인이 일상생활에서 겪는 어려움을 해소하고 안전하고 행복하게 살 수 있도록 지원할 것이다.[12]

노인에게 물리적 환경 못지않게 중요한 것이 심리적 영향 요소이다. 거주지의 물리적 환경 요인은 물론 심리적 환경 요인에 대한 연구가 활발하다. 노인에게 있어 환경의 변화는 청년에 비해 압박감이 매우 크다고 한다. 시력, 청력, 체력의 감퇴로 인하여 인지능력이 상실되어 가고 있는 노인에게는 감각과 관습적 행동으로 환경을 인지하여 안정감을 높이고자 하는 심리가 매우 높아진다고 한다.[13] 자신의 집에서 생을 마감하고자 하는 욕구는 물리적 환경과 심리적 환경이 동시에 작용한다고 할 수 있다. 이는 지금까지 살아왔기 때문에 그곳에서 살아야 한다는 관습적 태도에서 기인한 것이 아니라 각자 살아온 삶의 방식과 인간 본연의 심리적 태도에서 기인하는 것이다.[14] 고령친화도시(Age-Friendly City), 고령친화지역사회(Age-Friendly Community) 개념 역시 노인이 지역사회에서 행복하도록 지원하는 새로운 움직임이라고 할 수 있다. 핵심은 노인이 좀 더 오래, 좀 더 편안히 집과 동네에서 생활할 수 있도록 하는 지원일 것이다.

〈님아, 여섯 나라에서 만난 노부부 이야기_미국편〉의 노부부 진저와 데이비드의 이야기는 바로 이 이슈를 담고 있다. 부부는 요양시설로 들어가라는 권유를 받지만 거절하고 계속 집에서 둘이 살아간다. 하나둘 쇠약해지고 치매 등으로 고통 받는 친구들을 방문하는 등, 두 사람은 가능한 범위에서 남아 있는 삶을 소소하게 즐기려 노력한다. 결혼 60주년을 맞아 둘만의 여행을 가고, 마을 주민들의 깜짝 축하파티에 기뻐도 하고, 지역 축제에서 각자 몫을 맡기도 한다.[15] 노인이 살던 곳에서 자연스럽게 늙어 간다는 것이 무엇인지, 그 하나의 좋은 사례를 만날 수 있다.

•

사별 후,
비탄과 애도의 시간

영화는 후반부 할아버지의 병환이 깊어지며 어두운 색채를 띠더니 할아버지의 죽음으로 그 끝을 맺는다. 홀로 남겨진 할머니의 비탄과 애도가 고대 시가 〈공무도하가〉의 한 구절로 제목에 그대로 담겼다. 짧지만 비극적인 아름다움이 절절한 시가이다.

공무도하公無渡河 (임아 그 물을 건너지 마오)

공경도하公竟渡河 (임은 끝내 물을 건너셨네)

타하이사 墮河而死 (물에 빠져 돌아가시니)

당내공하 當奈公何 (가신 임을 어찌할꼬)

지금 성인 세대는 대개 이 구절을 학교에서 국어 시간에 배웠다. 〈공무도하가〉는 머리가 허연 미친 노인, 즉 백수광인(白首狂人)의 처가 지었다고 전해온다. 마지막 소절에서 남편을 잃은 여인의 슬픔과 체념, 즉 비탄(grief)이 느껴진다. 남겨진 사람이 느끼는 감정인 비탄의 처리는 남은 삶에 큰 영향을 미친다. 흔히 '산 사람은 살아야지.'라고 쉽게 말하지만 이것이 사실은 무척 어렵다.

알폰스 데켄(Alfons Deeken)은 사랑하는 이를 잃은 사람의 비탄에 대해 우리에게 이해할 수 있는 설명과 애도를 실천할 수 있는 방법을 제시했다. 그는 독일 사람으로 일본으로 건너와 대학에서 가르치면서 많은 말기 환자와 가족들을 상담하며 수많은 연구와 저술을 남겨 일본 사생학(死生學, thanatology)의 원조로 일컬어진다. 그는 사랑하는 사람의 죽음에 수반되는 비탄을 겪는 과정을 12단계로 나누어 제시한다.[16]

12단계 비탄의 과정

단계	핵심 감정	설명
1	정신적인 타격과 마비 상태	일시적으로 충격에 의해 현실감각이 마비된 것 같은 상태가 된다.
2	부인	사랑하는 사람이 죽었다는 사실을 감정적으로 받아들이지 않거나 이성적으로도 인정하려 하지 않는 상태가 된다.
3	패닉	가까운 사람의 죽음에 직면했던 두려움이 패닉 상태를 부른다.
4	분노	충격에서 어느 정도 벗어나자 슬픔과 함께 부당하게 고통을 감내할 수 없다는 분노가 솟구친다.
5	적의와 원망	주변인들에게 적의와 원망의 감정을 터뜨리기도 한다.
6	죄의식	비탄의 감정을 상징하는 반응으로 남겨진 사람이 과거 자신의 행동을 후회하고 책망한다.
7	공상과 환상	공상을 통해 죽은 사람이 아직 살아있는 듯한 생각에 사로잡히거나 실제 생활에서도 이처럼 행동한다.
8	고독감과 억울함	장례식이 끝나고 찾아오는 사람도 줄어들면서 극복하기 힘든 고독과 적막감이 온몸을 휘감는다.
9	정신적 혼란과 무관심	하루하루 생활 목표를 잃어버린 공허함으로 인해 무언가를 할 수 있는 기력을 잃어버린 상태가 된다.
10	체념과 수용	사랑하는 사람이 이 세상에 없다는 현실을 분명하게 응시하고 수용하려는 노력이 시작된다.
11	새로운 희망 – 유머와 웃음의 재발견	고뇌에 찬 비탄의 과정을 겪는 동안 누구나 어두운 시간이 언젠가는 지나가고 미소를 되찾는다.
12	회복	사랑하는 사람을 잃어버리기 이전으로 돌아가는 것이 아니라 고통스러운 경험을 통해 더욱 성숙한 인격, 새로운 정체성을 획득한다.

고통스러운 단계들을 거쳐 도달하는 최종 단계는 그저 죽음이 가져온 이별 이전이 아니다. 고통스러운 경험을 통해 새로운 정체성을 획득한다는 것이 중요하다. 노부부의 경우 사별한 사람이 겪는 심리적 상태를 이해하고 이들이 배우자에 대한 좋은 추억을 가슴에 안고 살아갈 수 있도록 도울 수 있는 사람들은 노인 상담자이다. 사별 후 노인이 이런 상담을 받을 수 있다면 남겨진 노인들의 삶이 조금 수월할 것이다.

사별로 인한 비탄의 처리와 애도뿐만 아니라 남아 있는 배우자가 일상생활에 잘 적응하고 새로운 관계를 형성할 수 있도록 돕는 것도 매우 중요하다. 예를 들어 아내가 먼저 죽고 남편이 홀로 남은 경우, 음식을 하거나 살림을 하는 등의 일상생활이 낯설고 막막하게 느껴질 수 있다. 이후의 생활을 어떻게 하고 누구로부터 필요한 도움을 얻을 것인지에 대해 상담자가 함께 계획을 세우고 거처 및 생활 전반에 대한 대책을 마련하는 것이 필요하다. 이후에 우울이나 자살 충동 등의 심리적 어려움이 있을 수 있음에 대해 충분히 예견하게 돕고, 사별 후 갑자기 신체적으로 약해질 수 있는 점에 대해서도 미리 알고 대비할 필요가 있다. 사별의 경험은 배우자 한 사람의 문제가 아니라 가족 전체의 문제이기도 하다. 남겨진 노인이 혼자 살더라도 자녀 및 가족들이 지속적인 만남을 유지한다면 함께 이 시기를 헤쳐 나갈 수 있다.

혼자된 노인의 시간, 위도우후드

마지막으로 영화 속 홀로 남겨진 할머니의 삶을 들여다보자. 이런 고령자 1인 가구는 여러 가지로 취약하다. 2020년 기준 65세 이상 고령층의 36.9%가 경제활동을 하고 있으며, 고령자 1인 가구의 경제적 활동 이유의 73.9%는 생계비 마련 때문으로 나타났는데,[17] 홀로 남겨진 이가 여성일 경우 이들의 경제적 취약성은 남성의 상황을 상회한다. 그런데 〈님아, 그 강을 건너지 마오〉에서처럼 남겨지는 이들은 대개 여성이다. 여성은 자신보다 나이가 많은 남성과 결혼을 하는 경우가 많고 남성보다 5년에서 7년 정도를 더 산다고 한다.[18] 그러니 초고령기 인구는 여성이 남성보다 훨씬 많을 수밖에 없고 이런 여성들이 배우자 사별 이후 살아가는 시기, 즉 위도우후드(widowhood)에 대한 특별한 관심이 필요하다.

통계청이 발표한 〈통계로 보는 여성의 삶〉을 확인하면 이 시기를 살아가는 여성 노인이 가진 문제가 조금 더 확연히 보인다. 2019년 기준 여성 1인 가구는 309만 4,000가구로 2010년과 비교하여 1.4배 규모로 커졌는데 여성 1인 가구 중 50~60대 비율은 2010년 29.6%에서 2019년 31.4%로 가장 크게 증가하였다. 2019년 여성 1인 가구는 70세 이상(28.0%)이 가장 높고, 다음으로 60대(17.3%), 20대(17.2%) 순이다. 즉, 여성은 60대 이상의 1인 가구 비중(45.3%)이 높고 30~40대의 비중이 상대적으로 낮은 반면, 남성 1인 가구는 20~50대까지 20% 내외로 비교적 고르게 분포되어 있고 60대 이상의 1인 가구 비중은 여성보다 낮은 것을 보면 확실히 고령 여성 노인 1인 가구는 우리 사회의 문제가 아닐 수 없다.[19]

지역별로도 이런 변화는 감지된다. 예를 들어 서울에 사는 노인 1인 가구의 무려 75%는 여성이며 이들은 경제 문제로 인해 사회적 고립 위험에 처해 있다고 한다.[20] 그러니까 노인 1인 가구의 증가는 사실상 여성 노인 1인 가구의 증가로 봐도 무방하다. 이들은 생애 주기상 경제적 자립을 위한 자본이 부족하여 사회적 고립 가능성이 높고, 고립은 곧 생존권 위협으로 직결된다. 즉, 여성 독거노인은 여성의 취약성과 독거노인의 취약성을 함께 갖고 있다. 이들이 경제적 능력이 떨어지는 것이 분명한 이상 이들에 대해 어떤 지원을 할 것인가는 매우 중요한 과제가 될 것이다.

우리나라는 일찍부터 고령화를 경험한 선진국들만큼 고령자를 위한 사회보장제도가 발달하지 못한 상태이므로 자녀를 포함

연령별 1인 가구 구성비(2019년)

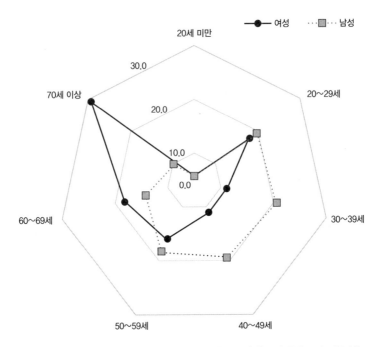

출처: 통계청(2020). 통계로 보는 여성의 삶.

한 가족이 가장 중요한 사회경제적 지원자였다. 그런데 현재 노인들의 노후 생활비 마련에 대한 태도를 살펴보면, 40.6%는 본인 스스로, 27.0%는 본인과 사회보장제도로 응답하고 있다. 사회보장제도라는 응답은 22.3%, 본인과 자녀 5.3%, 특히 자녀라는 응답은 4.7%에 불과하다. 본인 스스로 노후 생활비를 마련하고자 하는 응답이 더 높지만 성별에 따라서 차이를 보인다. 여성 노인은 남성 노인에 비해 상대적으로 사회보장제도(23.6%), 또는 자녀의 도움(11.1%)을 필요로 한다는 응답이 더 높다.[21] 이런 상황에서 자녀와의 동거가 여의치 않거나 스스로 원하지 않는 경우 여성 독거노인의 삶은 큰 위협을 받게 될 것이다.

이런 상황을 개선하려면 우선 지금부터라도 여성 노인의 삶을 사회지표로 관리해야 한다.[22] 성별 통계는 1970년대 양성평등이 각국에서 주요 의제로 채택되면서 필요성이 부각됐다. 국내에서는 2002년 여성발전기본법이 개정돼 인적 통계에서 성별 통계를 작성하도록 한 데 이어, 2007년 통계법 개정으로 정부기관이 작성하는, 자연인이 포함된 모든 국가 승인 통계에 성별을 구분하도록 의무화했다. 앞으로 여성 독거노인의 삶을 성별 통계로 잘 들여다본다면 단순히 고립과 생존권의 문제뿐 아니라 사회적 관계망의 형성 또는 유지로 인한 적극적이고 활기찬 노후 생활도 지원할 수 있을 것이다. 여성 독거노인이 느끼는 우울증의 방치는 자살로 연결되는 주요 원인이 되기도 한다. 여성 독거노인은 사별을 시작으로 가족 간의 단절, 가정 내 학대 등 여러 부정적 정서를 경험할 수 있으므로 주관적 인식에 관한 긍정적 개선과 우울감 완화를 위한 심리적 치유가 동반되면 좋을 것이다. 고령기 초반에는 배우자와의 관계가 중요하지만 나이가 들어서 노년기 후반으로 갈수록 배우자와의 사별로 성인 자녀가 중요한 지원을 제공하며, 노인에게 큰 영향력을 나타내므로 자녀와의 관계에도 관심을 기울여야 한다.[23]

강계열 할머니는 횡성읍내에 사는 막내딸네로 들어가 살고 계신다고 한다. 2023년에는 99세를 맞아 백수연 잔치를 했다는 뉴스가 전해졌다. 65세 이상 고령자 가구는 지금 이 순간에도 계속 증가하고 있다. 2039년에는 천만 가구를 넘고, 2050년에는 우리나라 전체 가구의 절반(49.8%)으로 전망된다고 한다.[24] 이런 변화는 노인 자신을 비롯, 가족과 이웃, 그리고 전문가들의 새로운 역할과 과업이 될 것이다.

•

미장센

영화보다 더 영화 같은 사랑
잉꼬 부부의 멜로드라마

〈님아, 그 강을 건너지 마오〉는 행복한 노부부의 삶을 흔드는 할아버지의 병환이 죽음으로 이어지면서 비극적인 엔딩을 보여 준다. 그러나 이 다큐의 초반부는 역시 대부분의 멜로드라마처럼 노부부의 사랑스런 에피소드들로 채워진다. 이는 대부분 이 영화의 출발이 된 KBS 인간극장 〈백발의 연인〉에서 나오는 사건들을 극영화처럼 재연한 것이다. 예를 들어 낙엽을 서로 던지며 장난치는 장면, 밤에 화장실에 간 할머니를 위해 할아버지가 노래를 부르는 장면, 할머니가 냇가에서 빨래할 때 할아버지가 돌을 던지면서 장난치는 장면, 함께 산에서 땔감용 나무를 구해 오는 장면, 노인회에서 관광을 가서 함께 춤을 추는 장면, 할아버지가 할머니 장신구를 한복에 달아 주는 장면, 할아버지가 할머니를 위해 노래를 불러 주는 장면, 할머니가 재래식 부엌에서 할아버지를 목욕시키는 장면, 명절에 가족들이 할머니 집에 방문하는 장면 등이 〈백발의 연인〉에서 나왔던 에피소드들을 그대로 다시 재연한 것이다.

그러나 〈님아, 그 강을 건너지 마오〉는 〈백발의 연인〉과 달리 장면(신)을 보다 많은 컷으로 분화하고 화면(숏)을 좀 더 아름답게 연출하였다. 여기서 신(scene)은 운동장신, 밤신 같이 장소와 시간을 구분하는 개념이고 숏(shot)은 녹화를 시작해 끝날 때까지, 컷과 컷 사이에서 연속되는 동영상을 말한다. 〈백발의 연인〉은 카메라가 취재하듯이 부부를 쫓아다니면서 일상의 생생한 모습을 담았다면 〈님아, 그 강을 건너지 마오〉는 황금구도 비율을 갖는 정제된 롱숏(long shot)으로 커플 한복을 입은 부부와 함께 강원도 횡성군 청일면 고사리의 아름다운 시골 전경을 보여 주거나 강렬한 느낌을 자아내는 클로즈업숏으로 노인의 주름진 얼굴을 자세히 보여 준다. 또 할아버지가 시골집 창고 벽에 거울을 거는데 이 거울은 좀 더 흥미로운 숏을 위한 미장센(mise-en-scène)이라고 할 수 있다. 실제 영화는 거울에 비춰진 할아버지와 할머니의 모습을 영화적으로 구성한다. 미장센은 프랑스어로 '장면에 배치하다'라는 말로 원래 연극에서 무대 배치라는 개념이었는데 영화로 차용되어 장면 구성으로 사용되고 있다. 미장센은 장면(신 또는 숏) 안에 인물, 세트, 소품, 의상, 분장, 헤어, 조명, 구도, 그래픽 등의 시각적 요소들을 구성하는 것이다.

〈님아, 그 강을 건너지 마오〉 역시 창의적 구성이나 작가적 연출과 관계없이 있는 그대로의 실제 상황이 펼쳐진다. 왜냐하면 할아버지의 병이 악화되어 점차 몸이 야위어 가면서 도저히 개입할 수 없는 삶의 마지막 순간이 다가오기 때문이다. 이 다큐는 초반에 마치 로맨틱 코미디처럼 부부가 티격태격하면서도 달콤한 사랑을 나누는 장면을 보여 주다가 부부가 함께 노인회에서 주관하는 관광을 갔다 온 후 할아버지가 심한 기침을 하면서 몸져눕게 되면서 상황은 역전된다. 할아버지의 병환 앞에 가족이 모여 서로를 탓하면서 싸우게 된다.

어느 날 그들이 키우던 강아지 꼬마가 죽는다. 할머니는 먼저 간 자식들의 내복을 구입하거나 할아버지의 한복을 태우면서 할

아버지의 죽음을 준비하고 가족들은 죽음을 앞둔 할아버지의 손을 잡고 용서를 구한다. 결국 횡성 시골집 지붕에 눈이 쌓인 겨울, 할아버지는 되돌아올 수 없는 강을 건넌다. 할머니는 무덤 앞에서 죽은 어린 자식의 내복과 할아버지의 옷가지를 태우면서 흐느끼며 운다.

〈님아, 그 강을 건너지 마오〉는 〈백발의 연인〉의 리메이크작이라고 할 수 있다. 원작은 TV 다큐멘터리로 1회당 30분 분량의 5부작이고 〈님아, 그 강을 건너지 마오〉는 1시간 26분 분량의 장편 다큐멘터리 영화다. 주인공도 동일하고 사건들도 거의 같지만 그것을 표현하는 장르와 스타일이 상반된다. 원작은 친절하게 상황을 내레이션으로 설명하면서 그들의 일상을 취재하듯이 그려 내는 TV시사 프로그램의 스타일을 보여 준다면 〈님아, 그 강을 건너지 마오〉는 멜로드라마 장르의 극영화 스타일을 보여 준다. 그러나 둘 다 다큐멘터리에 속한다. 다큐멘터리는 극영화와 달리 허구가 아닌 실제 인물과 실제 사건을 다룬다. TV 시사프로그램도 실제 사건을 다루지만 다큐멘터리보다 훨씬 짧은 시간 안

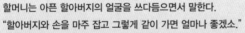

할머니는 아픈 할아버지의 얼굴을 쓰다듬으면서 말한다.
"할아버지와 손을 마주 잡고 그렇게 같이 가면 얼마나 좋겠소."

에 제작해야 하기 때문에 실제 현실을 심도 깊게 다루기 힘들다. 반면 극장용 장편 다큐멘터리의 경우 TV 시사프로그램처럼 현재 벌어지는 사건을 객관적인 입장에서 기록하지만 최소한 6개월 이상의 긴 제작 시간을 갖기 때문에 제작자의 관점을 투사해서 현실을 주관적으로 해석할 수 있다. 또 사건들을 좀 창의적으로 구성하거나 미학적으로 좀 더 정제된 화면을 구성할 수 있다.

〈님아, 그 강을 건너지 마오〉의 재연적 작업 과정은 최초의 다큐멘터리라고 알려진 로버트 플래허티(Robert J. Flaherty)의 〈북극의 나누크〉(1922)의 작업 과정과 유사하다. 플래허티는 북극을 탐험하면서 이누이트 족의 일상을 촬영했지만 촬영분 대부분을 화재로 잃게 된다. 그는 촬영분을 이누이트에게 보여 주면서 1년 동안 다시 나누크 가족을 주인공으로 삼아 재촬영을 했다. 최초의 다큐멘터리 역시 최초의 촬영본을 토대로 나누크 가족의 일상을 재연하여 극적으로 재구성한 영화다. 즉 다큐멘터리의 아버지로 인정되는 플래허티 역시 실제를 있는 그대로 정확하게 보여 주기보다 좀 더 매력적인 스토리로 현실을 재구성했다고 볼 수 있다.

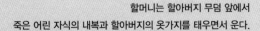

할머니는 할아버지 무덤 앞에서
죽은 어린 자식의 내복과 할아버지의 옷가지를 태우면서 운다.

1930년대 다큐멘터리 이론을 정립하는 데 큰 공헌을 한 영국 다큐멘터리스트 존 그리어슨(John Grierson)은 다큐멘터리를 내적 진실에 도달하기 위해 사실에 창조적으로 접근해 실체를 재구성하는 것이라고 정의했다. 〈님아, 그 강을 건너지 마오〉는 현실을 극영화처럼 재구성한 다큐멘터리라고 할 수 있다.

〈님아, 그 강을 건너지 마오〉의 창의적 접근은 다큐멘터리에 한국 멜로드라마 스타일을 접목했다는 데 있다. 한국 멜로드라마는 예기치 않은 우연한 상황의 등장과 비극적 정서의 과장이 중심이 되어 관객으로 하여금 눈물을 자아내게끔 구성한 할리우드의 멜로드라마 내러티브를 갖는 동시에 주로 해피엔딩으로 끝나는 할리우드 멜로드라마와 달리 비극적 결말을 보여 주면서 전통적 논리에 순응적인 가치관을 전달한다.[25]

〈님아, 그 강을 건너지 마오〉는 마지막에 죽음과 눈물의 사건을 주로 구성하면서 한국 영화 〈미워도 다시 한번〉, 〈약속〉, 〈내 머리 속 지우개〉같이 마지막에 연인의 죽음으로 눈물을 자아내는 멜로드라마의 스타일을 보여 준다. 이 다큐는 극영화처럼 부부의 사랑이 애틋하게 보이도록, 할아버지를 떠나보내는 할머니의 슬픔을 고조시키기 위해, 클로즈업과 음악을 활용한다. 활짝 핀 꽃, 할머니가 좋아하는 꾀꼬리, 부부가 만든 눈사람, 처마에서 떨어지는 빗방울, 나무 위에 쌓인 눈 등을 클로즈업하고 그 위로 잔잔한 피아노 음악을 삽입하여 감정을 더욱 고조시킨다.

〈님아, 그 강을 건너지 마오〉는 제목처럼 영원히 함께하기로 약속한 연인의 이별을 받아들이지 못하는 한 여인의 슬픈 러브스토리다. 특히 산골 마을에서 자식에게 의존하지 않고 서로 의지하면서 독립적으로 행복하게 살아가는 잉꼬부부의 모습은 노년기의 행복이 무엇인지 알려 준다. 그것은 가장 가까운 사람과 함께 평생 행복하게 살겠다는 약속을 지키는 일이다. 이 점에서 이 다큐는 성혼식의 약속을 지키는 전통의 가치를 잘 보여 준다.

멜로드라마 스타일의 연출과 극적인 상황을 강화하는 미장센으로 〈님아, 그 강을 건너지 마오〉는 극영화처럼 보인다. 그렇지만 이야기의 주인공 강계열 할머니와 조병만 할아버지의 사랑은 다큐멘터리의 생생한 진실을 전달한다. 둘의 사랑은 처음에는 비현실적으로 시작하지만 그들의 대화와 몸짓을 따라가면서 이상적인 사랑이 거짓일 수 없음을 느끼게 된다. 영화의 감동은 바로 현대 도시의 현실에서 찾기 힘든 부부간의 평생 이어 온 진솔하고 아름다운 사랑에서 비롯된다.

더 파더

감독: 플로리안 젤러**Florean Zeller**

출연: 앤서니 홉킨슨**Anthony Hopkins**(앤서니 역), 올리비아 콜맨**Olivia Colman**(앤 역)

개봉: 2021년

제작사: Les Film du Cru, Film4, Orange Studio

(영국, 97분)

잃어버린 자아의 시간을 찾아서

"나는 누구지?
나뭇가지에 바람인지 비인지
무슨 일이 벌어지는지 도통 모르겠어.
집 문제로 고생했는데 이제 내 몸 하나
눕힐 곳도 없어."

〈더 파더〉는 노인성 질환인 치매에 대한 이해와 가족의 역할 찾기라는 주제가 선명히 드러나는 영화다. 작가 겸 감독인 플로리안 젤러(Florean Zeller)는 크리스토퍼 햄튼(Christopher Hampton)과 공동 각본을 쓴 연극 〈르 페르(Le Père)〉를 2012년 파리에서 초연하여 몰리에르상(Molière Award) 최우수 연극상을 수상한 바 있다. 그리고 젤러가 이후 그 극본을 시나리오로 각색해 만든 영화 데뷔작이 바로 이 〈더 파더〉이다. 2021년 아카데미 시상식에서 각색상과 남우주연상을 수상했다.

부유한 노인 앤서니는 최근 이상한 일들을 경험하고 있다. 평생 일군 재산 중 하나인 멋진 주택에서 누구의 도움도 없이 혼자 살아갈 수 있다고 주장하면서 딸의 걱정을 가볍게 넘기지만 사실 치매를 앓고 있으며 현실과 기억 사이에서 방황하고 있다. 관객은 결국 요양원에 입소해 있는 앤서니를 마주하게 되며, 이 모든 것이 그의 기억 속 혼재된 사건과 인물임을 알게 된다. 〈더 파더〉는 치매 환자의 시선에 따라 이야기가 펼쳐진다는 점에서 당사자의 심리적 상태를 이해하는 데 도움을 준다. 배우 김혜자가 치매 노인으로 분한 드라마 〈눈이 부시게〉를 보았다면 영국과 한국의 상황, 영화와 드라마라는 차이를 넘어서 치매와 가족의 문제를 충분히 연결 지어 생각할 수도 있을 것이다. 물론 〈더 파더〉가 헝클어진 치매 노인의 머릿속을 함께 따라가며 생기는 이상한 일들의 오싹함 때문에 장르적으로 공포물 같은 부분이 있다면, 〈눈이 부시게〉는 치매 노인의 과거 속 환상을 함께해 액션 어드벤처를 보는 것 같다. 그럼에도 두 작품은 치매 노인의 세상을 대리 경험하면서 얻는 지식, 그리고 여운과 성찰로 기억될 수 있다.

삶의 겨울,
노년기의 병

주인공 앤서니는 창을 통해 아이들이 놀고 있는 모습을 바라본다. 그의 나이는 80대 초반이다. 성공한 엔지니어의 삶을 살았으며 경제적인 여유도 있어 보인다. 멋진 집의 창문을 통해 바라본 풍경. 일반적인 노인이라면 '나도 저렇게 어린아이였지.'라고 생각했을 가능성이 있지만 치매 노인인 앤서니는 그 아이를 자신으로 생각했을지도 모른다. 이 장면은 영화의 마지막에서 앤서니가 아이처럼 엉엉 울며 엄마를 찾는 모습과 연결된다.

심리학자 레빈슨(Levinson)은 한 인간의 인생 주기를 봄, 여름, 가을, 겨울의 사계절로 제시했다. 각 계절에는 다른 계절과 질적으로 구별되는 고유의 특성들이 존재하고 한 계절에서 다른 계절로 이동하는 전환기(cross-era-transitions)에는 인간 삶의 본질에 중요한 변화들이 나타난다는 주장이다. 그러면서도 레빈슨의 관심은 온통 성인기(adult period)였기에 여타 발달 이론이나 모형에서 중시해 온 유아, 아동, 청소년기를 그냥 '봄' 하나로 뭉뚱그린다. 대신에 성인기 초기는 여름, 중·장년기는 가을, 그리고 노년기를 겨울로 비유하여 성인기를 섬세하게 분석했다.

누구나 봄-여름-가을-겨울을 경험한다는 점에서 인생은 공평하다. 푸릇푸릇하던 새싹과 같았던 시절, 소나기를 뚫고 세상에 하나밖에 없는 꽃을 피우는 시절을 지나 형형색색으로 변하는 잎사귀로 존재감을 내보이던 시절도 지나고, 앙상한 나뭇가지 속에 세월을 아로새긴 '겨울'이라는 계절에 도착한다. 레빈슨은 이 '겨울'이라는 계절을 살아가는 사람들의 회상을 '다리 위에서의 조망(one's view from the bridge)'이라고 불렀다. 타인들의 죽음을 경험

앤서니는 창가에서 어린아이가 혼자 바람에 날아다니는 비닐봉지를
발로 차면서 노는 모습을 지켜보면서 미소를 짓는다.
영화 전체에서 그가 가장 평온한 얼굴을 보여 주는 장면이다.

하고 곧 다가올 자신의 죽음을 준비하는 시기로서 흘러가는 강물
위 다리의 난간에 몸을 기대고 자신의 인생을 뒤돌아보는 노인을
연상할 수 있다.

이제 본격적으로 '치매'란 병에 대해서 이야기를 해 보자. 우
리나라의 치매 노인의 수는 2024년 100만 명 돌파를 눈앞에 두고
있다고 한다. 대표적인 노인성 질병인 치매는 고령화 추세에 발
맞춰 꾸준히 증가하고 있다. 2040년이면 200만 명, 2050년에는
300만 명을 넘는 수치가 예상된다.[1]

죽음은 아무도 피해 갈 수 없지만 치매를 앓게 되면 죽음에 이
르기까지의 시간이 무척 어려워진다. 온통 불편하고 이해할 수
없기에 고요한 마음을 유지할 수 없다. 영화는 앤서니의 눈으로
본 세상을 표현한다. 그에게는 매번 '이건 뭐지?' 하는 놀람과 경
계, 공포가 찾아든다. 어느 순간 이런 감정도 잦아들며 슬픔이 밀
려온다. 영화의 마지막에서 울음을 터뜨리는 앤서니의 모습은 치
매라는 치명적인 병이 가져오는 먹먹한 현실을 보여 준다. 동시

에 "내 모든 잎사귀가 다 지는 것 같아."라는 그의 말에서 이미 깊게 드리워진, 곧 다가올 죽음이 읽혀지기도 한다.

영화는 내내 아버지와 딸의 아파트를 비춘다. 여기서 주인공인 치매 노인 아버지의 갇혀진 정신적 상태를 엿볼 수 있다. 치매 증세가 심해지자 딸이 아버지를 모시고 병원을 찾는데 그마저도 두 사람의 아파트와 유사한 구조로 되어 있다. 아버지와 딸의 두 아파트를 구분하여 알아차릴 수 있는 점이 있다면 놓여진 가구 정도이다. 딸의 집은 비교적 소박하고 실용적인 가구가 있는 것에 비해 아버지의 집은 고급 일색이다. 그래서 우리는 이 노인이 어떤 사람이며, 이전에 어떤 계절을 살아왔는지 대략 알게 된다. 많은 성취가 있었고 그래서 자존감도 높다. 큰딸은 대체 왜 내가 독립적인 생활을 못 한다고 귀찮게 구는 걸까? 그는 도대체 이해하기 어렵다. 그를 돌보는 유일한 가족이건만 큰딸이 집을 탐내고 있다고 의심하면서 딸과의 갈등을 일으키기도 한다.

남들이 부러워할 만한 삶이었지만 어려움이 없었던 것은 아니었다. 사고로 죽은 둘째 딸에 대한 그리움은 간병인 중 한 사람이 딸과 닮았다며 착시와 착각을 되풀이하면서 나타난다. 정리되지 않은 슬픔이 이 노인을 힘들게 해 왔음을 알 수 있다. 해결되지 않은 상실과 애도로 있을 수 있는 현상이다. 큰딸이 갑자기 낯선 얼굴의 여자로 바뀌는 장면도 그렇다. 이혼을 겪은 큰딸의 전남편인지, 새로 만난 남자인지 갑자기 내 집 거실에 앉아 있는 것도 이해할 수 없는 마당에 이 남자에게 손찌검을 당하기까지 하였으니 마음은 더욱 불안하고 쓸쓸해진다. 여기서 관객은 치매 노인에 대한 연민과 그를 돌보는 주변인의 비정함에 대한 분노를 동시에 느끼게 된다. 시계에 대한 앤서니의 집착은 끊임없이 확인하고 싶어 하는 기억을 상징하며, 그 지나가 버린 삶에 대한 아쉬움을 나타낸다.

그렇게도 아끼는 시계를 계속 잃어버리며 증폭된 불안감의 정점은 바로 그 시계를 그 낯선 남자가 차고 있는 장면일 것이다. 의심이 최고조에 이르렀지만 그럼에도 불구하고 곧바로 그를 범인으로 단정할 수 없다. 깨져 버린 현실의 시간들은 불안이란 파편을 남기지만 최선을 다해 품위를 지켜 내던 앤서니는 결국 이겨 낼 수 없는 무기력감 사이에서 분열하는 모습을 보인다. 앤서니 홉킨스(Anthony Hopkins)라는 대배우의 명연기는 관객의 공감을 이끌어 내기에 부족함이 없다.

이렇듯 인생의 겨울을 치매라는 치명적인 병으로 인해 혼란스럽게 보내는 노인을 보면서 그의 지난 계절을 유추해 보며 떠올리는 질문은 대략 이런 것이다. 은퇴 후 준비된 생애 설계를 통해 다양한 발달 과업을 잘 이행하였다면 치매를 예방할 수 있었을까? 지금보다 정신의 분열이 조금 덜하거나 늦어졌을까? 사고로 죽은 딸에 대한 애도를 잘 해결했더라면 간병인의 얼굴이 죽은 딸의 얼굴과 같게 보이는 혼란이 없었을까? 돌봄에 애를 써 주던 큰딸의 마음을 덜 아프게 할 수는 없었을까?

대개의 시간관리(time management) 교육에서는 어떤 계획이 성공한 최종적인 모습을 생각하며 역산해서 세우는 계획이 효율적이라고 조언한다. 예를 들어 지금이 25세라면 30세에 어떤 성공을 거두기 위해서는 5년의 시간이 필요한데, 4년, 3년, 2년, 1년 전에는 어떤 모습일까를 형상화해 보면 지금, 오늘 내가 무슨 일을 해야 하는지를 도출할 수 있고 계획을 세울 수 있다는 것이다. 인간이 치매라는 병을 갖게 되는 이유를 다 알 수도 없고 남은 삶의 과제를 충실하게 정리하는 것도 쉬운 일은 아니지만 '메멘토 모리(Memento Mori)', 즉 죽음을 기억해야 한다면, '죽음'을 종착점으로 역산해서 노년기 초기부터 그간 정리하지 못한 관계와 감정들을 돌아본 뒤 잘 처리하고, 노년기에 맞닥뜨릴 수 있는 치매나 각종 질환에 대해서도 알고 대비해 왔다면 어땠을까?

치매 부모를 돌보는
자녀의 고통

영화 〈더 파더〉는 치매를 앓는 아버지와 그를 돌보는 딸의 관계를 집중적으로 조명하므로 무엇보다도 부모의 돌봄과 자신의 생활 사이에서 어려움을 겪고 있는 자녀들에게 생각할 거리를 많이 준다. 나의 어머니가, 아버지가 치매에 걸리면 우리 집에는 어떤 일이 일어나게 될까? 심지어 '내가 치매에 걸리면?' 하는 생각까지 하게 될 수 있다. 현재 부모님의 치매를 감당하고 있거나 치매를 겪다 돌아가신 부모가 있는 사람들이라면 다른 이들은 무심코 흘려보낼 장면들에서도 울컥할 수도 있을 것이다.

우리는 모두 누군가의 딸이고 아들이기 때문에 아버지를 돌보는 큰딸, 앤의 감정에 이입하지 않을 수 없다. 영화 속에서 큰딸 역시 창문 너머 밖을 내다보는데, 마침 정겹게 저녁 시간을 보내는 한 쌍의 남녀가 눈에 들어온다. 다정해 보이는 그들을 부러워하는 것 같아 보이는데 앤이 이혼이라는 어려움을 겪고 치매 아버지를 돌보면서 삶이 막연한 상황이라는 점을 떠올리면 더욱 애처로운 느낌이 든다. 큰딸은 누가 봐도 최선을 다한다고 할 터이다. 한 간병보험 광고에 나오는 딸과 겹쳐 보인다. 그 광고는 '사람들은 나를 효녀라 합니다. 그러나 나는… 아이들 준비물도 챙기지 못하는 엄마이며…' 하는 돌봄 담당자의 내레이션으로 간병의 어려움을 드러내며 간병보험에 들 것을 권하는 식이다. 아버지를 극진하게 생각하지만 자기 삶만으로도 벅차기에 자신의 인생을 살아가는 일과 아버지를 돌보는 일이 늘 충돌한다. 영화 속 큰딸은 일 때문에 파리로 떠나는데, 그는 여전히 아버지를 챙기러 올까? 아니면 이제부터는 자신의 삶을 살고자 할까? 어떤 선택이든 아버지로부터 완전한 해방은 없을 것이다.

앤서니가 계속 요양보호사를 마음에 안 들어 하고 바꾸는 모습은 딸이 수행하는 돌봄의 피로도를 높인다. 처음에는 마음에 들어 하는 듯하더니 나중엔 독한 말을 내뱉어 내쫓기도 한다. 왜 노인들은 돌봐주는 이들을 힘들게 하고 자식들을 애먹일까? 또한 앤서니는 집에 들락거리는 모든 이를 도둑으로 의심하는데, 이것도 치매 노인을 돌보는 많은 가족 및 돌봄 종사자들이 힘들어 하는 부분 중 하나라고 한다. 중산층으로 성공한 커리어를 가졌던 앤서니도 치매로 인해 자존감은 무너져 내리고 사라지는 기억과 함께 정체성을 잃어 가는 모습을 보이는데, 힘든 삶을 살아온 치매 노인을 돌보게 된다면 더 힘들 수도 있을 것이다.

앤은 아버지를 간병인에게 맡기고 싶어하고
아버지는 예전처럼 독립적으로 살아갈 수 있다고 주장한다.

여러 가지로 〈더 파더〉는 치매 노인의 자녀에게 도움이 되는 텍스트이다. 치매로 인한 기억상실과 정체성의 혼란, 그로 인한 두려움이 만들어 내는 각종 상황을 노인의 머릿속 묘사에 의해 간접적으로 경험하기 때문이다. 내 말을 이해하지 못하고, 심지어 나를 의심하거나 욕하기도 하는 부모를 견디는 마음의 무장을 하는 데 소소한 도움을 줄 것이다.

치매를 진단받고 견디는 시간이 시작되기 이전, 우선 치매 진단에 대한 노인의 인식은 예방 및 초기 대처에 가장 중요하다. 현재 지역 단위로 치매안심센터가 있어 지역 주민이라면 누구라도 손쉽게 찾아가서 간단한 검사로 자신의 치매 위험도를 알 수 있다. 가벼운 분위기에서 받는 검사이지만 여기까지 오는 것도 쉽지 않고 여기에서부터도 노인들의 태도가 갈린다. 우선 낮은 점수를 받았다면 친절한 상담과 함께 집에서 인지능력의 퇴화를 늦추는 데 도움이 되는 각종 학습 자료를 받게 될 터이다. 이를 받아들이고 노력해 보려고 하는 노인과 기분 나빠하며 쓰레기통에 버리는 노인이 있다. 후자의 노인을 어떻게 설득할까? 앤서니가 자신에게 도움을 주려고 하는 여러 사람에게 화를 내는 모습과 겹친다. 앤서니는 자신이 아직 독립적으로 살 수 있고 합리적인 판단을 내릴 수 있으며, 음악과 미술을 높은 수준으로 감상할 수 있는 존재라고 느낀다. 그는 그전과 다름없이 존중받기를 기대한다. 하지만 돌보는 가족의 입장에서 보면 그는 약도 제대로 챙겨 먹지 못하고 기억과 현실의 시간 속에서 혼란스러워 하는, 그래서 홀로 살 수 없는 노인이다.

국제 알츠하이머협회(Alzheimer's Disease International)가 치매 환자들을 대상으로 한 인식 조사에 의하면, 응답자의 24%는 자신이 치매 진단을 받았다는 것을 주변에 알리지 않았으며, 주변에 진단 사실을 알렸을 때 본인의 의견이 평가절하되거나 차별 받을 것이 우려된다고 응답하였다고 한다.[2] 치매에 대한 인식과 이해가 부족하면 조기 검진을 받지 않으려 하거나 치매 지원 체계를 거부할 수 있고 가족들은 더 힘들어진다. 선행연구에 따르면 치매의 원인, 증상 등 질병 특성을 올바르게 인지하고 있는 것은 치매에 대한 긍정적인 태도를 형성하는 데 영향을 미친다. 피할 수 있다면 가장 좋은 일이겠지만 그렇지 않다면 치매가 다가오기 전 노인들이 해야 할 일 중 하나가 바로 올바른 인식 및 예방 노력일 것이다.

큰딸의 입장에서는 '약만 혼자 알아서 드셨어도 내가 좀 편했을 텐데.'라고 생각하지 않았을까? 노인 중에서는 약 복용을 의도적으로 기피하는 노인이 있는가 하면 '약을 많이 먹으면 내 상태가 빨리 좋아지겠지.' 하는 조급하고 애달픈 마음에 며칠 분의 약을 한꺼번에 과다복용하는 노인까지 다양하다고 한다. 치매가 아니라도 많은 노인들이 몇 가지의 약봉지에서 나오는 많은 약을 매일 복용하고 있다. 올바른 약 복용의 중요성을 알고 실행할수록 노년기의 질이 높아지므로 복약 교육은 노인 당사자에게 꼭 필요한 교육이라고 할 수 있다.

돌봄 종사자,
나쁜 예와 좋은 예

〈더 파더〉는 치매 노인을 돌보는 가족의 문제에서 더 나아가 돌봄 종사자에 대해서도 한번쯤 이야기할 거리를 주는 영화이다. 지금의 젊은 노인이나 중장년이 앞으로 자녀에게 거의 부양받지 못할 것을 감수해야 한다는 점에서 우리 대부분은 돌봄 종사자들과 인생의 마지막까지 함께하게 될 것이다. 〈더 파더〉와 〈눈이 부시게〉 둘 다 치매 노인을 돌보는 사람들이 다수 등장하며 그들에 대한 느낌과 생각도 자연스럽게 이끌려 나온다. 치매 노인을 돌보는 돌봄 종사자들은 노인을 어떻게 돌봐야 자신의 직업 정체성을 유지하고 노인과 그 가족에게, 그리고 사회에 좋을까?

우선 물리적 폭력의 문제는 도처에 있다. 〈더 파더〉에서 앤서니의 뺨을 때리는 사람은 딸의 새 남편 또는 동거남으로 나오지만 실제로는 요양원의 남자 간호사 또는 요양보호사일 확률이 높다. 물론 그 일이 실제 일어났었던 것인지도 확인할 수 없지만 현실에서 있을 법한 일이다. 최근에도 요양보호사가 폭력을 행사해 노인을 다치게 하거나 죽음에 이르게 한 사건이 있었다.[3] 이들은 노인이 자신을 화나게 해서 순간적으로 분을 참지 못한 것뿐이라며 후회는 하지만 억울하다고 생각하는 것 같다. 또한 물리적 폭력은 논외로 하더라도 노인을 어린아이 취급하는, 정서적인 폭력의 소지도 여기저기에서 관찰된다.

예를 들어서 〈눈이 부시게〉에서는 '홍보관'이라는 장소와 인물들을 통해 노인을 어린아이 취급하며, 심지어는 은밀히 갈취하는 장면이 나온다. 건강에 대한 관심을 악용하여 질 낮은 건강식품을 팔거나 자식들에게 전해 달라는 물건을 빼돌리는 모습은 우리의 현실과도 크게 다르지 않을 것이다. 꼭 그런 크고 작은 학대의 문제가 아니더라도 우리는 일상적으로 '노인 유치원'이라는 간판을 단 건물들을 내 일이 아닌 듯 무심히 지나친다. 우리가 노인을 어린아이로 생각하면 노인들도 그런 다수의 시선을 내면화하게 될 것이다.

현재 노년기로 이미 진입했거나 진입 중인 베이비부머 세대는 자신의 부모 세대와는 다른 특징을 갖고 있다. 이들을 '마처 세대'라고도 부른다고 한다. 부모를 부양하는 '마'지막 세대, 그리고 자녀에게 부양받지 못하는 '처'음 세대라는 뜻이라고 한다. 이들의 돌봄 종사자와의 관계 역시 앞으로 필연적으로 수면 위로 떠오르게 될 것이다. 그렇다면 우리는 가족의 돌봄을 넘어서 사회의 돌봄으로 이야기를 확장해야 한다. 환자의 배우자를 비롯한 가족 돌봄자들은 신체적, 정신적, 사회적으로 큰 어려움을 호소하고 있다. 자신의 노화에 따르는 어려움과 함께 돌봄의 부담이 가중되기도 한다. 치매는 가족으로만 감당할 수 없으며 그래서도 안 된다. 좋은 돌봄 종사자들이 많아져야 노년기에 치매와 함께 살아도 그럭저럭 행복감을 느끼며 살 수 있다는 점을 생각할 때, 치매에 대한 돌봄 종사자들의 이해를 높이고 치매 노인을 실질적으로 도와주는 기술을 제공하는 교육 훈련이 이들에게 보다 다양하게 제공되어야 한다.

〈더 파더〉에서 우리는 좋은 돌봄 종사자를 만난다. 마지막 장면에서 어머니를 부르며 흐느껴 우는 앤서니를 마치 엄마처럼 다독거리는 간호사 또는 요양보호사의 모습은 노인을 단지 어린아이로 취급하는 것과는 좀 다르다. 돌봄 종사자는 앤서니가 자신을 어머니로 착각하는 것을 있는 그대로 받아들여 주는 수용의 태도를 보인다. 즉, 치매 노인의 환상을 수용하는 모습, 앤서니의 감정 상태를 존중하는 태도이다. 결론은 돌봄 종사자에게 필요한 것은 성숙한 인격과 노인의 상태를 있는 그대로 수용하는 포용성이다. 이는 어차피 치료될 수 없다면 그 사람의 환상마저도 존중하는 태도로 보인다. 앤서니는 따뜻한 어머니의 품에 안겨 잠시 짐을 내려놓는 시간이었다고 생각했을 것이다.

사실 이렇게 노인이 고단함을 내려놓도록 받아 주는 자세는 가족보다 훈련된 돌봄 종사자가 더 잘할 수 있다. 가족들이 정성을 다하여 노인을 보살피는 돌봄 종사자들에게 고마워해야 하는 부분이다. 예를 들어 보자. 〈눈이 부시게〉에서 어머니가 자신을 '아버지'라고 부를 때마다 아들은 어쩔 줄 몰라 한다. 마치 화가 난 것처럼 보이면서도 한편으로는 한없이 슬퍼 보인다. 그런데 치매 노인의 입장에서 이런 태도가 어떤 도움이 될까? 자아를 잃어버리고 헤매는 게 치매라면 그 고통과 좌절도 어떤 방법으로든 이해받아야 할 것이다. 반면 간호사는 아이처럼 우는 앤서니를 다독인다. 감정을 추스르는 대로 요양원 앞 공원으로 산책을 갈 것이라는 이야기를 한다.

이 장면에서 문득 든 생각은 우리나라 간호사, 요양보호사, 또는 간병인 들에게 이렇게 한 명 한 명의 치매 노인을 최선을 다해 돌볼 수 있는 여유가 허락되는가에 대한 질문이다. 치매 노인의 공격성이나 고집스러움을 대하다 보면 혹여 미워하는 마음이 생길 수 있고, 무엇보다도 문제가 되는 것은 대개의 돌봄 종사자들이 치매 노인에게 잘해 주고 싶어도 잘해 주기 어려운 노동 환경에 처해 있다는 점이다. 돌봄은 "면대면의 상호작용을 통해 개개인의 욕구나 안녕을 제공하는 활동을 동반한 책임감과 애정의 조합"[4]이다. 그래서 좋은 돌봄에는 누군가의 상당한 노고와 사려 깊은 협력이 있어야 한다.[5]

타인을 돌보는 것은 그의 삶에 대한 앎이 필요하며 이는 바로 사회가 돌봄 종사자들의 학습을 장려해야 할 필요성을 말한다.[6] 네덜란드에서는 돌봄 종사자들이 주말에 서로 만나 자신들의 돌봄에 대해 의견을 나누고 기록해 둔 부분을 비교하며 긴장을 푸는 시간을 유급노동으로 간주한다고 한다. 자신이 돌보는 사람들에게 더 좋은 돌봄을 제공하기 위해 들이는 노력을 사회가 보상한다는 것에 다름 아니다.[7] 우리는 일생을 통해 돌봄을 받고 또 제공하는, 돌봄의 수혜자이자 제공자이다.[8] 좋은 돌봄에는 시민이 동료 시민과 함께 돌봄을 가능하게 하는 민주적 과정이 필요하다. 초고령사회로 진입하는 이 시점, 좋은 돌봄을 주고받는 일에 대한 사회적 논의를 시작하기 더없이 좋은 시간일 것이다.

집과 요양원의 단점을 해결한 '치매 마을'

치매 노인이 살아가는 곳이 집 아니면 요양원뿐일까? 제3의 선택지는 없는 것일까? 최근 좋은 사례로 종종 소개되는 '치매 마을'은 집과 요양원이 각각 가진 단점을 해결하여 치매 노인의 노후를 가장 잘 돌보는 방법 중 하나라고 알려져 있다.

우선 잘 알려진 네덜란드 호그벡(Hogeweyk) 마을과 일본 도쿄 세타가야구(世田谷)의 꿈의 호수촌은 치매 관리의 새로운 대안을 제시하고 있다. 이들 '치매 마을'은 중증 이상의 치매 환자들이 모여 살며 스스로 하루를 계획하고 자유롭게 지낼 수 있는 프로그램을 진행하고 필요한 서비스를 받으며, 마을 곳곳에 CCTV와 각종 첨단 시설을 갖추어 안전사고를 예방한다.[9] 이 중 호그벡은 암스테르담 외곽에 만들어진 마을로 152명의 치매 환자, 250명의 의사·간호사·자원봉사자와 미용사, 공원관리원 및 마트 직원들이 함께 거주하고 있다. 한 비영리단체에서 운영하며 치매 환자들이 다른 치매 환자들과의 정서적 교감을 자유롭게 경험하며 심리적 증상을 조절하는 데 주안점을 두고 있다고 한다.[10]

학자들은 네덜란드의 치매 마을이 가진 원칙을 다음과 같이

2가지로 정리하고 있다. 첫째, 요양시설이란 치매 환자의 삶을 단순히 연명하기 위한 공간이 아니라 치매 환자 자신의 삶을 여전히 즐길 수 있는 공간이 되어야 한다. 둘째, 치매 환자들의 삶의 질을 높이기 위해서는 치매임에도 그들이 여전히 할 수 있는 것이 무엇인지에 초점을 맞추어 환자가 자신의 삶에 능동적으로 참여할 수 있도록 만들어야 한다. 이러한 치매 마을은 요양원 등에서 제공되는 프로그램, 즉 특정 공간에서 정해진 시간에만 허용되는 활동 또는 놀이가 아니라 치매 환자가 거주하는 일상적인 삶의 영역 속에서 카페에서 차 마시기, 원예, 반려동물과의 활동, 장보기 등이 가능해야 하며, 이런 활동이 가능하도록 적절한 보호 장치가 선행되어야 한다. 즉, 치매 안심 마을이 추구하는 공간의 개념은 치매 환자를 구속하고 제약하기 위한 공간이 아니라 가용한 활용성을 최대한 발휘할 수 있는 공간이다.[11]

치매 환자의 가족을 지원하는 일 역시 당면한 과제이다. 일본의 오렌지 플랜(Orange Plan)은 고령자 4명 중 1명이 치매 환자 또는 예비 치매 환자라는 사회적 공감대를 기반으로, 치매 환자가 자신이 살아온 익숙한 환경에서 계속 머물 수 있도록 돕겠다는 국가적 의지가 구체화된 사업이라고 한다.[12] 고령기를 주로 '황혼'에 비유하는데 이 노을의 빛깔을 생각하며 이렇게 이름 지었다고 한다. 그런데 오렌지 플랜의 한 부분인 가족 지원을 보면 부러운 마음이 든다. 치매 서포터의 양성과 치매 카페 설치 및 운영이 골자이다.[13] 우선 치매 서포터는 치매에 대한 지식과 이해를 갖고 직장이나 지역에서 치매 환자 및 돌봄 제공자에게 가능한 범위에서 도움을 제공해 주는 사람을 의미하는데 치매 환자의 가족은 이들의 도움을 받을 수 있다. 현재 초·중·고·대학생이 서포터로 양성되어 지역사회에서 봉사활동에 참여하고 있고 기업들도 사회공헌 활동으로 참여한다고 한다.

치매 카페는 치매 환자 스스로가 활동하고 즐길 수 있는 장소이자 돌봄 제공자에게는 잠시 돌봄의 무게를 내려놓고 서로를 이해하는 사람들을 만날 수 있는 장소이다. 일본에서는 이런 치매 카페 등이 아직까지는 주로 민간 중심으로 운영되고 있지만 점차 지방자치단체 중심으로의 변환을 목표로 하고 있다. 핀란드의 경우는 가족 돌봄 제공자들을 위한 세심한 심리적 지원 서비스로 호응이 높았다고 한다. 특히 코로나 19 기간 동안 치매 환자의 가족에게 전화와 편지로 지속적인 연락을 취하며 필요한 심리적 지원을 제공하여 이들이 결코 혼자가 아니라는 경험을 제공하였다고 한다.[14]

우리나라의 경우도 치매 환자 수가 급속하게 늘고 있는 가운데, 노인장기요양보험제도, 치매국가책임제의 도입과 같이 공적 돌봄의 기회가 확대되고 있다. 치매 환자 돌봄이 가족의 책임이라는 인식에서 사회의 책무이기도 하다는 쪽으로 점차 인식이 변화하고 있다. 하지만 가족주의가 공고한 우리나라에서는 집에서 가족이 돌봄을 제공하는 경우가 여전히 큰 비중을 차지한다. 치매 노인 실태조사에 따르면 치매 환자를 돌보는 주 돌봄자는 가족 관계가 90%를 넘고 이들의 70% 가까이가 여성이며, 하루 평균 돌봄 시간은 5시간에서 14시간까지라고 한다. 이렇게 장시간 치매 환자를 돌본다는 것은 다른 일을 할 수 없다는 의미이다. 노동 시간을 줄이거나 일을 그만둘 수밖에 없다.[15] 정신적으로도 이들은 의지할 곳이 거의 없다. 현재 전국 방방곡곡 치매안심센터가 생긴 것은 고무적인 일이지만 가족으로서 피부에 와닿는 도움은 아직 요원하다. 대규모 정책도 좋지만 이미 만들어진 치매안심센터의 내실을 채우는 작은 일부터 시작해 볼 필요가 있다. 그리고 그 공간을 중심으로 치매 노인과 가족, 그리고 이웃이 작은 도움이라도 주고받으며 언제라도 나와 내 가족의 일이 될 수 있는 이 어려운 질병에 대한 학습을 시작해 보는 것이 좋겠다.

실존하는 진실

병렬적 공간과 비선형적 시간
앤서니의 일상

앤서니의 공간

영화는 앤서니의 집이 마치 연극처럼 주된 무대가 된다. 그러므로 영화의 이야기를 다루기 전에 앤서니의 아파트에 대해 알아보자. 영화가 시작되면 영국 작곡가 헨리 퍼셀(Henry Purcell)의 세미 오페라 〈아서왕(King Arthur)〉의 3막에서 나오는 아리아인 '무슨 힘으로(What Power art thou?)'가 흘러나오면서 단발의 중년 여성 앤이 런던 마이다 베일(Maida Vale)의 맨션 블록 거리를 걷다가 아파트로 들어선다.

2층으로 올라가는 계단에 레드카펫이 깔려 있는 것으로 보아 고급 아파트로 보인다. 앤은 아버지 앤서니 집의 문을 열고 들어간다. 그리고 "THE FATHER"란 자막이 뜬다. 곧이어 앤은 집에서 아버지를 찾는다. 81세 노인 앤서니는 어두운 서재에서 혼자서 헤드폰을 끼고 헨리 퍼셀 CD를 듣고 있다 앤이 나타나자 헤드폰을 벗는다. 그러자 음악이 사라진다. 영화는 이런 식으로 은연중에 관객이 앤서니만이 느끼는 세계를 경험하게 한다. 앤은 아버지가 간병인 안젤라를 쫓아냈다고 화를 낸다. 앤서니는 서재에서 거실로 이동하면서 안젤라가 자신의 시계를 훔쳤다고 말한다.

일반적으로 가운데 거실이 있고 사방에 방이 있는 한국식 아

긴 복도는 외부의 빛이 들어오지 않아 어둡지만 영화가 전개되는 과정에서
소품과 색감이 변화되면서 지속적으로 낯선 긴장감이 조성되는 공간이다.

파트와 달리 앤서니의 플랫(flat)은 긴 복도를 따라 양쪽으로 주방,
식당, 화장실, 거실, 서재가 있으며 복도 맨 끝에 앤서니의 방과
앤의 방이 위치한다. 그러므로 한국식 아파트가 ㅁ자 방사형이라
면 앤서니의 플랫은 홀을 중심으로 수목형으로 뻗어나가면서 한
쪽에는 공적 공간으로 거실, 식당, 주방이 있다면 다른 한쪽은 사
적 공간으로 침실이 있다. 이는 사적 공간이 공적 공간으로부터
분리되어 어느 정도 프라이버시가 보장되는 구조다. 큰딸 부부
는 아버지가 방에 있는 줄 알고 거실에서 요양원 이야기를 하다
가 갑자기 복도에서 나타난 아버지를 보고 놀란다. 그리고 긴 복
도는 외부 빛이 들어오지 않는 어두운 공간으로 영화가 전개되는
과정에서 소품과 색상을 변화시키면서 지속적으로 낯선 긴장감
을 조성한다.

거실에는 미술공예운동의 타일 장식으로 둘러쌓인 커다란 벽
난로가 중앙에 있고 그 앞에 녹색 가죽 소파와 황토색 세무 가죽
소파가 놓여 있다. 탁자 위에는 파란색의 모던한 고양이 유리 조
각상과 고풍스런 목공예 체스판이 올려져 있다. 또 빅토리아 시

앤서니의 집은 단순히 주거공간이 아니라 그의 삶이 기록된 시간이다.

대풍의 피아노가 창가에 배치되어 있다. 피아노 위에는 메트로놈과 젊은 시절 사진 액자가 올려져 있고 그 위 녹색이 살짝 가미된 성숙한 노란색의 벽에는 마인데르트 호베마(Meindert Hobbema)의 풍경화와 호안 미로(Joan Miro)의 추상화 같은 그림이 걸려 있다. 거실은 세 개의 문이 있는데 가운데 문은 현관으로 연결되고 왼쪽 문은 서재로, 오른쪽 문은 식당으로 연결된다.

　이 영화의 프로덕션 디자이너인 피터 프랜시스(Peter Francis)는 이 집을 앤서니가 40년 정도 살았던 공간으로 디자인했다고 한다. 즉 앤서니의 집은 단순히 주거공간이 아니라 앤서니의 삶이 기록된 시간이다. 처음에 보이는 집은 앤서니가 경제적으로 여유가 있으면서 전통과 현대를 넘나드는 고급문화의 취향을 가진 노인임을 드러낸다. 그러나 영화가 진행되면서 점점 집 안의 가구와 그림들이 사라지면서 앤서니는 추억할 시간과 함께 자신의 정체성까지 잃어버린다. 앤서니에게 집을 잃는다는 것은 자신을 잃는 것과 마찬가지다. 한 사람이 오래 산 집은 그곳에 산 사람의 정체성을 드러낸다.

··

감독은 앤서니 집을 계속 변하는 복잡한 공간으로 만들어 관객이 마치 미로를 더듬으면서 길을 찾는 느낌을 주려고 했다고 한다. 영화에서 앤서니 집은 딸의 집으로 변하고 정신과 병원으로 변했다가 마지막에 요양원으로 변한다. 집의 기본 구조는 그대로 유지되지만 바탕색과 가구, 소품 들이 계속 바뀐다. 그러므로 관객이 보는 세계는 객관적인 건축 공간이 아니라 앤서니의 비선형적인 시간이다. 마치 누군가의 꿈속으로 초대된 것처럼 관객은 맥락 없이 은밀히 바뀌는 세계 속에서 치매에 걸린 앤서니처럼 기억의 혼란에 빠지게 된다. 그러므로 관객은 마치 퍼즐을 푸는 것처럼 파편적인 정보를 엮어 일관된 스토리를 스스로 창조해야 한다. 그렇지만 영화를 즐기기가 어렵지는 않다. 왜냐하면 〈더 파더〉는 우리가 익숙한 3막 구조로 구성되어 있기 때문이다. 또 할리우드 영화처럼 시퀀스 구조를 가지고 있어 전반적인 전개도 빠른 편이다.

앤서니의 시간

1시간 33분 분량의 〈더 파더〉는 10분 내외의 8개 시퀀스로 연결되어 있다. 1막에는 두 개의 시퀀스가 있는데 첫 번째 시퀀스는 앤과 앤서니를 소개하면서 앤과 앤서니 사이의 갈등을 통해 두 인물을 설정한다. 앤은 아버지를 간병인에게 맡기고 싶어 하고 아버지는 예전처럼 독립적으로 살아갈 수 있다고 주장한다. 두 번째 시퀀스에서 영화의 도발적인 사건이 터진다. 앤서니가 보는 세계가 실제가 아니라는 사실이 드러난다. 관객 역시 앤서니의 입장에서 앤이 다른 얼굴로 나타나고 같이 대화까지 나눈 앤의 남편이 실존하지 않는다는 사실을 알게 되면서 충격을 받는다. 그러면서 관객은 무엇이 앤서니의 환상이고 무엇이 실제인지 파악하기 위해 극에 집중하게 된다. 여기까지 영화의 25분 분량으로 영화의 스토리가 설정된다. 관객은 앤서니의 간절한 욕구가 바로 상황을 다시 정상으로 되돌리는 것임을 알게 된다.

　1막의 공간인 앤서니의 집은 2막에서 앤의 집으로 바뀌게 된다. 집의 구조는 동일하지만 벽색이 파란색 톤으로 바뀌어 좀 더 현대적인 느낌을 자아낸다. 소파 역시 좀 더 가벼운 느낌의 파란색 패브릭 소파로 바뀐다. 또 앤은 영화 내내 차분한 파란색 셔츠를 입고 있다. 이러한 블루 톤은 결국 요양원의 아주 차가운 톤으로 가기 위한 중간 단계로 볼 수 있다. 서재에는 많은 책들이 책장에 꽂혀 있고 탁자 위에는 중국풍 청자가 놓여 있다. 그리고 피아노가 사라진 자리에 술병과 음료수병을 올려놓은 탁자를 배치했다. 이러한 앤의 집은 앤이 아버지처럼 부유하지 않지만 실용적이고 절제되어 있고 좀 더 문화적으로 다양하며 지적인 성격을 가지고 있음을 보여 준다.

　2막은 앤서니가 급격히 악화되는 치매 증상과의 싸우는 대립 국면이다. 앤의 집에 머물고 있는 앤서니는 자신을 도와주러 온 새 간병인 로라를 보고 오랫동안 자신을 찾지 않은 둘째 딸 루시와 닮았다는 이유로 그를 환대한다. 그러나 곧 그는 앤에게 간병인이 필요 없다고 강력하게 선언한다. 또 앤서니는 앤의 남편 폴이 자신의 시계를 훔쳤다고 착각하면서 시계에 비정상적으로 집착한다. 시계는 앤서니 입장에서 꼭 잡아 둬야 하는 시간이고 잊어버려서는 안 되는 기억이다. 그러나 앤서니가 노력할수록 상황은 더 악화된다. 왜냐하면 과거의 독립적이고 자신만만한 태도는 이성적인 두뇌 능력을 잃게 되면서 타인을 괴롭히는 아집과 의심으로 변했기 때문이다. 또 과거의 쾌활하고 적극적인 성격은 역시 절제하는 이성을 잃으면서 타인을 간섭하고 공격하는 습관으로 바뀌게 된 것이다. 이를 앤이 감당하기 힘들게 되자 폴은 장인의 공격에 맞서 역공을 하게 된다. 결국 앤은 아버지를 정신과 병원으로 데려가 치매 진단을 받고 요양원으로 보내기로 한다. 그과정에서 폴과의 관계가 끊어질 위기에 처한다.

3막은 반전과 함께 지금까지의 의문이 해결되는 국면이다. 앤서니가 자다가 루시의 목소리가 들려 방 밖으로 나가 보니 집은 사라지고 병원 복도가 나타난다. 그리고 루시의 목소리를 찾다가 결국 중상을 당해 누워 있는 루시를 보게 된다. 아침에 앤의 집에서 일어난 앤서니는 루시와 닮은 로라가 온다는 소식에 기대에 들떠 있다가 로라가 요양원의 간호사 캐서린의 얼굴로 나타나자 충격을 받는다. 실망한 앤서니는 방으로 돌아가고 앤이 들어와 위로를 하면서 그에게 이제 편하게 요양원에서 지내라고 말한다. 이제 앤서니 방은 요양원의 병실로 바뀌고 앤은 앤서니에게 자신은 파리에서 살게 됐다며 주말에 찾아오겠다는 말을 남기고 요양원을 떠난다. 이런 3막은 지금까지 파편적으로 흩어졌던 기억들이 모아지면서 실제 앤서니를 둘러싼 퍼즐들이 모두 풀리는 국면이다. 앤서니가 그렇게 그리워했던 둘째 딸 루시는 사고로 죽었고 지금까지 앤서니가 지냈던 곳은 요양원이었고 그가 앤과 폴이라고 생각하며 만났던 사람은 요양병원의 간호사 캐서린과 의사빌이었음이 드러난다. 마지막에 앤서니는 자신의 이름까지 잊어버리고 자신의 이름을 지어 준 어머니를 찾으면서 캐서린 어깨에 기대어 눈물을 흘린다. 앤서니는 결국 기존 성인으로서 자신의 성격을 버리고 어린아이 같은 무력한 존재로서의 현실을 받아들인다.

〈더 파더〉는 이렇게 스토리 구조는 일반적인 할리우드 영화처럼 3막 시퀀스 구조를 가지고 있지만 영화 속 세계와 주인공의 캐릭터가 역전되어 있다. 일반 영화와 달리 〈더 파더〉의 세계는 객관적인 실제 세계가 아니라 앤서니의 주관적인 세계다. 객관적인 시간은 순차적으로 과거에서 현재를 거쳐 미래로 흘러가지만 앤서니의 시간은 무엇이 과거이고 현재인지 명확하지 않고 서로 순서가 바뀌기도 하고 중복되기도 한다. 앤서니의 시간은 그의 기억일 때도 있고 그의 기대일 때도 있다. 그리고 그 시간들은 항상 현재와 겹쳐 있다. 그럼에도 불구하고 앤서니의 시간은 실존하는 진실이다. 즉 그의 시간 역시 인간이 경험하는 실제 시간이다. 이런 점에서 〈더 파더〉는 앤서니의 주관적인 시간을 표현하는 표현주의적 영화인 동시에 치매를 겪는 노인의 현실을 생생하게 보여주는 사실주의적 영화다. 그러면서 처음에 도발적인 사건으로 문제를 제시하고 중간에 문제 해결을 위한 행동과 방해물을 보여주고 마지막에 문제를 해결하는 고전 서사의 구성을 갖고 있다는 점에서 고전주의적 영화로 볼 수 있다.

3부.

노년의 청연한 뒷모습

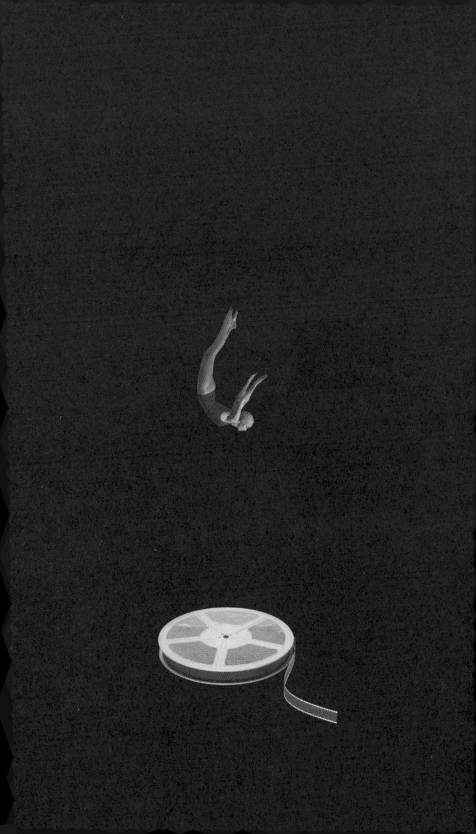

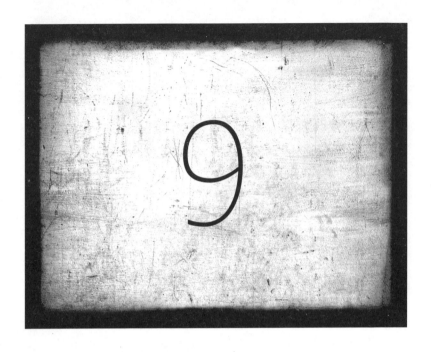

심플 라이프

감독: 허안화許鞍華

출연: 유덕화劉德華(로저 역), 엽덕한마德嫻(아타오 역), 진해로秦海璐(최 간호사 역),

왕복려王馥荔(로저 어머니 역), 진패秦沛(킨 아저씨 역)

개봉: 2012년

제작사: Bona international film group, Focus Films, Sil-Metropole Organization

(홍콩, 117분)

마지막 시간을 함께하는 법

"내가 아플 때
건강한 아타오가 나를 간호해 주었어.
이제 그가 아프니 건강한 내가 간호해야
하는 건 당연한 일이야."

이 영화는 실존 인물의 삶을 바탕으로 한다. 우리나라에서도 큰 인기를 끌었던 〈천녀유혼〉 시리즈와 〈황비홍〉 등을 제작한 홍콩 프로듀서인 '로저 리'가 모델이다. 그를 연기하는 남자 배우는 류더화(유덕화)이다. 여자 주인공 예더셴(엽덕한) 역시 유명 배우로, 로저를 갓난아이 때부터 돌봐 온 '아타오'라는 실존 인물을 연기한다. 이 영화는 이 둘 간의 '호혜적인 돌봄(reciprocal caring)'에 관한 이야기이다. 영화 전반부는 아타오가 로저를 돌보는 이야기이고, 중반 이후부터는 반대로 로저가 아타오를 돌본다. 그러니까 이 영화는 돌봄 행위로 상징되는 애정을 주고받는 이야기로, 서로 간 돌봄이 교차하는 서사를 보여 주면서 우리 모두는 '돌봄의 수혜자이자 제공자'라는 점을 생각하게 한다.[1]

〈심플 라이프〉는 60년 동안 한 가족을 위해 가사도우미로 일한 아타오가 중풍으로 쓰러지고 요양원에 가게 되자 그의 마지막을 아들뻘인 로저가 지킨다는 이야기이다. 아타오가 해 온 일은 단순한 노동이 아니다. 아타오는 로저 가족의 일원으로서 즐거움과 아픔을 함께 나누었다. 특히 이 영화는 현대 노령화된 홍콩 사회의 번성하는 요양원 속 보살핌이 건재함을 보여 준다. 요양원 안의 사람들은 서로 인정을 나누면서 생활하고 명절에는 대부분 가족들과 함께 시간을 보낸다. 단순한 일상을 보내다 죽음을 맞이하는 노인들의 '심플 라이프'이다. 이들의 삶은 비슷한 모습의 요양원 속 우리들 부모와 조부모를 떠올리게 한다. 어느덧 우리 삶에 깊숙이 들어온 요양원, 노인들의 마지막을 돌보는 공간과 사람에 대한 고마움과 함께, '함께 돌봄'의 의미를 되새겨 본다.

돌봄으로 맺어진
새로운 가족

로저는 중년의 독신 남성으로 그의 유모이자 요리사, 가정부, 그리고 대체모성(代替母性)이기도 한 노년의 여성 아타오의 마지막을 지킨다.[2] 아타오는 어릴 적 로저의 부모 집에 들어와 60년 동안 가사도우미로 일해 온 인물이다. 어린 나이부터 소위 '식모살이'를 했는데, 자신과 마찬가지로 어린아이였던 그 집안의 딸이 장성하여 결혼을 하고 아이를 낳게 되자 이제는 그 집으로 옮겨가 그 집 아이들을 보살폈는데, 그중 한 아이가 로저이다. 따라서 로저를 관찰하면 노쇠하여 죽음을 앞둔 노인과의 작별 과정에 필요한 '돌봄'이 어떤 것인가에 대해 일종의 실마리를 얻을 수 있다.

아타오의 병을 알게 된 로저는 모든 바쁜 일을 뒤로하고 그를 만나러 간다. 아타오가 좋아하는 음식을 함께 먹으러 가고 자신이 제작한 영화 시사회에 초대하기도 한다. 자신이 누군지 궁금해하는 요양원 사람들에겐 아타오를 양어머니로 소개해서 그의 체면을 세워 준다. 요양원에서 무시당하기 싫었던 아타오의 마음을 알아채고 그렇게 말한 것이다. 해외에 살던 로저의 가족들도 아타오를 위해 멀리서 찾아와 방문하는 등 호의를 보이기도 하지만 이 돌봄의 중심에는 그 누구보다도 아타오의 돌봄을 주로 받아 온 로저가 있다. 그는 아타오를 마치 어머니를 대하듯 돌보는 이유에 대해서 이렇게 말한다.

> "내가 아플 때 아타오가 나를 돌봐 줬는데, 이제 내가 그를 돌볼 수 있어서 다행이야."

아타오는 항상 먼지가 없도록 집안을 청결하게 유지하면서
로저의 입맛에 맞는 음식을 만들어 그의 건강을 챙기며, 늘 바쁜 그를 충실히 돌본다.

　영화 속 묘사된 돌봄의 시간은 사랑하는 노인을 최선을 다해 돌보고 떠나보내는 방법을 학습하는 시간으로 삼기에 충분하다.

　로저와 아타오가 고용주-피고용인의 관계라는 점에서 이들의 친밀한 관계에 '유사가족'의 개념을 적용할 수 있다. 그러니까 이 둘의 관계는 오랫동안 고용주와 고용인의 관계였으나 후에는 '스토르게(storge)', 즉 가족 간의 사랑 또는 애정을 나누는 관계로 변화한다. 부모가 자식에게 느끼는 사랑이나 자식이 부모를 위하는 모습, 그 자체이다. 현재의 고령사회에서 돌봄을 주고받는 관계는 이제 가족의 범위를 훌쩍 넘어선다. 타인의 친밀한 돌봄을 받은 아이가 성인이 되어 자신을 돌본 이를 돌보는 것은 이 영화가 주는 감동의 핵심이며, 우리 모두의 인생 속에서 돌봄이 핵심 주제임을 어렴풋이 깨닫게 한다.

　유사가족, 또는 포스트(post)-가족의 등장은 부양이나 돌봄이 반드시 혈연으로 맺어진 가족 구조가 아니더라도 얼마든지 가능하며, 심지어 지금은 그와 같은 관계가 더 요청되는 사회에 살고 있다는 점과 함께, 가족이든 아니든 간에 우리 모두가 연대함으로 인해 '함께 살기'가 가능하다는 점을 알려 준다.[3] 우리는 이 영화를 보며 부모를 비롯 우리의 오늘이 있기까지 관심과 사랑을 보여 주었던 친척이나 이웃의 적지 않은 노인들을 떠올리며, 이들과 어떻게 작별해야 하는가에 대해 생각해 볼 수 있다.

'함께 돌봄'의
사회

사실 아타오가 아무리 가사도우미로서의 역할을 잘 해냈다 할지라도 그것은 대가를 받는 노동이었다. 그러니 돌봄 서비스의 구매자였던 로저와 그의 가족이 아타오를 돌볼 마땅한 의무는 없다고 할 수 있다. 하지만 그럼에도 로저가 헌신적으로 아타오를 돌보는 것은 우리에게 많은 것을 생각하게 한다.

이 세상은 돈과 힘을 소유한 사람들이 돌봄을 받을 권리는 쉽

로저는 영화 프로듀서로 잦은 출장을 다니며 일에 열중하는 중년의 독신 남성이다.

게 손에 넣으면서 실상 돌봄의 책임은 면하려고 하는 곳이기 때문이다.[4] 한평생 돌봄을 민주주의의 과제로 연구해 온 사회학자 트론토(Tronto)는, 다른 사람의 돌봄을 받는 사람은 자신을 그럴 자격이 있는 것으로 자연스럽게 가정하는 반면, 자신들은 (돌봄 말고) 다른 중요한 일을 해야 하므로 다른 이들을 돌보는 책임에서 면제되는 게 당연하다는 태도를 갖기 쉽다고 말한다. 이런 연유로 돌봄은 인류의 역사가 시작된 이후 지금까지 한 사회의 가장 중요한 교환 행위이면서도 그에 합당한 대우를 받지 못하고 있다. 트론토는 이를 '특권적 무책임(privileged irresponsibility)'이라고 부른다.

이미 당도한 것이나 다름없는 초고령사회는 돌봄의 제공과 소비가 넘쳐난다. 우리 모두는 인생 주기를 통해 어떤 때는 돌봄을 더 많이 받고 어떤 때는 돌봄을 베풀 수 있는 입장 사이를 오가지만 돌봄의 호혜성을 생각해 본 적이 별로 없다. 아무리 돈을 주고 샀다고 해도 돌봄은 주고받는 사람들 사이에 유의미한 관계를 형성하기 때문에 상품의 구매와는 다른 측면이 있다. 그런데 사회현실 속 돌봄노동의 가치는 낮게 평가되고 정작 돌봄노동자 자신은 돌봄이 필요할 때 돌봄을 받을 수 없는 경우가 많다.[5] 돌봄이 민주주의의 과제인 이유는 모든 사람은 평생 동안 충분한 돌봄을 받을 자격이 있다는 것과 우리 모두에게 함께 유의미한 돌봄 관계에 참여할 책무를 강조하기 때문이다. 좋은 사회라면 누구나 필요할 때 돌봄을 받을 수 있어야 한다. 그것이 경제적, 사회적 조건에 따라 차이가 있어서는 안 된다.

아타오는 고독하게 세상을 떠날 수도 있었다. 하지만 돌봄의 호혜성을 잊지 않았던 한 사람으로 인해 아타오는 '선물' 같은 마지막을 맞이할 수 있었다. 아타오와 로저를 바라보면서 모든 이들이 필요한 돌봄을 원할 때 받을 수 있는 사회를 생각한다. 서

로가 서로에게 상호의존적인 존재임을 인정할 때 민주적 돌봄인
'함께 돌봄(caring with)'이 가능하다.⁶ 이런 사회를 만들기 위해 작게
나마 할 수 있는 일이 있는지를 묻는 것은 영화의 예술적 감상을
넘어서는 사회적 실천의 시작이 될 것이다.

비혼 여성의
노년기

최선을 다해 산 삶을 생애 마지막 시간에 보상을 받는 것은 누구
나 누릴 수 있는 일은 아니다. 〈심플 라이프〉가 아무리 실화에 바
탕을 두었다고 해도 우리 현실에서 그런 일은 극히 어려운 일이
다. 오히려 그보다는 아타오 같은 고령 노인의 안타까운 '고독사'
이야기가 우리에겐 더 현실적으로 들릴지 모르겠다.

　〈심플 라이프〉의 중국어 제목이 '타오 누나(桃姐)'라는 점을 감
안하면 이 영화는 비혼 여성의 노년을 다루는 데도 관심이 있음
을 짐작할 수 있다. 한평생 결혼도 하지 않고 일했으나 자신이 돌
봄을 받아야 할 때가 되었을 때 그의 곁에는 아무도 없을 뻔했다.
지구상의 많은 여성은 '돌봄노동자'의 정체성이 부여되어 무급
또는 유급의 노동을 하지만 그에 대해 정당한 대가를 받고 있는
이는 얼마나 될까. 아타오의 인생에 대해 좀 더 들여다보게 되면,
근대 중국과 홍콩의 파란만장한 역사 속에서 가족과 타인을 돌보
는 일을 암묵적으로 요청받아 온 여성의 삶, 특히 비혼 여성들의
노년기 삶에 대해서도 한 번쯤 생각해 볼 기회가 된다.

　영화 속 아타오의 말년은 예상치 않은 호의를 받았으므로 의
미가 있는 것으로 그려진다. 그러나 이렇게 아타오의 인생이 '나

쓰지 않았다.'라고 말하고 있는 주체는 과연 누구인가를 묻는 시선이 있다. 감동적인 실화에 바탕하고 있는 이 영화를 '굳이' 날카롭게 분석한 몇몇 학자들은 이 영화가 과연 어떠한 시선과 태도로 주인공과 인생에 대한 이야기를 구성하고 있는지의 문제를 제기한다. 이러한 시선은 이 영화가 결국 '하위주체로서의 여성과 노인 문제에 대해 말하려는 영화'라는 입장을 취한다.[7]

주인공을 고독사할 뻔한 비혼의 고령 여성으로 바라보자. 노인이 늘어나는 것과 마찬가지로 우리 사회에는 비혼자도 늘고 있다. 특히 '가족'이라는 울타리 안팎에서 비혼 여성의 노년 문제는 앞서 다룬 '돌봄'의 문제와 직접적으로 연결된다. 비판적 분석을 제시하는 학자들은 여주인공 아타오를 사회구조적 불평등을 온몸으로 경험하며 살아온 '하위주체'로 본다. '하위주체(서발턴, subaltern)'는 이탈리아의 공산주의 이론가인 그람시(Gramsci)가 무산자(프롤레타리아, proletariat)라는 개념을 대체 또는 보완하기 위해 처음 사용한 용어로, 지배세력에 의해 타자(the other)로 전락한 개인이나 집단을 가리킨다. 인도의 여성학자인 스피박(Spivak)은 '하위주체는 말할 수 있는가?(Can subaltern speak?)'라는 문제를 제기하며 제국주의에 의해 식민지가 된 땅의 여성들의 삶에 주목한다.[8]

〈심플 라이프〉 전반부는 아타오가 로저 집안의 일을 하게 된 배경을 간략하게 보여 준다. 그는 가난한 집안에 태어났고 어릴 때 입양되었다. 양부는 일제 침략기 때 살해되었고, 양모는 열세 살의 그를 남의 집에 팔았다. 그래서 그는 60년간 입주 가사도우미, 과거 표현을 빌리면 '식모'로 살아오게 된 것이다. 이후 영화는 '파란만장'이라는 말로도 설명이 불충분할 아타오의 과거에 대해서는 더 이상 관심을 두지 않는다.

영화가 설명하지 않은 그의 어린 시절로 돌아가 보자. 아타오는 중국과 홍콩의 역사 속 중상류층 집안의 여성 가사노동자를 뜻하는 '마제(媽姐)'로 불렸던 사람들 중 하나다. 이들은 본래 '자소녀(自梳女)'라고 불리던 광둥(廣東) 지역의 미혼 여성인데, 가부장적 사회에서는 미혼 여성이야말로 '문제적 집단'이었다. 그 시절, 그곳의 여성은 결혼 당일에야 마을의 어른들이 머리를 올려 주는 의식을 통해 '성인'이라는 상징적 의미를 부여받았다고 한다. 그런데 19세기 말, 광둥의 많은 여성들이 이런 풍습에 대한 저항의 표시로 스스로 머리를 올리는 행위를 통해 평생 결혼하지 않겠다는 결심을 표했으며 이런 행위를 '자소(自梳, 스스로 머리 빗기)' 또는 '소기(梳起, 머리를 빗어 올리기)'라 불렀기 때문에 이들을 '자소녀'로 일컫게 되었다는 것이다.

그러나 이들은 가부장적 사회의 영향에서 완전히 벗어날 수는 없었다. 평생 결혼할 수 없었을 뿐만 아니라 심지어 남성과의 관계가 알려지면 마을 사람들에 의해 죽임을 당하는 경우도 있었다고 한다. 그들은 당시 크게 번성하던 제사업(繅絲業)을 기회로 공장의 여공으로 거듭난다. 혼인을 강요하는 가족을 떠나 혼자서 살아가려면 경제적 기반이 필요했으므로 공장에서 일하며 돈을 모았다. 1930년대에 이르러 제사업이 쇠락의 길로 접어들자 자소녀들은 또 다른 일자리를 구하기 위해 광저우, 홍콩, 마카오 등으로 이주했는데, 이 시기 홍콩에 정착한 자소녀들이 대부분 '마제', 즉 가사노동자가 되었다는 것이다.

마제에 관한 연구에 따르면 이들은 부지런한 성격과 출중한 요리 실력, 게다가 평생 결혼하지 않는다는 점 때문에 가정부 시장에서 인기가 높았다고 한다. 이는 아타오에 대한 영화 속 묘사 그대로다. '집안 간 여성 거래'를 포함하는 가부장제에 저항하며 '무급 돌봄노동'을 거부하였으나 그들이 '자기 거래'를 통해 선택할 수 있었던 노동은 타인의 가족을 위한 '유급 돌봄노동'이었다는 점이 바로 학자들이 주목하는 점이다.[9] 이는 재생산 노동의 불평등한 성별 분업으로 여성, 특히 하층 여성에게 허락되는 노동 기회가 지극히 제한적이라는 사실을 말해 주며, 여성 집단 내에도 계층에 따른 분업이 존재함을 알려 준다. 로저의 어머니처럼 중산층 이상의 여성은 상대적으로 하위 계층의 여성 가사노동자를 고용하여 당면한 돌봄 문제의 상당 부분을 해결한다. 결국 가정 내외에서 무상·유상의 돌봄노동을 제공하는 것은 모두 여성이며, 그것이 가부장제의 산물임은 부정할 수 없는 사실이라는 것이다.[10]

이러한 분석은 아타오가 왜 자신의 가정을 이루지 않았는지 또는 못했는지에 대해 어렴풋이 추측할 수 있게 한다. 고향을 떠나 익명의 삶을 살았기에 전통의 영향력에서 벗어난 것처럼 보이지만 실제로는 가정을 꾸리는 것에 대한 두려움이 작동했을 수도 있다. 낯선 곳으로 이주해서, 그것도 한 가정의 내부에서 일하는 입주 가사노동의 특성상 사회연결망의 부재도 있었을 것이다. 그런데 영화 속에는 아타오가 남성을 고르는 눈이 높아 비혼을 선택한 것처럼 비춰지는 장면들이 있는데, 우리 모두는 우리가 살아가는 사회의 구조적 모순에서 자유로울 수 없으므로 '그렇지만은 않았다.'는 정도로 이해하고 넘어갈 필요도 있다. 이렇게 영화가 사회현실에 대한 탐구를 멈추는 지점을 아쉬워하는 목소리들도 있다는 것을 알게 되는 것 역시 좋은 영화를 봄으로써 얻게 되는 '확장 경험'이라고 할 수 있을 것이다.

'K 장녀'의
에이징 솔로

아타오처럼 돌봄노동자가 아니더라도 우리 사회에는 일생 동안 결혼도 하지 않고 부모를 돌보는 사람들이 있다. 바로 '가족 돌봄자'이다. 남성보다 여성이 더 많다. 최근에는 부모 돌봄의 1순위는 비혼 딸, 2순위는 기혼 딸, 그다음은 비혼 아들, 다른 대안이 없을 때 기혼 아들이 책임을 떠안는다는 연구도 있다.[11] 전통적인 가족의 해체와 고령화의 진전으로 빚어지는 돌봄의 공백을 비혼 자녀들이, 그것도 딸이 중심이 되어 메우고 있다는 것이다.

아직 소수에 불과한 이런 연구들은 이렇게 성별과 결혼 여부에 따른 자녀 간 돌봄 분배의 불균형에 주목하며 비혼 딸이 부모의 부양에 최적합자로 선발되는 과정이 '부정의(不正義)'에 다름 아니라는 주장을 편다.[12] 비혼 딸들은 사랑으로 부모를 돌볼 수 있는 존재이지만 문제는 이들 다수가 가족과 사회로부터 잊혀지고

로저와 아타오는 더 이상 주인과 하인이라는 상하관계가 아니라
서로 의지하고 돕는 동등한 관계로 발전한다.

결국 그 자신의 노후가 위험해진다는 점이다.

　무엇이 비혼인 딸을 부모 돌봄의 최적합자로 만드는가? 우선 부모가 일찍부터 딸들에게 '좋은 돌봄자'가 되라는 바람을 피력하기 일쑤이다. 이런 가정교육을 내면화하며 자라 온 여성들은 결혼을 하면 소위 'K-장녀'로 표현되는 삶을 살도록 안내되거나 비혼이라면 마치 당연하다는 듯 부모를 모시게 되는 구조로 편입되기를 강요받는 것이 아닐까?

　사회적으로도 적절한 지원을 받지 못하는 불충분한 사회적 돌봄의 문제가 여성에게 전가된다는 이야기는 오래전부터 있어 왔다. 이전에는 며느리 위치의 여성이 주로 그 일을 감당해 왔지만, 이제는 그들이 가부장제의 난파선에서 탈출하며 그 역할이 딸에게로 전가된 듯하다. 특히 요새 유독 결혼하지 않는 사회 분위기에서 비혼 여성에게 부모 '독박 돌봄'이 기다리고 있다는 것은 심각한 현실이다. '함께 돌봄'이 가족 내에서 실종되고 있다는 위험 신호가 켜진 지 오래다. 국가는 가족에, 가족은 비혼자에 돌봄을 떠넘긴다면 '돌봄 민주주의'는 우리 사회에 영원히 도착하지 않을 것이다.[13]

　한편 비혼 여성은 '부모 돌봄' 말고 '자기 돌봄'의 문제도 있다. 어찌 보면 이게 더 중요하다. 《에이징 솔로》라는 책은 중노년 1인 가구, 그중에서도 여성의 이야기를 담고 있다. 지금까지 '노인 1인 가구'라고 하면 우리는 거의 반사적으로 배우자와 사별한 노인을 떠올리지만, 잘 보이지 않는 곳에 비혼 노인이 있어 왔고, 그들은 점점 더 늘어나고 있다. 《에이징 솔로》에 언급된 중장년 그리고 노년 여성들은 혼자이면서 '연결된' 삶을 살아가고 있어 다행이지만 그들이 찾은 돌파구 역시 어려움이 많을 것이다. 그들의 가장 큰 고민은 역시 '돌봄' 문제이다. "혼자 살다가 아프면 어떡

하지? 결혼을 안 했다는 것 때문에 부모 돌봄을 혼자 책임져야 하면 어쩌지?"[14] 적지 않은 두려움을 안고 있지만 자신만의 방식으로 삶을 살아가면서도 공동체 속에서의 조화도 놓치지 않는 그들의 삶은 아름답다. 그러나 결국은 국가가 나서서 돌봄에 대한 공적인 접근이 이뤄져야 한다. 예를 들면 가족 돌봄자와 지역 돌봄 공동체를 지원하는 일 등이 따라오지 않으면 개인들의 노력은 장렬한 패배로 끝날지도 모른다. 그렇게 되면 '돌봄 민주주의(caring democracy)'는 결코 이뤄질 수 없을 것이다.

홍콩 요양원의
사람들

홍콩도 우리나라도 고령화 문제는 당면한 매우 심각한 문제이지만, 다행히 정부가 그 심각성을 인식하여 장기요양 관련 정책이 속속 정비되고 있는 것은 다행한 일이다. 〈심플 라이프〉는 노인이 증가하면서 요양원이 우후죽순으로 생겨 마치 "편의점처럼 많아진" 홍콩의 상황을 배경으로 하고 있다.[15] 영화 〈창문 넘어 도망친 100세 노인〉에서 스웨덴의 요양원을 둘러보았지만 여기 홍콩의 요양원은 뭔가 우리와 보다 닮은 측면이 있다. 아시아적(的) 동질성이랄까?

　홍콩의 전문가들은 65세 이상의 인구가 2019년 132만 명이던 것에서 2039년 252만 명으로 약 두 배 수준으로 증가할 것이라는 전망을 내놓으면서 사각지대에 놓인 독거노인들의 고독사 문제에 대한 사회적 관심이 필요함을 경고하고 있다.[16] 그래도 홍콩의 노인들은 요양원에 들어가기보다는 집에서 지내며 간병인의 도

움을 받는 이들이 많다고 하는 글을 보면 우리보다 사정이 더 나은가 싶기도 하다.[17]

영화는 요양원 노인들의 면면을 매우 구체적으로 묘사한다. 아타오가 요양병원의 문을 열고 들어서면서부터 병세가 악화되어 병원으로 옮기며 그곳을 떠날 때까지 시종일관 요양원 안팎을 그린다. 요양원 노인들의 삶이 손에 잡힐 듯 생생하다. 노인들은 저마다 하나 이상의 질환을 앓고 있으며 그들의 가족도 각자의 문제가 있다. 병이 깊어져서 큰 병원으로 이송된 노인은 다시는 요양원으로 돌아오지 못하고 어떤 노인은 낙상으로 죽음을 맞기도 한다. 어떤 노인은 시를 읊으며 하루를 지내고, 어떤 노인은 가끔 오는 유치원 아동들의 재롱에 기대어 산다. 또 어떤 노인은 돈을 빌려서라도 사창가에 다녀오는 것을 인생의 낙으로 여긴다. 문을 잠가 놓은 것도 아니고 외출을 할 수 없는 것도 아니지만 요양원이란 곳은 입소자에게 죽음과 가까이 있는 삶의 마지막 공간이다. 노인들은 다른 이들은 가볍게 밀고 드나드는 현관 유리문을 열고 다시 세상으로 나갈 수 없음을 알고 있다. 누가 죽어도 잠시 슬픔을 표시할 뿐 매일의 무덤덤한 표정으로 곧 돌아간다.

영화는 이렇게 요양원 노인의 삶에 대해 보여 주기는 하지만 문제점을 파헤치기보다는 미화하는 쪽을 택했다는 비판도 받는다. 한 연구자는 이 '미화'의 작업이 가장 극적으로 드러난 곳은 아타오의 장례식장에 요양원의 한 노인이 뒤늦게 나타나는 장면이라고 보았다.[18] 그는 앞서 언급한 사창가를 드나드는 노인으로, 아타오에게 돈을 꿔 간 일이 한두 번이 아니다. 아닌 게 아니라 그가 장례식에 꽃을 들고 나타나는 모습은 영화 속 이 노인의 존재로 인해 소소하게 느껴지던 불편감을 애써 얼버무리는 측면이 있기도 하다.

생각해 보면 영화를 보면서 불편함을 느끼게 되는 부분은 이외에도 꽤 있다. 딸 입장에서 보게 되어 화를 내며 감정이입하게 만드는 한 여성 노인이 특히 그렇다. 이 노인은 아들에게 전 재산을 준 뒤 사실상 버림받았다. 딸은 어머니를 보러 오기는 하지만 올 때마다 원망을 쏟아놓는다. 딸은 정작 어머니가 돌아가시자 목메어 우는데, 그 눈물의 의미가 뭘까 궁금해진다. 또한 몇 년째 아무 가족도 찾아오지 않는 노인들도 있다. 그 노인의 가족들은 왜 찾아오지 않을까? 생의 마지막 단계에서 결국은 이해받지 못하고 고립되는 노인들의 삶과 더불어 어떻게든 돌보려는, 또는 돌보지 않으려는 자녀들을 바라보는 마음은 쓸쓸함을 넘어 혼란함을 유발하며, 결국 관객으로 하여금 '자식으로서의 나는 이들 중 어떤 쪽에 가까운가?'라는 최강 난이도의 질문에 부딪히게 할 수도 있다.

요양원, 누군가의
마지막 집

아타오의 삶은 단순하다 못해 협소하다. 홍콩의 작은 아파트에서 60년을 보내고 나머지는 더 좁은 요양원의 1인실에서 보낸다. 작은 아파트는 노인을 부양할 수 없다. 왜냐하면 아파트는 많은 가구를 수직으로 중첩하여 공간의 효율성을 극대화한 공동주택이지만 도시의 외딴섬처럼 독립되어 있기 때문이다. 아파트에는 〈칠곡 가시나들〉의 할머니들처럼 서로 의지하며 살아가는 공동체가 없다. 작은 아파트의 거주자는 항상 바쁜 일상을 살기 때문에 노인을 부양할 여력이 없다. 아파트는 마치 노동자의 숙소처럼 효율적인 노동에 최적화된 공간이기 때문에 그가 노동력을 잃으면 거주하기 힘든 곳이 된다. 아타오는 뇌졸중으로 노동력을 상실하자 요양원에 들어간다. 요양원은 역시 노인 부양의 효율성을 극대화한 공동주택이다. 아파트나 요양원 모두 도시의 구조적 결핍을 효율적으로 해소하기 위한 기계적인 제도이다. 그러나 영화는 비정해 보이는 도시의 공간 속에서도 살아 지속되는 전통의 친화를 이야기한다. 아타오의 심플 라이프는 콘크리트 숲인 홍콩의 삭막한 도시 풍경 속에서 살아 숨 쉬는 타인에 대한 친절과 사랑을 상징한다.

사실 많은 사람들이 요양병원과 요양원의 차이도 잘 모른다. 이 둘은 크게 다르다. 요양병원은 「의료법」에 의거한 의료기관으로서 건강보험의 적용을 받는다. 노인 중 급성이나 만성질환의 문제에 대해 의료적 처치가 필요한 사람들이 입원하며 입원에 별다른 자격 제한이 없다. 그리고 거주시설이 아니므로 어떤 경우에도 6개월 이상 머무를 수 없다는 규정이 있다. 반면 요양원은 「노인복지법」에 의거한 노인거주 시설이다. 재원은 노인장기요양보험에서 부담한다. 과거에는 가족이 돌보던 집안의 어른들이 이제는 이 전문적인 돌봄시설에 입소한다. 핵가족화, 맞벌이의 증가 등으로 돌볼 수 있는 가족이 적거나 없어서이기도 하지만 이미 노부모를 부양(해야)한다는 인식은 사람들의 인식 속에서 희미해져 버렸다. 그래서 많은 사람들은 대개 어떤 사건을 계기로 부모님을 모실 요양원을 알아보기 시작한다.

「노인장기요양보험법」은 좋은 법이다. 고령이나 노인성 질병 때문에 독립적으로 살기 어려운 노인 및 가족의 부담을 덜기 위해 시행하는 선진적인 '사회보험제도'이다. 노인이나 보호자의 신청과 함께 판정을 거쳐 장기요양 1~5등급을 받게 된다. 요양

등급 판정 절차

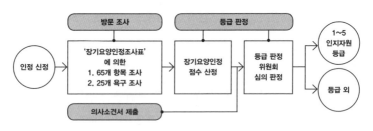

등급은 1~5등급, 그리고 인지지원 등급의 총 6개이다. 1~2등급
은 요양원 입소가 가능한 등급이며 3~4등급은 집에 요양보호사
가 찾아오는 재가 서비스만 이용 가능하나 특별한 사유가 있으면
요양원에 갈 수도 있다. 이를테면 부양할 사람이 없거나 주거지
의 상황이 좋지 않다면 3~4등급인 분들도 요양원에 입소할 수 있
다. 요양원에 갈 수 있는 등급을 받지 못했지만 결국 가족이 부양
할 수가 없다고 하면 어떻게 될까? 이런 틈을 '요양병원'이 메운
다. 등급 외로 판정받으면 지역사회의 노인 관련 보건복지 서비
스를 받을 수 있도록 안내받게 된다.

2008년 장기요양보험제도가 도입된 이후 노인들의 삶은 나
아졌을까? 요양원은 그 이름처럼 노인들이 '요양'할 수 있는 공간
일까? 요양원은 결국은 공동생활이며 합숙이나 다름없기에 노인
상당수가 힘들어 한다. 대다수 노인들은 될 수 있으면 집에서 지
내고 싶어 하지만 집에 방문하는 요양보호사의 도움을 받을 수
있는 시간은 하루당 3시간에 불과하며 많은 가족이 이 정도로는
돌봄을 감당하기 어려워한다. 그래서 결국 많은 노인들이 자의반
타의반 요양원을 선택한다. 절반 정도여야 할 '자의' 역시 태반이
'나 때문에 고생할 자식을 생각해서'이다. 그러나 재가 급여가 늘
어나고 집에서 필요할 때 간호 서비스를 이용할 수 있다면 보다

장기요양 인정 점수 구간별 장기요양 인정 등급

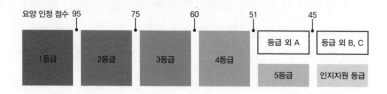

요양 인정 점수 95　75　60　51　45

| 1등급 | 2등급 | 3등급 | 4등급 | 등급 외 A | 등급 외 B, C |
| | | | | 5등급 | 인지지원 등급 |

오래 집에서 살 수 있다.[19] 노인 입장에서 요양원의 가장 나쁜 점이라면 집으로 돌아가기 힘들다는 것이다. 실제로 요양원에 입소했다가 집으로 돌아가 재가 서비스를 받는 사람은 약 6%에 불과했다고 한다. '부모님 건강이 좋아진다면 다시 집으로 모실 것인가?'를 물은 조사에서 자녀들의 74.6%가 '그럴 의사가 없다'고 답했다고 한다.[20]

'(다시 집으로 모실 수) 없다'고 답한 자녀들의 마음도 편하지 않았을 것이다. 부모를 모시기 싫어서가 아니었을 것이다. 부모 돌봄 문제를 두고 부부 사이가 나빠지는 경우도 많다고 한다. 현재는 연명의료에서만 노인의 자기결정권을 말한다. 그러나 요양원에 가는 문제에도 노인의 자기결정권이 좀 더 반영될 수는 없는 것인지, 웬만하면 요양원에 가는 것을 늦추게 집에서 보다 양질의 장기요양서비스를 받을 수는 없는 것인지, 이게 정말 재원이 없어서 불가능한 것인지를 묻게 된다.[21] 돌봄 제공자들의 노동에 대한 고마움과 함께 합당한 급여를 지불하고 이들이 돌봄 전문가로서 역량을 높일 수 있도록 지원하는 것 역시 사회적 과제이다.

요양보호사 자격증 소지자가 162만 명인데도 실제 시설 등에서 근무하는 요양보호사는 41만 명에 그친다.[22] 노인의 자녀들과 요양보호사들은 서로 자신이 '갑' 아닌 '을'이라며 답답해한다. 요양원의 실태를 고발하는 어떤 탐사보도에 "요양원은 내가 가는 곳이 될 수도 있고, 내가 일하는 곳이 될 수도 있다."라는 댓글이 달리기도 했다.[23] 친밀함의 외주화가 이루어지는 공간, 그곳이 바로 요양원이다.[24] 나의 부모, 그리고 내가 있게 될 공간이라는 생각에 이곳이 '현대판 고려장'의 공간이 되지 않도록 살피는 것 역시 우리 모두의 과제일 것이다.

단백한 충실함
아타오와 로저의 심플 라이프

아타오는 로저가 20살 때 떠나 30살에 돌아온 유학 생활 기간을 빼고 줄곧 그와 함께한다. 로저는 영화 프로듀서로서 잦은 출장을 다니며 일에 열중하는 중년 독신 남자다. 가족들은 로저만 남기고 모두 미국으로 이민가고 아타오는 남아 로저의 뒷바라지를 한다. 아타오는 항상 집 안에 먼지가 없도록 청결하게 유지하면서 로저의 입맛에 맞는 음식을 하고 건강까지 챙기며 일로 바쁜 그를 충실히 돌본다. 그러나 로저와 아타오는 함께 식사를 하지 않는다. 로저는 식탁에서 혼자 식사하고 아타오는 로저의 식사를 챙기면서 주방에서 서서 대충 식사를 한다. 이는 고용인과 고용주의 상하 관계를 보여 주는 장면이다.

어느 날 아타오는 뇌졸중으로 쓰러지면서 로저에게 일을 그만두고 요양원으로 들어가겠다고 선언한다. 로저는 자신이 요양원 비용을 대겠다며 직접 요양원을 구한다. 그는 요양원에 정산서를 요청해 기저귀 비용이나 진료 동반비 같은 비용 지출이나 간병인이나 물리치료사의 자격증 여부 등을 세세하게 따지고 직원은 사장을 부른다. 그런데 그 사장은 로저가 함께 일했던 배우로 요즘 홍콩에 노인 인구가 넘쳐나 요양원에 투자했다고 한다. 로저는 그 요양원에서 가장 비싼 1인실을 20% 할인 받아 계약한다. 그리고 로저는 세탁기를 사서 혼자 살아갈 준비를 한다.

어느 비오는 날 아타오는 요양원에 도착하고 최 간호사의 도움을 받아 요양원 로비에 들어서자 휠체어를 탄 노인들이 옹기종기 모여 그를 빤히 쳐다본다. 독립적이고 깔끔한 성격의 아타오에게 1인실은 살기 힘든 곳이다. 1인실은 넓은 병실을 단순히 칸막이를 한 좁은 공간이고 낡고 지저분하며 냄새가 나고 여기저기서 환자들의 신음 소리가 들리기 때문이다. 그리고 그는 어린이같이 의존하고 소란을 떠는 노인들의 모습에 적응하지 못한다.

식당에서 노인들은 간병인이 떠 주는 음식을 먹고 어떤 노인은 음식을 흘리고 또 어떤 노인은 잘못 낀 남의 틀니를 빼내어 자신의 틀니를 가져오라고 소리를 지른다. 옆자리에 앉은 캄 할머니가 아타오에게 알은체하며 가족 없이 혼자 왔는지 묻는다. 아타오는 가족이 미국에 다 있다고 거짓말을 한다. 로저가 처음 아타오를 방문했을 때 그의 존재를 호기심을 가지고 쳐다보는 노인들에게 로저는 자신을 양아들이라고 소개하고 이로써 아타오는 안심과 기쁨의 미소를 짓는다. 이 영화는 캐릭터 중심 영화로 아타오와 로저의 캐릭터가 플롯보다 더 중요하다. 둘은 가족은 아니지만 가족처럼 닮아 간다. 김태용 감독의 영화 제목처럼 '가족의 탄생'인 것이다.

로저는 아타오와 함께 외출해 외식을 한다. 둘은 식당에 앉자마자 젓가락을 휴지로 닦고 식수로 씻는다. 아타오는 생선은 괜찮지만 소스가 맛이 없다고 한다. 아타오는 결벽증과 까다로운 미각을 가지고 있고 로저는 아타오의 습관을 그대로 따라 한다. 둘은 서로 마주 보고 식사를 한다. 이제 로저와 아타오는 더 이상 주인과 하인의 상하 관계가 아니라 서로 의지하고 돕는 동등한 관계가 된다. 로저가 어리거나 아플 때 아타오가 도왔다면 이제 아타오가

••

늙고 아프자 로저가 돕는다. 로저는 아타오를 집으로 데리고 와 율무스프를 대접하고 집안 물건들을 함께 정리하다가 로저를 업고 다녔던 포대기와 추억의 사진을 함께 보며 즐거워한다.

아타오는 로저를 위해 새 가정부를 찾는다. 그런데 밥을 뚝배기로 해야 하고 바다 생선을 찌고 이틀에 한 번씩 전복이나 해삼 요리를 해야 한다고 하자 가정부들이 도망간다. 아타오는 평생 결혼을 하지 않았고 로저도 아직 결혼을 하지 않았다. 둘은 독신의 단순한 삶을 산다는 공통점이 있다. 로저의 어머니가 아타오를 찾아와 제비집을 삶은 음식을 건네며 아타오가 자신이 아플 때 병원으로 주방을 통째로 옮겼던 추억을 이야기한다. 그러나 아타오는 로저 어머니 앞에서 음식에서 비린 맛이 난다며 까다로운 입맛을 표현한다. 아타오는 로저나 로저 어머니를 기본적으로 윗사람으로 생각하지 않는다. 그러므로 눈치 볼 일이 없다. 돌봄은 가사노동자로서의 일이고, 아부할 일은 없는 것이다.

로저 어머니가 실망하자 로저는 증손자의 출생 이야기로 분위기를 바꾼다. 아타오는 귀한 음식을 요양원 사람들과 함께 나눠 먹는다. 그리고 킨 아저씨가 아타오에게 에그타르트를 선물로 주면서 돈을 빌려 달라고 하자 아타오는 그에게 거액인 300달러를 선뜻 빌려준다. 아타오는 자신의 일에는 비타협적으로 철저하지만 사람들과의 관계에서는 항상 타협적인 아량을 베푼다. 로저 역시 재정 관리가 용의주도하며 투자자 앞에서 연기까지 하면서 투자를 받아오는 등 자신의 일에 철저하지만 아타오에게는 돈과 시간을 아끼지 않는다.

설이 되자 캄 할머니는 오지도 않을 아들을 기다린다고 딸네 집에 가지 않으려 한다. 아타오는 캄 할머니를 설득해 딸과 함께 병원을 나서게 한다. 요양원의 친구인 무이가 아타오에게 설 선물을 주면서 자기 집으로 초대하지만 아타오는 최 간호사 그리고 가족이 없는 노인들과 함께 병원에 남는다. 최 간호사는 아타오와 함께 홍콩 밤하늘에 터지는 폭죽을 TV로 보면서 가족으로부터 버림받은 노인의 병원비를 정부가 부담한다고 말한다. 홍콩의 요양원은 사설 업체이지만 정부 지원을 받아 공공복지를 제공한다. 냉혹한 자본의 질서를 뛰어넘는 사회보장제도가 정착되듯이 전근대적인 신분제를 뛰어넘어 개인 간의 친밀한 연대가 형성된다.

어느 날 항상 에어컨 기사나 택시 기사 작업복 같은 옷만 입는 로저가 멋진 양복에 넥타이를 메고 아타오도 정장에 화장을 하고 함께 영화 시사회에 간다. 그곳에서도 로저는 유명 영화감독과 배우에게 아타오를 양어머니라고 소개한다. 아타오는 영화에서 로저의 이름이 크게 나왔다며 자랑스러워한다.

어느 날 캄 할머니가 낙상해 사망한다. 딸이 와서 사망확인서에 서명을 하고 울면서 캄 할머니의 유품을 챙긴다. 로비의 몇몇 노인들은 눈물을 흘리지만 대부분은 마작을 두면서 아무렇지 않게 일상을 이어 간다. 무이는 병이 악화되어 퇴원하게 되면서 아타오는 가장 친절한 친구를 잃는다. 아타오는 담관을 제거하는 수술을 받은 후 로저의 조카 돌잔치에 초대받고 함께 가족사진을 찍는다. 추석이 되자 요양원에 봉사단체가 방문해 위문 공연을 한다. 킨 아저씨는 로저에게 또 돈을 빌려 달라고 한다. 로저는 그가 빌린 돈으로 사창가를 간다는 사실을 알고 거절하지만 아타오는 괜찮다며 빌려주라고 말한다. 아타오는 성매매를 하는 사람도 받아들이는 경계가 없는 사람이다. 아타오는 전근대적인 신분제와 현대적인 성인지 담론이 그어 놓은 선을 마음대로 넘나든다. 그래서 그의 삶은 단순하다. 그는 전근대사회에서 현대사회로 복잡하게 변하는 사회적 기준을 부지런하게 맞추기보다 단순하게

아타오는 담관을 제거하는 수술을 받은 후
로저의 조카 돌잔치에 초대받고 함께 가족사진을 찍는다.

자신과 타인에게 충실한 삶을 산다.

　겨울이 되자 아타오는 건강이 급격히 나빠져 의식을 잃고 병
원에 입원하기 위해 요양원을 나가게 된다. 로비의 노인들은 다
시는 돌아오지 못할 아타오를 마치 그가 요양원에 오던 날처럼
빤히 쳐다본다. 로저는 더 이상 희망이 없는 아타오의 연명치료
를 중단하기로 결정하고 평소처럼 출장을 떠난다. 죽음을 앞둔
어머니를 홀로 두고 출장을 떠난다는 로저를 의사가 황당한 표
정으로 쳐다본다. 로저는 자신이 아타오의 아들이 아님을 명확히
한 것이다. 로저와 아타오는 서로 가족 같은 정을 나누지만 그 이
상의 선을 넘지 않는다. 관객은 그 둘이 새로운 가족으로 정말 탄
생하길 원할 수 있겠지만 이 영화는 그런 기대에 부응하지 않는
다. 영화는 과장하지 않고 있는 그대로의 사실에 충실하다. 감동
을 자아내는 음악도 깔리지 않는다. 이 점에서 영화도 아타오나
로저를 닮았다. 선을 긋는 법을 안다. 스토리는 감동적인 드라마
가 아니라 타오 누나의 있는 그대로의 삶에 그쳐야 함을 안다.

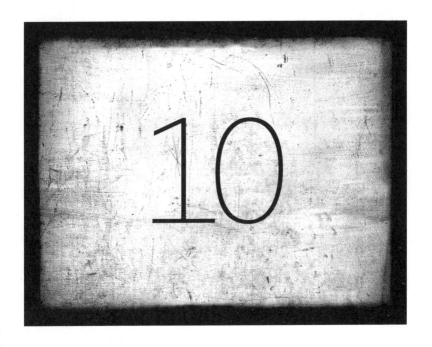

엔딩 노트

원제: Ending Note(90분)
감독: 스나다 마미すなだまみ
출연: 스나다 도모아키, 스나다 마미, 스나다 준코 등
개봉: 2011년
제작사: TV Man Union

(일본, 90분)

아름다운 준비

웰다잉과 다잉웰

"장례식의 메인 게스트는 나니까."

〈엔딩 노트〉는 일본의 다큐멘터리 영화이다. 감독은 영화의 주인공인 스나다 도모아키의 딸인 스나다 마미이다. 딸이 아버지의 마지막 6개월의 시간을 담았다. 일본 개봉 당시 엄청난 흥행 기록을 세우면서 '삶을 잘 마치는 방법'에 대한 화두를 던졌다고 평가받았다. 감독의 아버지, 도모아키 씨는 꼼꼼한 성격의 소유자답게 자신의 죽음을 준비하며 '엔딩 노트'를 써내려 간다. 그래서 우리는 그가 죽음을 앞두고 수행한 면밀한 준비를 볼 수 있다. 도모아키 씨 본인을 비롯 감독인 막내딸과 모든 가족에게 고마운 일이 아닐 수 없다.

어느 강사는 이 90여 분의 영화가 자신이 노인과 가족들에게 하고 있는 죽음준비교육 30여 시간보다 훨씬 더 학습효과가 크다고 블로그에 썼다. 죽음준비교육이 익숙하지 않은 대다수의 사람들에게 이 영화는 부모나 가족 중 사랑하는 노인의 죽음에 당면해 해야 할 일을 챙기는 데 무척 도움을 준다.

버킷 리스트와
엔딩 노트

우리 대부분은 이 영화를 보기 이전에는 '엔딩 노트'라는 말조차 들어 본 적이 없을 것이다. 그리고 엔딩 노트가 죽기 전에 할 일들을 써내려 간 것이라는 설명을 듣고는, 버킷 리스트와 같은 뜻으로 오해를 하기도 할 것 같다. 하지만 영화를 보면 대번에 알 수 있는 사실이지만 '버킷 리스트'와 '엔딩 노트'는 엄연히 다르다. 간단히 말하자면 '엔딩 노트'는 죽음을 준비하는 과정에서 필요한 일을 써 나가는 노트이다. 영화 속 도모아키 씨의 엔딩 노트를 보면 죽기 전에 자신이 해야 할 일은 물론, 자신이 원하는 장례 절차, 장례식에 초대할 사람들의 명단, 가족들에게 남기는 말들 등이 담겨 있다. 반면 버킷 리스트는 죽기 전, 그러니까 살아있는 동안 꼭 해 보고자 하는, 말하자면 '소원 리스트'이다.

2008년 개봉한 미국 영화 〈버킷 리스트: 죽기 전에 꼭 하고 싶은 것들(The Bucket List)〉이 있다. 잭 니콜슨(Jack Nicholson)과 모건 프리먼(Morgan Freeman)이라는 두 대배우가 주인공이다. 6개월 시한부 인생이라는 점을 빼면 그 무엇 하나 공통점이 없는 두 노인이 당면한 '죽음'이라는 대명제하에 친구가 되어 그동안 해 보지 못했던 일들을 해 가면서 삶의 아름다움을 깨닫는 과정을 그렸다.

이 영화의 원제는 그냥 〈버킷 리스트〉인데 그때만 해도 우리나라 사람들이 이것이 뭔지 모를 것을 염려한 배급사에 의해 이렇게 제목이 길어졌다고 한다. 이후 한동안 '버킷 리스트 쓰기' 열풍이 불었고 국립국어원에서는 '소망 목록'이라는 우리말을 제시

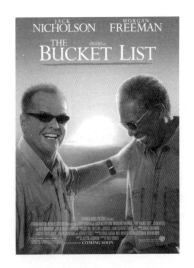

영화 〈버킷 리스트〉 포스터

하기도 했다. '버킷 리스트'는 '죽다'라는 뜻의 속어인 '킥 더 버킷 (kick the bucket)'에서 나온 말이다. 서양에서 예전엔 교수형을 집행 하거나 자살을 할 때 올가미를 목에 두른 뒤 뒤집어 놓은 양동이 (bucket)에 올라간 다음 양동이를 걷어참으로써 목이 조여져 죽었 다고 한다. 그러니까 '양동이를 걷어차다'라는 말이 '죽는다'는 말 이 되었다는 것이다.

정리하면 버킷 리스트는 '(죽기 전의) 소망 목록' 정도가 되겠다. 그리고 엔딩 노트는 '(죽기 전의) 해야 할 일 목록'이다. 똑같은 '죽기 전'이지만 전자는 삶에, 후자는 죽음에 관심이 있다. 도모아키 씨 는 죽음을 준비하는 과정에서 엔딩 노트를 쓰고 가족은 노트에 쓰인 일들을 최선을 다해 돕고 함께 나눈다.

엔딩 노트
쓰기

영화는 도모아키 씨의 관점에서 아주 사적인 해설을 한다. 그리 고 그 해설자는 감독인 막내딸이다. 영화는 도쿄의 어느 날 빌딩 사이로 파란 하늘과 바람에 흔들리는 가로수를 보여 주고 피아노 음악을 들려주면서 시작한다. 화면은 연꽃무늬의 장례식장 천장 을 비추고 앳된 여성의 목소리가 들린다.

"바쁘신 와중에 저를 위해 오늘 와 주셔서 정말 고맙습니다."

화면은 장례식장에 모여 간단하게 차를 마시며 담소를 나누 는 조문객들을 보여 준다.

"감사하지만 부의금은 정중히 사절합니다. 슬슬 입장을 해야 하니 속도를 내 주세요. 우왕좌왕해서 죄송합니다. 덕분에 무사히 이날을 맞을 수 있게 되었습니다. 삶을 마무리하는 마지막 장소, 이 성당을 처음 방문한 것은 한 달 전이었습니다."

그리고 카메라는 국화꽃에 둘러싸인, 영정 속 도모아키 씨를 비춘다. 죽은 도모아키 씨가 자신의 장례식 조문객에게 말을 건네면서 엔딩 노트를 펼쳐 마지막 기록을 알려 주려고 한다. 영화는 그의 엔딩 노트에 있는 10가지 목록을 차례로 소개한다.

1. 평생 믿지 않았던 신을 한번 믿어 보기
2. 손녀들 머슴 노릇 실컷 해 주기
3. 평생 찍어 주지 않았던 야당에 투표하기
4. 꼼꼼하게 장례식 초청자 명단 작성하기
5. 소홀했던 가족과 행복한 여행하기
6. 빈틈이 없는지 장례식장 사전 답사하기

도모아키 씨는 성탄절 날 미국에 있는 손녀를 보러 가기로 목표를 잡고 항암 치료를 시작한다.

7. 손녀들과 한 번 더 힘껏 놀기

8. 나를 닮아 꼼꼼한 아들에게 인수인계하기

9. 이왕 믿은 신에게 세례 받기

10. 쑥스럽지만 아내에게 사랑한다 말하기

도모아키 씨는 엔딩 노트에 쓴 목록의 대부분을 실천했다. 영화 〈엔딩 노트〉에서 감동을 느낀 것 한 가지만 꼽자면 엔딩 노트의 실천에 있어 죽음에 이르는 당사자 의사에 대한 존중이 잘 드러나고 있는 점이다. 도모아키 씨의 삶은 인간의 존엄을 지키는 끝을 맞았기 때문에 해피엔딩이라고 말할 수 있을 것 같다. 일본에서 일반적으로 논의되는 엔딩 노트 항목은 다음의 표와 같다.[1]

번호	항목	내용
1	개인사	출생부터 현재까지의 이력, 학력, 직업 이력, 추억의 장소, 취미 등
2	개인 정보	본적, 연금 통장이나 마이넘버 카드 등의 중요 정보 및 그 보관 장소
3	가족 정보	만약의 상황에서 알려 주길 원하는 친척이나 지인의 연락처 등
4	의료 정보	주치의 병원명, 병력이나 만성질환, 복용 중인 약 등
5	보험 정보	보험 회사명, 계약 플랜, 계약자명, 보험금 수령인 등
6	재산 정보	소유하고 있는 저축금이나 부동산, 주식이나 투자신탁, 귀금속 등
7	간병의 희망	입주하고 싶은 시설이나 구체적인 간병 지침 등
8	장례식의 희망	원하는 장례식의 내용이나 봉안 방법, 장례식 주선자 등
9	유산의 처리	취미 컬렉션이나 추억의 물건 등
10	디지털 정보	스마트폰·인터넷의 ID와 비밀번호, 이메일 주소 등
11	가족 및 친구에게의 메시지	감사나 감사의 마음 등

출처: https://gooddo.jp/magazine/health/aging/27129/

그런데 막상 죽음을 앞두고 엔딩 노트를 쓰게 된다면 상황상 그리 쉽지 않을 것 같기는 한데 일본 사람들 중 일부는 이 엔딩 노트 쓰기를 미리부터 준비한다고 한다. 어떻게 써야 할지 모른다면 생활용품 전문점에서 파는 '모시모 노트(もしも, moshimo note)'로 시작할 수 있다. '모시모(もしも)'라는 단어는 일본어로 '만약에(if)'라는 뜻으로 여기에서는 '만일의 경우에 대비해서(in case of emergency)'라는 뜻으로 쓴다. 손바닥보다 조금 큰 정도 크기의 컬러풀한 공책으로 값은 한 권에 1,000원도 안 된다. 판촉 문구는 '아직은 아니지만 그래서 가벼운 마음으로 사용해 보기'이다.

지금은 잘 지내고 있어도 갑자기 무슨 일이 일어날지 모르는 삶, 긴급 상황 시 주변 사람들에게 중요한 사항을 전달할 수 있다. 언제고 맞이할 수 있는 죽음에 대비하여 회복 가능성이 없어 보일 때의 조치 상황, 가족들에게 전하는 말, 혼수상태에 빠지면 자신을 대신해 판단을 내릴 가족의 연락처 등, 세부적인 항목을 각각의 제목이 달린 노트에 적는다고 한다. 예를 들면 건강 상태 기록 노트에는 질병 내용, 건강검진 이력, 주치의 등을 기재한다. 반려동물에 대해 기록하는 노트도 있다. 자신의 반려동물에 대한 모든 것을 쓰는데, 기르고 있는 강아지나 고양이의 출생일, 몸무

모시모 노트: 반려동물에 관한 노트 표지와 내지

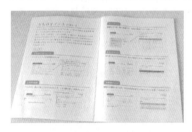

출처: https://enuchi.com/11840/daiso-moshimo-note-in-case-of-emergency

게, 식단, 건강 상태, 성격 등을 적도록 되어 있다.

종활과
데스 카페

〈엔딩 노트〉는 '종활(終活, 슈카츠)'이라는 일본의 흥미로운 사회현상 역시 배경으로 한다. 일본이 우리보다 훨씬 먼저 고령화가 시작된 사회라는 것은 잘 알려져 있다. 이와 더불어 죽음을 미리부터 준비하는 문화가 생겨났는데, 이런 움직임 중 하나가 바로 '종활'이다.

일본의 '종활'은 인생의 마지막 순간을 위해 준비하는 다양한 활동을 의미한다. 2009년 시작되어 한때 크게 유행한 현상으로 당시 한 주간지에 '나의 장례식, 자신의 묘(わたしの葬式 自分のお墓)'란 제목으로 장례의식과 묘에 관한 내용이 연재되면서 그 내용과 구체적인 활동이 소개되기 시작하였으며 지금까지도 다양하게 이어져 오고 있다. 유언 작성, 연금보험의 재검토, 장례식, 묘지 결정 등과 함께 엔딩 노트 작성도 여기에 포함된다. 또한 죽음에 대해 타인과 이야기하는 모임인 종활 커뮤니티, 죽으면 같은 묘지에 묻힐 묘 친구 만들기, 죽은 후 남겨질 반려동물을 맡기는 펫신탁 비즈니스 등의 활동들은 흥미롭기까지 하다.

일본에서 볼 수 있는 죽음과 관련한 또 하나의 사회문화적 현상으로 데스 카페(death café)를 들 수 있다. '죽음'을 관심사로 하는 사람들이 서로 만나서 대화를 나누는 비공식 모임들이다. 이 데스 카페는 스위스의 사회학자 버나드 크레타즈(Bernard Crettaz)가 아내의 죽음 이후 처음 아이디어를 내고 시작한 카페 모르텔

(Café Mortel, 죽음 카페)이 그 원형이라고 한다.[2] 일본에서는 2010년 '데스 카페'라는 이름을 사용한 첫 번째 실천이 나타난 이후 정기 모임, 워크숍 형식 등 다양하게 실시되고 있다. 코로나 19 이후에는 본격적으로 온라인 형태의 모임도 자리 잡았다고 한다. 여기서 '카페'의 개념은 사람들이 한자리에 모여 차와 디저트를 즐기면서 죽음을 이야기하는, 밝고 느슨한 분위기의 모임이라는 뜻이다. 남들과 죽음을 이야기하면서 탐색해 나가는 자리로, 지역 사회 내에서 자연스럽게 등장했다고 한다.

사랑하는 사람을 잃은 사람, 자신의 죽음을 앞두고 있는 사람들을 비롯 수많은 사람들이 이런 모임에서 누군가의 죽음이 자신에게 가져온 변화, 그리고 다가올 자신의 죽음에 대해서 이야기를 나누며 오늘을 살아갈 기운을 얻는다고 한다. 참가자들은 젊은이들이 대부분이라고 하는데, 죽음에 대해 생각하고 나누면 죽

일본 데스 카페 모임

출처:https://www.straitstimes.com/asia/east-asia/tea-music-and-chats-about-dying-at-tokyos-death-cafes

음을 인생 주기의 한 단계로 자연스럽게 받아들이면서 삶이 더 성숙해지고 죽음에 대한 두려움이 줄어들 수 있을 것이다. 이 데스 카페는 우리나라 몇몇 기관에서도 시도하고 있다고 한다. 어쨌든 죽음에 대해서 서로 편하게 이야기하는 시간과 공간, 그리고 이것을 이끄는 전문가의 존재를 우리 사회가 원하고 있는 것임은 분명한 것 같다.

　이러한 움직임은 저출생이나 고독사와 같은 사회문제가 등장하면서 나타난 사회현상이라고 할 수 있다. 핵가족화로 인해 자녀와 떨어져 사는 노인들이 생을 마감했을 때 자녀가 곤란을 겪지 않도록 미리 준비하는 과정의 일환이기도 하고 갈수록 늘어나는 비혼자들은 젊었을 때부터 자신의 죽음에 미리미리 관심을 갖는다고 한다. 여기에는 돌봄 문제도 반영되어 있다. 일본에서도 우리나라와 마찬가지로 장례식과 묘를 정리하고 관리하는 일

일본 데스 카페 포스터

출처:https://www.mk.co.kr/premium/print/17398

은 자녀를 포함한 남이 대신해 주는 일이었으나 그 처리를 이제는 '자신'이 직접 하자는 움직임인 것이고 거기에는 그럴 만한 사정이 있다. 비혼자도 늘어나고 결혼했다고 하더라도 아이를 낳지 않는 사람도 많거니와 이러저런 이유로 자신의 죽음을 돌볼 가족이 적어지거나 없는 일본인들이 많아지고 있기 때문이다. 그리고 '절대로 남에게 폐를 끼쳐서는 안 된다.'고 가르치고 배우는 일본 사회의 특징도 추가된다.

어떤 학자는 '종활'을 둘러싼 일본의 현상이 우리 사회에 주는 시사점과 함께 일본 사회 전반의 죽음에 대한 인식의 한계를 반영한다는 분석을 내놓는다. 죽음으로 남기는 생물학적 흔적을 염려해 '남에게 귀찮고 폐가 되는 일'을 자신이 미리 감당하겠다는 생각 속에서는 임종에 이르는 과정이 주는 성찰을 찾아보기는 어렵고 오히려 그 반대로 노화와 죽음이 부정적인 것으로 인식될 위험성도 있다.[3] 그럼에도 불구하고 일본에서 볼 수 있는 종활 관련 다양한 활동들은 우리 사회에서도 충분히 논의가 가능하고 또 상당수 필요한 것들이다.

종활에 대한 이런 관심은 또한 관련 교재와 자료들의 개발과 교육 제공으로 이어졌다. 그 주요 내용을 보면 노후의 삶과 유언장 작성 그리고 장례의 방식 등에 대해 자신이 계획하고 준비하는 것이 대부분이다. 대표적인 하나는 종활카운셀러협회(終活カウンセラー協会)가 2013년 펴낸《종활의 교과서(終活の教科書)》이다. 이 책에서는 종활의 핵심 주제를 10개의 장으로 구분해서 다루고 있다.

이 교과서의 부제는 '폐를 끼치지 않고 마무리하는 법을 위한 준비'라고 한다. 이렇게 일본의 종활은 삶의 마무리를 위한 정리와 실천이 중심이다. 영화 〈엔딩 노트〉 속 도모아키 씨가 엔딩 노트를 쓰는 이유 역시 그러하다. 엔딩 노트에 적힌 그 시간들은 도

《종활의 교과서》 내용

장	내용
제1장	'종활'은 무엇인가: '종활'의 내용과 대응 요령 등
제2장	불필요한 물건의 처분과 정리법: 사진, 이부자리 등 불필요한 물건 정리
제3장	재산 정보 정리: 예금, 증권, 보험 등
제4장	엔딩 노트 작성: 엔딩 노트, 자서전 기록 등
제5장	늙음과 죽음 준비: 성년후견제도, 사전연명의료의향서, 연명의료계획서 등
제6장	개호4의 준비: 개호보험제도 등 개호에 관한 내용
제7장	장지 검토: 묘지, 납골 등 장지 관련 내용
제8장	자신의 장례식 검토: 장례 준비에 관한 내용
제9장	사후 필요한 사무 절차: 사후의 각종 수속 내용, 상속 등
제10장	'종활' 마무리: 유언장 작성 등

출처: 양정연(2018). 일본의 '종활(終活)'에 대한 생사학적 관점. 인문사회 21, 9(5). 1201-1214.

모아키 씨를 중심으로 가족들끼리의 다시는 돌아오지 않을 의미를 함께 만들고 확인하는 시간이었음을 볼 때, 얼마 전 받은 부고 (訃告)의 당사자 가족들 역시 그런 시간을 보냈기를, 그리고 앞으로 나와 가족 또한 그러하기를 희망해 본다.

웰다잉, 웰리빙, 그리고 다잉웰

엔딩 노트에 쓰인 목록의 수행을 돕는 교육이 있다면 바로 죽음준비교육(death education)일 것이다. 죽음준비교육은 당사자와 가족, 그리고 이들을 직업 수행의 과정에서 만나는 의료진, 사회복지사, 호스피스 종사자 등에게 도움을 줄 수 있다. 이 영화를 본 한 간호사는 이렇게 말했다.

> "치료 과정에서 환자에게 충분한 설명을 해 주고, 환자 스스로 선택을 할 수 있게 하고, 돌아가시는 것까지 나오는데, 그 모든 과정을 한 의료인의 입장으로 보면 아쉬운 부분이 거의 느껴지지 않았습니다. 임종을 앞둔 날들에는 1인실에서 가족과 함께 지난 추억을 이야기하며 충분한 시간을 보내고요. 자신의 장례식도 스스로 고민해 보고, 초대할 사람들을 엑셀 파일로 정리해 아들에게 주기도 하고요."[5]

이를 현재 우리 사회에 불고 있는 '웰다잉' 열풍과 관련지어 이야기해 볼 필요가 있다. 웰다잉은 준비해야 하는 것이며 제대로 준비하기 위해서는 교육과 학습의 시간이 필요하다. 혹자는 '웰다잉(well dying)'과 '다잉 웰(dying well)'이 전혀 다른 개념이라고 주장한다.[6] 그러니까 현재 우리나라에서 볼 수 있는 노년기 '아름다운 마무리'를 지향하는 성격의 사회운동은 사실은 '다잉 웰'에 해당한다는 것이다. 헷갈릴 수 있고 굳이 구별할 필요가 없을 수도 있지만 그래도 한번 짚어 보는 것이 좋을 것 같다.

'웰다잉'은 인생 전체에서 잘 살아가야 한다는 의미를 담고 있어 웰리빙(well living)과 마찬가지이다. '죽음'이라는 종착점을 생각하며 어떻게 하면 그 순간까지 잘 살아갈 수 있을까에 대한 고민을 담는다. 살아감이 곧 죽어 감이고 죽어 감이 곧 살아감이기 때문에 웰다잉이 곧 웰리빙이고 웰리빙이 곧 웰다잉이다. 죽음이란 터부시해 온 주제 중의 하나이지만 역설적이게도 인간은 태어나자마자 죽음을 향해 달려가고 있다. 그래서 삶과 죽음은 동전의 양면이다. 그래서 이 죽음의 주제를 다루는 것은 곧 '어떻게 살 것인가'의 문제를 직시한다.

여기에 대해서 미국의 IT 기업 애플(Apple)사의 창업주 스티브 잡스(Steve Jobs)가 남긴 말이 있다. 그는 2011년 췌장암으로 사망했는데 투병 중이던 2005년 스탠퍼드 대학의 졸업 축하연설에서 죽음을 언급했다. 그는 "죽음은 삶에서 하나밖에 없는 최고의 발명품입니다. 죽음은 낡은 것을 없애고 새로운 길을 터 줍니다."라고 했다. 대학의 졸업식에서 앞길이 창창한 젊은이들을 앞에 두고 한 이 말은 인간이 숙명적으로 죽음을 앞둔 존재라는 점을 자각할 때 비로소 쓸데없는 욕망이나 감정이 사라지고 정말 중요한 것만 앞에 남게 된다는 점을 강조하고 있다.[7] 그러니까 매일 아침 눈뜨며 생각해 볼 것은 이런 것이다. 내가 내일 죽는다면 오늘 지금 하려고 하는 일을 할 것인가? 그래서 웰다잉을 생각하면 현재의 삶이 더 풍요로워지는 웰리빙을 생각하는 것이 된다. 마찬가지로 죽음을 당면하지 않는 생애주기의 어떤 단계에서도, 죽음에 대해서 알고자 하는 교육과 학습이 일어날 수 있으며, 사실은 그래서 죽음준비교육은 모든 세대를 대상으로 지금보다 더 많이 이루어져야 한다. 젊은이들의 자살율이 가파르게 올라가고 있는 지금에는 더더욱 그렇다.

한편 '다잉웰'은 임종에 가까운 사람이 품위 있게 마무리한다는 의미가 보다 크다. 질병이나 사고로 죽음을 당면한 사람들과 함께 자연사가 멀지 않은 노인들을 주 대상으로 한다. 그렇다면 현재 우리 사회에서 '웰다잉'의 추구는 굳이 말하자면 '다잉웰'에 초점이 있다. 이것만으로도 획기적인 의식 변화이지만 이러한 움직임이 임종에 임한 환자나 초고령기 노인에게만 적용되는 것보다는 어린아이에서 노년에 이르기까지 전 생애에서 죽음과 상실을 대처할 수 있는 기술과 배움을 확산하는, '웰리빙'을 담은 확장된 '웰다잉'으로 나아갈 필요가 있다.[8]

죽음교육 vs.
죽음준비교육

우리나라에서 '죽음준비교육'으로 통칭하는 이 교육의 영문 표현은 '죽음교육(death education)'인데 우리나라에서는 글자 그대로는 쓰기가 좀 어려워서 이렇게 되었다. '죽음'이라는 두 글자만 넣기에는 어색했나 보다. 그럼에도 여전히 '죽음'이라는 단어가 들어가는 것이 신경 쓰이는 학자나 연구자는 '생의 마무리 교육' 또는 '아름다운 마무리 교육'이라고 쓰기도 한다. 이렇게 '죽음'을 앞에 놓고 일어나는 돌려 말하기(euphemism)는 우리나라만의 일은 아닐 것이다.

자세히 보면 '죽음교육'과 '죽음준비교육'은 의미상 다르게 해석될 여지도 있다. 죽음교육은 대체로 생애 전 주기에서 죽음을 주제로 다루는 교육을 말한다. 죽음은 우리 인생의 어느 때나 찾아올 수 있는 '슬픈 손님'이기에 생애주기의 어떤 단계에서도 교육과 학습이 일어날 수 있으며 일어나야 할 필요가 있다. 이를테면 미국에서는 초등학교에서도 '죽음교육'을 실시한다.[9] 반면 죽음준비교육은 '(당면한) 죽음을 준비 한다'는 뜻이 강조되며 죽음을 앞에 둔 노인이나 환자, 그리고 그 가족들을 위한 교육 내용을 주로 담고 있다.

그러나 '죽음준비교육'에는 '죽음교육'이 필수로 들어간다. 그리고 '죽음교육'은 죽음에 대한 준비를 포함한다. 이를 '죽음교육'에 대한 학자들의 정의를 바탕으로 이해해 보자. 워렌(Warren)은 죽음교육을 '죽음, 죽음의 과정, 사별과 관련된 모든 측면의 교육을 포함하는 것으로 죽음과 관련된 주제에 대한 지식, 기술, 태도가 학습되는 과정'으로 정의하였다. 또한 그는 이 교육의 목적이 과거에는 죽어 가는 노인이나 환자를 보다 잘 돌보고자 하는 데 있었음과 함께, 지금에는 모든 사람을 대상으로 우리의 삶과 죽음이 서로 관련되어 있음을 인식하도록 하고 삶과 죽음에 대한 의사결정을 하는 데 있어서 고려해야 할 이슈들을 이해하도록 하는 것으로까지 넓어졌다고 말했다.[10] 과거에는 죽음에 당면한 사람들과 그 가족 및 가까운 사람들의 준비를 뜻하는 경우가 더 많았다면 거기로부터 확장되어 '죽음학(thanatology)'이라는 보편적 학문에 기준하여 세대별 눈높이에 맞춰 진행되어져야 하는 공교육(public education)으로서의 성격이 커진 것이다.[11]

이렇게 본다면 여기서는 복잡한 학술적 논의를 내려놓고 우리나라에서 일반적으로 통용되는 용어인 '죽음준비교육'으로 써도 될 것 같다. 그러니까 죽음준비교육은 죽음을 내용으로 교수자와 학습자가 상호작용하는 활동이다. 코르(Corr)는 죽음준비교육을 네 가지 차원을 가진 활동으로 보았다.[12] 첫째, 죽음, 임종, 사별과 관련된 다양한 지식과 연구 결과를 다루고 각종 관련 정보를 제공하는 인지적 활동, 둘째, 상실과 사별 경험에 관련된 비탄(grief) 반응 등, 죽음과 관련한 다양한 정서에 민감하도록 돕는 감정적 활동, 셋째, 죽음과 관련된 사람들의 행동을 이해하고 도움이 되는 행동을 학습하거나 필요한 일들의 의사 결정 및 실행에 관련된 행동적 활동, 넷째, 말기 환자의 생명 연장, 소극적 혹은 적극적 안락사의 문제, 죽음의 판정, 뇌사, 자살 문제 등 죽음에 대한 가치를 정립하는 가치적 활동이 그것이다.

이보다 간단히 죽음준비교육을 이해하기 위해 죽음학의 교육적 적용을 연구해 온 학자인 이이정의 정의를 소개한다. 죽음준비교육은 '삶의 한가운데서 죽음이 갖는 의미를 탐구하고, 자신의 한계를 자각하면서 삶을 더욱 의미 있게 살 수 있도록 하고, 자

기와 다른 사람의 죽음에 대비한 준비를 할 수 있도록 돕는 프로
그램'을 말한다.[13]

죽음을 터부시하는 문화 속에서 죽음준비교육이 활성화되기
는 좀처럼 쉽지 않다. 우리와 이웃해 있기에 서양에 비해 문화적
동질성이 높은 일본에서도 그랬다. 일본도 우리와 마찬가지로 죽
음에 대해 '돌려 말하기' 문화가 있지만 몇 가지 일들을 계기로 우
리보다 훨씬 열린 문화를 갖게 되었다.

그중 하나가 사생학(死生學, death and life studies)의 발전이다. 미국
에서 시작한 죽음학이 일본에서 '사생학'이란 명칭으로 정착되었
다. 우리나라에서는 이를 '생사학(生死學)'이라고 부른다는 점이 재
미있는데, 어떻게든 죽음(死)보다는 삶(生)을 먼저 언급해야 한다는
의지의 표현 같기도 하다. 일본에서 이렇게 사생학이 발전한 것

도모아키 씨는 샐러리맨으로서 평생 흰색 와이셔츠에 넥타이를 메고
바쁜 아침엔 토스트로 끼니를 때우면서 회사가 생명이라는 신념으로 출근을 하던 전형적인
일본 아저씨였다.

에는 알폰스 데켄의 공이 컸다. 그는 독일인 학자이자 예수회 신부로 죽음학에 큰 관심을 가졌다. 그래서 모든 이들이 죽음에 대한 자신만의 관점을 정립할 것과 더불어 이런 일을 지원하는 죽음준비교육의 필요성을 주장했다. 이런 사생학은 1980년도에 시작되어 사랑하는 이들을 잃은 사람들의 모임이 발족되고, 이것이 전국으로 퍼지면서 사회적인 영향력을 갖게 되었다.[14] 데켄이 내놓은 것 중 하나가 '죽음준비교육의 15가지 목표'인데 그 대상은 죽어 가는 이와 그 가족, 그리고 관련 종사자를 포괄한다.[15]

1. 죽음을 앞둔 환자와 따뜻한 마음으로 죽음까지의 여정을 함께 한다.

2. 죽음을 앞둔 환자가 겪는 심리 변화(부정, 분노, 타협, 우울, 수용, 기대와 희망)의 과정을 이해하고 실천한다.

3. 죽음을 좀 더 깊이 생각하게 하고 죽음에 대한 준비를 돕는다.

4. 상실로 인해 슬픔을 겪는 사람들의 치유를 돕는다.

5. 죽음에 대한 지나친 공포심을 극복하도록 한다.

6. 죽음을 금기시하지 말고 죽음에 대해 자유롭게 이야기하도록 한다.

7. 자살을 생각하는 사람을 도울 수 있는 방법을 배우도록 한다.

8. 환자의 알 권리를 존중하여 말기 환자에게 자신의 병명을 고지한다.

9. 죽음에 관련된 윤리적 문제(생명연장, 안락사 등)를 배우고 호스피스에서는 생명(삶)의 질을 높이는 데 힘쓰게 한다(음악, 미술 치료 등).

10. 법률과 관련된 의학적 문제에 관심을 갖게 한다(죽음에 대한 정의, 뇌사 결정, 장기 이식, 신장 기증, 시신 기증, 유서 작성 등).

11. 장례의 역할에 대한 이해와 자신의 장례를 <u>스스로</u> 선택하여 준비
    하도록 돕는다.

12. 생명의 가치를 일깨워 주며 주어진 시간 동안 새로운 삶의 방향
    정립을 돕는다.

13. 남은 삶의 질을 높이는 것이 죽음의 질을 높이는 것임을 인식하
    게 함으로써 '죽음의 예술'을 경험하게 한다.

14. 자기 자신의 죽음에 대한 철학을 확립하고 죽음과 죽어 가는
    과정을 <u>스스로</u> 선택하도록 격려한다.

15. 죽음에 대한 종교적인 해석을 배우고 사후 생명에 대해 생각하
    도록 한다.

우리나라 노년기 죽음준비교육은 그 이름이 다양하다. 여기
에서도 되도록 '죽음'이라는 두 글자는 피해 간다. 웰다잉학교, 이
별학교, 인생마무리학교, 하늘소풍학교 등등이다. 이런 교육프로
그램은 주로 복지시설이나 노인전문시설, 또는 종교기관에서 제
공하는 경우가 많다. 최근에는 시민교육 차원에서 지방자치단체
등에서도 종종 실시한다. 일회성이나 단기 교육보다는 생애 발달
단계에 맞추어서, 노인들일 경우 이들의 관점과 태도에 맞추어
보다 체계적이고 지속적인 교육프로그램으로 이루어질 필요가
있다. 다음 표는 노년층의 생애 발달 단계에 따른 웰다잉 교육 프
로그램의 사례이다.[16]

코르가 분류한 죽음준비교육의 차원 중 행동적 차원이 현
재 우리나라 '웰다잉 운동'을 잘 나타내고 있다. 현재는 '사전연명
의료의향서'를 작성하는 일은 상당히 정착되었다. 사전연명의료
의향서는 혼수 상태에 빠지면 그때 의료행위를 어떻게 할 것인지
를 사전에 결정하고 작성하는 문서이다. 지금은 많이 알려졌지만

노년층의 생애 발달 단계에 따른 웰다잉 교육 프로그램

구분	주제	내용
1회	마음 열기/ 죽음 준비의 필요성	• 프로그램 오리엔테이션 및 교육생 자기소개 • 〈준비된 죽음이 주는 위안〉 사례를 통한 남겨진 　가족의 입장
2회	죽음과 임종에 대한 이해	• 죽음의 해석/의학과 죽음 • 퀴블러 로스의 죽음의 단계 • 죽음관 및 죽음 수용(죽음과 임종의 차이) • 생명윤리의 측면에서 본 생명의 존엄성(자살 예방)
3회	잘 살아온 나의 인생	• 사진으로 본 나의 인생 그래프 그리기 • 지나온 삶에 대한 긍정적이고 수용적인 성찰
4회	잘 살아갈 나의 인생	• 품위 있는 마무리란 • 나에게 주어진 시간이 6개월뿐이라면 • 버킷 리스트 작성해 보기
5회	아름다운 마무리 – 유산과 상속	• 유산과 상속에 대한 법적 효력 • 유언장의 법적 효력 알기 • 기부 서약서
6회	아름다운 마무리 – 사전연명의료의향서, 호스피스완화의료	• 연명치료 및 호스피스 완화의료 • 사전연명의료의향서 작성
7회	아름다운 마무리 – 채무 및 유품 정리, 장례문화 알기	• 아름다운 유산 • 나눠 주고 기증할 물품 리스트 작성 • 채무 관계 리스트 작성
8회	상실, 비탄, 애도	• 사별과 상실의 의미화 • 상실 트라우마 치유
9회	용서와 포용	• 화해하기, 용서하고 용서받기 • 가족, 친지, 친구에게 하고 싶은 말 남기기
10회	당당한 나의 삶, 수료식	• 석고주먹 만들기 • 손도장 찍은 족자 만들기 • 수료식

출처: 신경원(2019). 품위 있는 생의 마무리. 제3차 인천고령사회대응센터포럼자료집.

10년 전만 해도 그저 낯설기만 한 개념이었다. 연명의료 중단과 관련하여 한 사건이 기폭제가 되었다. 이른바 '김 할머니 사건'이다. 김 할머니는 2008년 6월에 폐암 조직검사를 받는 중에 과다출혈로 인한 뇌손상으로 식물인간 상태가 되었다. 가족들은 무의미한 연명치료를 중지해 달라고 병원에 요구했지만 병원은 환자 가족의 요청을 거부했다. 그런데 2009년 5월, 대법원에서 인공호흡기를 제거하라는 판결을 내렸다. 가족들의 손을 들어준 것이다. 2009년 6월 인공호흡기를 제거하였지만 할머니는 자가호흡을 하면서 201일을 더 산 후 별세했다. 재판부의 결정에 담긴 뜻은 이것이다. 인간의 존엄성이 생명권에 기초를 두고 있지만 죽음을 맞이하는 순간에도 존엄성은 구현되어야 하는 궁극적 가치이기 때문에 무의미한 연명치료로 정신적 고통을 무의미하게 연장하는 것은 오히려 인간의 존엄과 인격적 가치를 해칠 수 있다는 것이다.

사전연명의료의향서는 의식불명 상태에서 자신이 받는 의료 행위를 사전에 미리 결정함으로써 자신이 겪을 수 있는 고통과 가족의 수고에 대해 준비할 수 있는 기회를 제공한다. 하나의 양식이 정해진 것은 아니지만 대체로 비슷한 내용을 담고 있다. 명료한 정신 상태에서 작성하고 있음과 함께 죽음에 임박해서 스스로 결정을 내리기 어려울 때 의료진과 가족들이 나의 이 치료 방침을 결정할 때 참고하여 주기를 바란다고 쓰여 있고, 이 내용이 본인이 동의했음을 증명하는 서명란이 있다. 서명한 뒤에는 해당 문서를 타인이 쉽게 발견할 수 있는 곳에 두거나 가족 또는 공공기관에 맡길 수 있다. 이 문서를 사전에 준비해 놓으면 환자가 연명의료를 중단하고자 하는 의지를 밝힌 것으로 간주한다. 아니면 절차가 복잡해진다. 위급 상황이 닥쳤을 때 연명의료를 중단하려면 일단 평소에 환자가 연명의료 중단에 대해 이야기를 했다는 진술을 가족 중 두 명 이상이 확인해 주어야 한다. 하지만 그걸로 치료를 중단할 수 있는 것은 아니다. 최종적으로 이를 의사가 인정했을 때 연명의료 중단이 가능하다. 가족이 없을 때는 적절한 대리인들이 결정하고 이를 의사들이 확인하고, 대리인도 없을 경우에는 병원 윤리위원회에서 결정하게 된다고 한다.

2023년 기준, 사전연명의료의향서를 등록한 사람은 200만 명을 넘어섰다. 국립연명의료관리기관의 통계에 의하면 남성(30%)보다는 여성(70%)이, 젊은이보다는 60세 이상(88%)이 많다.[17] 사전연명의료의향서 작성과 관련해서는 관련 기관 전문가들의 상담을 거쳐야 할 거 같지만, 실제 현실에서는 상담 인력이 턱없이 부족해서 심도 있는 설명이 부족하다. 이 문제와 관련해서는 자녀를 비롯한 가족이 권유하기는 쉽지 않다. 노인들이 자기 운명 결정권을 잘 알고 행사할 수 있도록 교육과 학습의 도움이 확장되기를 바란다.

가톨릭 신부이자 신학자인 헨리 나우웬(Henry Nouwen)은 삶을 '수레바퀴'가 한 바퀴 도는 과정이라 했고, 그것이 멈추게 되는 상태를 '죽음'이라고 설명했다. 또 죽음은 남겨진 사람들의 삶에 '선물'이 된다고 했다.[18] 오늘도 내 부모의 하루가 평안하기를, 그리고 그 '선물'을 받기까지 내가 할 수 있는 일이 있기를 바라 본다.

질문과 대답은 관객 몫

가감 없는 도모아키 씨의 마지막

11월 29일에 기록은 시작된다. 반년 전 5월에 도모아키 씨는 69세 나이로 위암 4기 판정을 받는다. 영화는 현재의 기록과 과거의 기록이 교차된다. 과거 사진이나 홈비디오 영상이 현재의 투병 생활을 하는 도모아키 씨의 모습 사이사이로 보여진다.

도모아키 씨는 아이치현 시골 출신으로 15살에 상경해 대학 경제학부에 진학하여 청춘을 즐겼다. '일 년 동안 웃지 않았다.'라고 쓰여진 사진 앨범 속 도모아키 씨는 입을 크게 벌리고 웃고 있었다. 졸업 후 도쿄에 본사를 둔 화학제조 회사에 취업을 해 영업

도모아키 씨는 행복한 신혼생활 후 아이들을 낳고 힘든 가정 일에 소홀한 채
회사 일에만 충실했던 남자였다.

직으로 근무하였다. 그러나 성공보다 실패가 많았던 직장생활, 그중 8미리 비디오 발매 시 소니와 계약을 못한 것을 실패 경험으로 이야기한다. 40년간 월급쟁이 생활을 하다가 임원으로 퇴직하고 직원들의 박수를 받으며 마지막 퇴근을 하는 장면을 역시 막내딸이 카메라로 기록했다.

그는 1968년에 결혼해 아들과 딸 둘을 낳아 잘 살다가 부주의로 7년 후 막내딸을 낳는다. 미국에 파견근무를 나간 장남은 셋째를 출산할 예정이다. 도모아키 씨는 손녀들을 사랑한다. 특히 첫째 손녀 에마를 특별히 아끼는 것 같다. 손녀들은 '할아버지 힘내세요'라고 쟁반에 초콜릿으로 글을 써 선물로 준다. 도모아키는 성탄절에 미국에 손녀를 보러 가기로 목표를 잡고 항암 치료를 시작한다. 그러나 자식들은 기력을 떨어뜨리는 항암 치료 대신 '유기농 당근을 갈아 먹기' 같은 대체식이요법을 권한다.

도모아키 씨는 행복한 신혼생활 후 아이들을 낳고 가정 일에는 소홀하고 회사에만 충실했던 남자였다. 잦은 부부싸움으로 부인과의 관계도 멀어지면서 자기편은 고로라는 강아지가 유일했다. 그런데 늙은 고로를 먼저 보내고 은퇴 후 미국으로 간 아들의 빈집을 관리한다는 명목으로 주말 부부가 됐다. 친구와 여행을 다니고 평생교육원에서 강의를 듣는 등 독신생활과 주말부부 생활을 하면서 부부관계가 평온해졌다. 하지만 드디어 부부가 다시 신혼처럼 행복해질 수 있다는 기대는 암 선고로 처참히 깨졌다.

9월 미국의 며느리가 셋째를 출산하고 그 장면을 홈비디오로 보여 준다. 영화는 엔딩 노트를 중심으로 도모아키 씨 가족의 모습을 세세히 보여 준다. 도모아키 씨는 단순히 개인이 아니라 샐러리맨이자 가사의 결정권자인 가장이다. 도모아키 씨는 자신의 장례식을 직접 하나하나 세세하게 챙긴다. 그것도 샐러리맨답게 알뜰하게 계획한다. 원래 불교 신자였지만 불교식 장례가 돈이 많이 들기에 합리적인 지출을 위해 성당을 선택한다. 여기까지가 일본의 고도성장을 일군 샐러리맨이자 가정보다 회사를 우선시하였던 한 일본인 가장 도모아키 씨와 그의 가족에 대한 소개다.

도모아키 씨는 소홀했던 가족과 마지막 여행을 가기로 한다. 아내와 큰딸 그리고 나고야에 사는 94세의 어머니, 세 여자를 대동한 여행이다. 그는 여자들이 자신을 배려하지 않고 쇼핑에 많은 시간을 쓴다고 불평한다. 그는 이세시마에 가서 전복 스테이크를 먹는다. 이 장면에서 처음으로 회사원, 가장이 아닌 자신만의 모습을 보여 준다. 예전에 먹었던 전복 스테이크를 먹고 싶었던 자신을 다시 기쁘게 하는 순간이다. 그리고 곧바로 다시 알뜰한 회사원 출신의 가장으로 돌아간다. 그의 장례식이 차 한 잔 마시는 조촐한 모임이었던 것처럼 여행도 단순하고 조촐하다. 그리고 접대골프의 목적이 골프가 아닌 것처럼 마지막 여행의 목적이 순수한 여행이 아니라고 말한다.

시한부 생활을 마지막 프로젝트로 칭했던 것처럼 마지막 여행도 그에게는 잘 완수해야 하는 일이다. 그는 어머니에게 장례식을 성당에서 하겠다고 보고한다. 여행을 갔다 온 후 본격적으로 장례식장을 답사한다. 식장 네 군데를 둘러보고 온다. 미국에서 아들이 출장으로 집에 왔는데 아들은 아버지를 꼭 닮아 꼼꼼하게 서류를 챙긴다. 그리고 도모아키 씨는 그의 아버지를 닮았다. 그의 아버지는 시골 의사였는데 평생 바쁘게 일을 하고 치매에 걸린 노년에도 문 닫은 병원에 매일 출근하여 손님 맞을 준비를 꼼꼼히 챙겼다.

영화는 위기의 단계에 접어든다. 12월 간이 평소보다 3배로 커졌다. 그 원인은 암세포이다. 가족들은 의사에게 그 사실을 도

모아키 씨에게 숨겨 달라고 부탁한다. 그것도 모르고 도모아키 씨는 부고장 대신 연하장을 친구들에게 보낸다. 이틀 후 아들은 미국에서 갑작스런 휴가를 내고 마지막 임종을 보기 위해 귀국한다. 드디어 도모아키 씨는 그렇게 보고 싶었던 손녀들을 다시 만난다. 그리고 다음 날 상태가 급속히 악화되어 병원에 입원한다. 그 와중에도 아들은 아버지와 장례식 회의라는 명목으로 장례식 참석자 명단을 확인한다. 그는 아들에게 장례식 때 모르는 것이 있으면 전화하라고 농담을 던진다.

그는 끝까지 남들에게 폐를 끼지 않기 위해 노력한다. 의사에게 여러 가지로 고마웠다고 인사하고 손녀들에게도 어머니에게도 고맙고 미안하다고 작별인사를 한다. 그야말로 마지막까지 사회의 성실한 일원으로서 책임을 다하는 모습을 보인다. 이런 도모아키 씨의 직분에 충실한 모습이 후루하타 야스오 감독의 영화 〈철도원〉(2000) 주인공 오토의 모습과 겹친다. 오토는 평생 자신의 욕구보다 사회의 역할에 충실한 철도원으로 마지막까지 최선을 다한다.

그러나 도모아키 씨는 오토와 다른 모습을 마지막에 보인다. 쑥스럽지만 아내 준코에게 사랑한다는 말을 한다. 이런 둘만의 은밀한 순간을 남에게 보여 주지 않으려 했지만 막내딸은 카메라를 켠 상태로 밖으로 나간다. 아버지를 역시 꼭 닮은 딸은 자신의 직분에 충실한 것이다. 다큐멘터리스트로서 모든 순간을 있는 그대로 기록하겠다는 의지를 보여 준다. 이들에게는 사적 가치보다 공적 가치가 더 중요하다. 가족의 사생활을 희생하더라도 죽음에 임하는 인간의 모습을 생생하게 보여 주어 사람들에게 '죽음을 기억하라'는 메멘토 모리(Memento mori)의 공적 가치를 실현하고자 한다.

입원 닷새째. 죽는 것도 실례로서 표현하는 도모아키 씨의 엔

> "이제 슬슬 실례하겠습니다. 세일즈맨은 물러날 시기를 아는 것이 중
> 요하거든요."

그리고 엔딩 노트의 마지막 문구는 역시 누구에게도 폐를 끼
치지 않겠다는 의지의 표현이다.

> "자동이체 되는 항목은 다음과 같습니다. 변경 신청해 주길⋯."

〈엔딩 노트〉는 죽음을 있는 그대로 가감 없이 전달하는 다
큐멘터리다. 그 자체로 톨스토이(Leo Tolstoy)의《이반 일리치의 죽
음》처럼 죽음을 통해 삶의 본질을 성찰하게 하는 시간을 선사한
다. 그러나 도모아키 씨 자신은 죽음에 대해 아무런 이야기를 하
지 않는다. 감독인 마미도 아버지에게 죽음이나 삶에 대한 진지
한 질문을 하지 않는다. 영화는 단순히 그들의 일상의 모습만 보
여 줄 뿐이다. 그러므로 자연스럽게 그 질문과 대답의 몫은 관객
에게 돌아간다. 영화는 답을 주지 않고 성찰의 시간을 준다. 함부
로 가르치기보다 관객의 각기 다른 처지와 생각을 고려한 배려
다. 이런 점에서 영화는 내용과 형식 모두 일관되게 도모아키 씨
의 성격을 닮았다. 그저 자신의 직분에만 충실한 모습을.

함께 볼 영화

미나리

◦ 원제: 미나리Minari(115분) ◦ 감독: 정이삭 ◦ 출연: 스티븐 연Steven Yeun(제이콥 역), 한예리(모니카 역), 윤여정(순자 역) ◦ 각본: 정이삭 ◦ 개봉: 2021년 ◦ 제작사: A24, 플랜B ◦ 수상: 선댄스영화제(심사위원 대상), 미국 아카데미시상식(여우조연상) 등

1980년대 초, 한국계 이민자 가족인 이씨 가족은 아칸소 시골로 이주한다. 가장 제이콥(스티븐 연 분)은 한인 상인들에게 판매할 농작물을 재배할 계획이다. 아내 모니카(한예리 분)는 새로운 환경에 적응하기 힘들어하고, 아들 데이비드(앨런 김 분)의 심장질환을 걱정한다. 부부의 갈등이 깊어지자, 모니카의 엄마 순자(윤여정 분)가 한국에서 와 손주들을 돌본다.

할머니 순자는 아이들과 유대감을 쌓으려 노력하지만, 데이비드는 자신이 생각한 할머니상과 달라 순자를 피한다. 그러다 차츰 할머니와 손자의 사이가 돈독해진다. 한편, 제이콥의 농사는 우여곡절 끝에 어려움에 처하고, 모니카와의 갈등은 깊어진다.

어느 날, 순자 할머니가 뇌졸중으로 쓰러진다. 가족은 오클라호마시티로 가는데, 데이비드의 심장 수술과 제이콥의 농산물 판매를 위해서다. 수술은 성공적이지만, 제이콥과 모니카의 갈등은 폭발한다. 집에 돌아온 가족을 기다리는 것은 순자가 실수로 지른 농작물 창고의 불이었다. 제이콥과 모니카는 서로를 구하고, 아이들은 길 잃은 순자를 데려온다. 위기를 넘긴 가족은 함께 잠들고, 순자는 그들을 지켜본다.

시간이 흘러, 제이콥과 모니카는 농장에 머무르기로 결심한

다. 제이콥과 데이비드는 순자가 심은 미나리를 수확하며, 가족
의 새로운 시작을 예감한다.

이해 포인트 ● ● ●
대를 이어 낯선 땅에 뿌리를 내리는 가족이 절절하게 추억하는 할머니

죽여주는 여자

○ 원제: 죽여주는 여자The Bacchus Lady(111분) ● 감독: 이재용 ● 출연: 윤여정(소영 역), 전무송(재우 역), 윤계상(도훈 역) ● 각본: 이재용 ● 개봉: 2016년 ● 제작사: 한국영화아카데미 ● 수상: 부일영 화상(여우주연상), 아시아 태평양 스크린 어워드(심사위원상)

영화는 종로 일대의 공원에서 박카스를 팔며 노인들과의 성매매
로 하루하루를 근근이 연명하는 소영(윤여정 분)의 삶을 따라간다.
소영은 성병에 걸린 채로 병원을 방문하는데, 그곳에서 필리핀
여성의 아들 민호(최현준 분)를 만나게 된다. 여성은 의사와의 충돌
끝에 체포되고, 혼자 남은 민호를 소영이 보호하기로 한다.

소영의 옆집에는 장애를 지닌 청년 피규어 작가 도훈(윤계상 분)
과 트랜스젠더인 티나가 산다. 소영은 민호를 도훈에게 맡기며
일상을 이어 가지만, 성병과 성매매 단속에 시달리며 삶의 무게
를 느낀다. 그러던 중 옛 손님인 재우(전무송 분)를 만나고, 그를 통해
또 다른 노인 손님인 세비로송(박규채 분)의 안타까운 소식을 듣는
다. 세비로송은 몸을 움직일 수 없는 상태로 쓸쓸한 요양원 생활
을 하고 있었고, 자신을 '죽여 달라'고 소영에게 부탁한다.

소영은 죄책감과 연민 사이에서 갈등하며 결국 그의 부탁을 들어준다. 이 일을 계기로 소영은 삶에 지쳐 죽고 싶어 하는 노인들의 부탁을 받으며 심적 혼란에 빠져든다. 자신의 어두운 과거와 맞닥뜨리고, 삶의 의미를 재고하게 되는 소영은 삶과 죽음의 경계에서 서서히 자신을 돌아보기 시작한다.

〈죽여주는 여자〉는 소외된 이들의 삶과 죽음에 대한 질문을 던지며, 동시에 그들 사이의 유대와 연대를 따뜻하게 조명한다. 끝내 소영은 사회적 테두리 밖에서 외로운 노년을 보내는 이들의 삶의 무게를 함께 짊어지고, 자신도 그중 하나임을 인정하며 조용히 세상을 떠난다.

이해 포인트 ● ● ●

착한 마음씨를 가진 가난한 여성 노인을 감옥에 가두는 사회가 옳은가?

69세

○ 원제: An Old Lady(100분) ○ 감독: 임선애 ○ 출연: 예수정(심효정 역), 기주봉(남동인 역), 김준경(이중호 역) ○ 각본: 임선애 ○ 개봉: 2020년 ○ 제작사: 기린제작사 ○ 수상: 부산국제영화제(KNN 관객상), 서울국제여성영화제(메가박스 대상)

69세의 효정(예수정 분)은 물리치료를 받던 중 젊은 간호조무사 이중호(김준경 분)에게 성폭행을 당한다. 즉각 동거인 남동인(기주봉 분)에게 이 사실을 털어놓고 경찰에 신고하지만, 효정의 증언은 진지하게 다뤄지지 않는다. 간호조무사는 관계가 합의하에 이루어졌다고 주장하고, 법원은 효정의 치매 가능성을 들어 이중호에 대한 구속영장을 기각한다.

주변의 두려운 시선을 피해 효정은 남동인의 집을 떠나 지인의 집에서 머무르기로 한다. 피해자임에도 아무도 효정의 편에 서지 않는 상황에서 가해자 이중호는 일상으로 돌아간다. 영화는 이를 통해 대한민국의 노년 여성으로서의 삶의 어려움을 그려낸다.

효정은 결혼을 앞두고 있는 이중호의 처갓집을 찾아가 자신에게 일어난 일을 이야기하며, 위험을 무릅쓰고 이중호의 진실을 세상에 알린다. 고발장을 옥상에서 흩뿌리며, 자신의 일을 숨기지 않고 당당하게 드러내는 효정을 보여 주며 영화는 막을 내린다.

이해 포인트 ● ● ●

노인 대상 성폭력을 가볍게 여기는 사회에 외치는 작지만 힘 있는 목소리

플랜 75

원제: Plan 75(113분) ○ 감독: 하야카와 치에早川千絵 ○ 출연: 바이쇼 치에코倍賞千恵子(미치 역), 이소무라 하야토磯村勇斗(히로무 역) ○ 각본: 하야카와 치에, 제이슨 그레이Jason Gray ○ 개봉: 2024년 ○ 제작사: 돈규 클럽, WOWOW, 해피넷 ○ 수상: 칸영화제(황금카메라상-특별언급), 프리부르 국제영화제(대상)

초고령사회 일본을 배경으로 하는 영화다. 78세의 미치 가쿠타니(바이쇼 치에코 분)는 호텔 청소부로 근근이 살아가다 일자리를 잃고, 거주지에서 퇴거 통지까지 받는다. 생계와 주거지를 잃은 미치는 마지막 선택으로 정부가 시행하는 '플랜 75'를 신청하게 된다. 이 계획은 75세 이상의 노인들에게 자발적 안락사를 제공하는 것으로, 신청자는 언제든지 마음을 바꾸고 계획을 철회할 수 있다고 하지만 현실은 그렇지 않다.

플랜 75의 신청 담당자 히로무(이소무라 하야토 분)는 오랜만에 만난 삼촌 유키오를 처리 시설로 데려가야 하는 아픔을 겪는다. 필리핀에서 온 이주 노동자 마리아(스테파니 아리안 분)는 딸의 수술비를 위해 노인들의 화장과 유품 정리를 담당하는 일로 갈아타며, 플랜 75의 콜센터 직원 요코(카와이 유미 분)는 고객인 미치의 상담을 담당하며 그에게 잠시나마 위안을 준다.

그러나 플랜 75가 죽음을 미화하며 노인들을 폐기물처럼 취급하는 실체가 드러난다. 미치는 유키오가 약물 투여로 죽음에 이르는 모습을 목격한다. 이를 견디지 못한 히로무는 마리아의 도움으로 유키오의 시신을 빼내 다른 화장터로 옮기고 삶을 이어간다. 결국, 미치는 플랜 75를 철회하고 시설을 탈출하여 석양을 바라보며 노래를 부르는 모습으로 영화는 마무리된다.

이해 포인트 ● ● ●

가난하고 외로운 노인에게 '살인'이 될 수 있는 안락사의 위험성

아무르

∘ 원제: Amour(127분) ∘ 감독: 미카엘 하네케Michael Haneke ∘ 출연: 장-루이 트린티냥Jean-Louis Trintignant(조르주 역), 엠마누엘 리바Emmanuelle Riva(안느 역) ∘ 각본: 미카엘 하네케 ∘ 개봉: 2012년 ∘ 제작사: 로장주 영화사 ∘ 수상: 칸영화제(황금종려상), 골든글러브(외국어 영화상) 등

파리의 한 아파트에서 악취를 호소하는 주민들의 불평 후, 소방관과 경찰이 출동하여 문을 부수고 들어가 안느(엠마뉘엘 리바 분)의 시신을 발견한다. 시신은 꽃으로 장식되어 침대에 누워 있다.

이로부터 몇 달 전, 안느와 그의 남편 조르주(장-루이 트린티냥 분)는 퇴직한 팔순의 피아노 교사들로, 안느의 제자 알렉상드르의 연주를 관람하고 돌아오는 길에 아파트에 누군가 침입을 시도했음을 알아차린다. 다음 날 아침, 조르주는 안느가 뇌졸중을 겪고 있는 것을 발견한다. 안느는 상태를 인지하지 못한 채 무반응 상태에 빠지지만, 조르주가 도움을 청하려 하자 정신을 차리게 된다.

안느는 경동맥이 막혀 수술을 받지만, 수술은 실패로 끝나 오른쪽이 마비되고 휠체어에 의존하게 된다. 그는 병원이나 요양원에 다시는 보내지 말라고 조르주에게 약속을 받아낸다. 조르주는 조금 짜증이 나기도 하면서도 안느를 돌보는 헌신적인 보호자가 된다. 어느 날 안느는 창문에서 떨어져 자살을 시도한 것처럼 보이며, 삶을 계속하고 싶지 않다고 조르주에게 말한다.

제자 알렉상드르가 방문하고, 안느는 화장을 하고 즐거운 대화를 나누며 조르주에게 그의 상태가 일시적일 수도 있다는 희망을 준다. 하지만 안느는 곧 두 번째 뇌졸중을 겪고, 의사소통 능력을 상실하고 말더듬이가 된다. 조르주는 안느를 계속 돌보지만,

그로 인한 부담이 커진다.

조르주는 일주일에 세 번씩 간호사를 고용하지만, 딸 에바(이자벨 위페르 분)는 안느가 요양시설에 가야 한다고 주장한다. 하지만 조르주는 안느와의 약속을 지키겠다고 한다. 조르주는 또 다른 간호사를 고용하지만, 그가 안느를 학대하는 것을 알고 해고한다.

어느 날 조르주는 어린 시절 이야기를 해 주며 안느를 진정시키고, 이야기가 끝나자 베개로 그의 숨이 멈추게 한다. 조르주는 꽃다발을 들고 집으로 돌아와, 꽃을 다듬고 자르며 안느의 옷을 고르고 긴 편지를 쓴다. 그는 침실 문을 테이프로 막고, 창문으로 들어온 비둘기를 잡는다. 편지에서 조르주는 비둘기를 풀어줬다고 설명한다. 조르주는 부엌에서 설거지를 하는 안느를 상상하며 말없이 설거지를 마치고 집을 나설 준비를 하는 안느를 바라본다. 안느는 조르주에게 외투를 가져다 달라고 요청하고, 조르주는 이에 응하며 그를 따라 문 밖으로 나간다. 영화는 이제 텅 빈집을 돌아다니다가 거실에 앉은 에바의 모습으로 오프닝 장면을 이어 가며 마무리된다.

이해 포인트 ● ● ●

노부부의 사랑이 비극으로 끝나지 않으려면 주변에선 무엇을 도와야 할까

디어 마이 러브

◦ 원제: My Sailor, My Love(103분) ◦ 감독: 클라우스 해로Klaus Haro ◦ 출연: 제임스 코스모James Cosmo(하워드 역), 브리드 브레넌Brid Brennan(애니 역), 캐서린 워커Catherine Walker(그레이스 역) ◦ 각본: 지미 카를손Jimmy Karlsson, 키르시 비크만Kirsi Vikman ◦ 개봉: 2023년 ◦ 제작사: Making Movies Oy, Samson Films, WRAP Fund

아일랜드의 아름다운 해안가에 자리 잡은 외딴집에서 홀로 지내는 은퇴한 선장 하워드(제임스 코스모 분). 한때는 무적의 남성으로 소문난 그였지만, 이제는 나이가 들어 혼자서는 생활하기 힘든 시절을 맞이한다. 딸 그레이스(캐서린 워커 분)는 남편과의 불화로 가슴 아픈 삶을 살면서 늙은 아버지 하워드까지 돌봐야 하는 이중의 무게를 안고 있다. 하워드의 생일을 맞아 그를 방문한 딸은, 아버지와의 관계가 고통의 연속이자 애증의 끈임을 느낀다.

그레이스는 아버지 하워드를 위해 가사도우미를 구하고, 이에 응답하여 '애니(브리드 브레넌 분)'라는 여인이 나타난다. 애니는 자신의 아픔을 간직한 채 하워드의 삶에 새로운 빛을 가져다준다. 고집스럽고 독립적인 하워드는 처음에는 애니의 도움을 거부하지만, 그의 친절과 여유로운 미소에 서서히 마음을 열게 된다. 두 사람은 점점 가까워지며, 첫사랑처럼 순수한 사랑에 빠져든다.

하지만 하워드와 애니의 가까워짐은 그레이스에게 복잡한 감정을 불러일으킨다. 어머니의 죽음으로 얼룩진 과거와 가정을 등한시했던 아버지에 대한 반항심, 그리고 자신의 불행한 결혼 생활과 대비되는 아버지의 새로운 행복에 대한 질투심은 그를 힘들게 한다.

영화는 하워드와 그레이스, 그리고 애니의 관계를 중심으로 가족 간의 사랑과 갈등, 잃어버린 시간에 대한 아쉬움을 담아낸다. 각자의 행복을 찾아가는 과정 속에서, 때로는 고칠 수 없는 것을 받아들이고, 때로는 서로를 이해하려는 노력을 통해 가족이라는 관계를 새롭게 정의한다. 〈디어 마이 러브〉는 삶의 저녁놀에 서 있는 두 남녀의 사랑과 삶의 마지막 장을 열어젖히며, 관객에게 깊은 여운을 남긴다.

이해 포인트 ● ● ●

부모가 진정 원하는 것을 해 드리는 것이 효도라는 깨달음

내가 죽기 전에 가장 듣고 싶은 말

○ 원제: The Last Word(108분) ○ 감독: 마크 펠링톤Mark Pellington ○ 출연: 셜리 맥클레인Shirley Ma-cLaine(해리엇 역), 아만다 사이프리드Amanda Seyfried(앤 역), 앤쥴 리 딕슨AnnJewel Lee Dixon(브렌다 역)
○ 각본: 스튜어트 로스 핑크Stuart Ross Fink ○ 개봉: 2017년 ○ 제작사: Wondros, Myriad Pictures, Aaron Magnani Productions

---

은퇴한 광고 에이전시 대표 해리엇 롤러(셜리 맥클레인 분)는 까칠한 성격 탓에 누구와도 어울리지 고독한 삶을 산다. 가족과는 연을 끊고, 친구 하나 없이 살아가는 해리엇은 자신의 삶을 돌아보며, 죽음을 앞두고 자신의 이야기를 완벽하게 담은 사망 기사를 남기길 원한다. 신문사에 들른 그는 기자 앤(아만다 사이프리드 분)을 만나 이를 부탁한다.

앤은 해리엇의 역경과 성공의 과거를 파헤치지만, 마주한 것은 그에 대한 부정적인 평판뿐. 해리엇은 자신의 삶을 뒤돌아보며 남은 시간 동안 사람들의 기억 속에 좋은 인상을 남길 결심을 한다. 그는 자신의 사망 기사를 완벽하게 만들기 위한 핵심 요소를 찾기 위해 나선다.

첫째로, 해리엇은 말썽꾸러기 브렌다(앤줄 리 딕슨 분)를 통해 영향력을 발휘하기 시작한다. 둘째로, 독립 라디오 방송국 KOXA에서 DJ로서의 새로운 삶을 시작해 대중의 사랑을 받는다. 그리고 오랜 세월 단절됐던 딸과의 감동적인 재회를 통해 가족의 사랑을 되찾으려 애쓴다.

해리엇은 자신의 삶과 죽음에 대해 깊은 성찰을 하며, 사랑과 용서, 그리고 삶의 진정한 의미를 찾아간다. 이야기는 해리엇이 마지막으로 자신의 의지대로 재산을 기부하고 평화롭게 세상을 떠나는 것으로 마무리된다. 그의 삶을 기록한 앤은 해리엇의 발자취를 따라 자신의 꿈을 향해 나아가며, 해리엇은 죽음을 통해 주변 사람들에게 삶의 진정한 가치를 전달한다.

이해 포인트 ● ● ●

노인이 남긴 무형의 유산과 그 선한 영향력 확인하기

버킷 리스트: 죽기 전에 꼭 하고 싶은 것들

◦ 원제: The Bucket List(97분) ◦ 감독: 로브 라이너Rob Reiner ◦ 출연: 잭 니콜슨Jack Nicholson(에드워드
콜 역), 모건 프리먼Morgan Freeman(카터 챔버스 역) ◦ 각본: 저스틴 잭햄Justin Zackham ◦ 개봉: 2008년
◦ 제작사: Castle Rock Entertainment ◦ 수상: 일본 아카데미상(우수 외국작품상)

두 남자, 카터 챔버스(모건 프리먼 분)와 에드워드 콜(잭 니콜슨 분)은 같은 운명을 맞이한 채 한 병실에서 마주하게 된다. 카터는 평생을 가족과 역사 연구에 바친 정비공이자 아마추어 역사가이고, 에드워드는 문화에 조예가 깊은 건강관리 기업의 거물이다. 성격과 삶의 모든 것이 다른 두 사람은 병마와 싸우며 뜻밖의 우정을 쌓아 간다.

카터가 쓴 버킷 리스트를 발견한 에드워드는 그 꿈들을 이루자고 제안하며, 그의 모든 여정을 후원하기로 한다. 이에 카터는 아내의 반대를 무릅쓰고 에드워드와 세계를 누비며 삶의 마지막 모험을 시작한다. 스카이다이빙을 하고 북극 상공을 비행하며, 중국의 장대한 만리장성을 오토바이로 질주하는 등, 그들은 삶의 황혼에 마침표를 찍는 대담한 경험들을 쌓아 간다.

두 사람은 서로의 깊은 이야기를 나누며, 카터는 사랑에 대한 감정을, 에드워드는 가족과의 단절에 대한 상처를 털어놓는다. 카터는 집으로 돌아가 가족의 품으로, 에드워드는 외로움 속에 남는다. 하지만 카터는 병세가 악화되어 세상을 떠나고, 에드워드는 카터의 죽음을 계기로 딸과의 관계를 회복한다.

에드워드는 카터의 장례식에서 그와의 우정이 생애 최고의 시간이었음을 고백하며, 버킷 리스트를 마무리 짓는다. 에드워드

가 죽고, 카터의 재와 함께 히말라야에 뿌려지면서, 그들은 마지막 소원인 '진정으로 위대한 것을 목격하다'를 이루게 된다. 〈버킷 리스트〉는 삶의 끝자락에서 만난 두 영혼이 서로에게 준 선물과 삶의 진정한 가치를 되새기게 하는 이야기다.

이해 포인트 ● ● ●

세상을 떠나기 전 최고의 시간을 보내는 방법에 대한 사례 연구

벤자민 버튼의 시간은 거꾸로 간다

◦ 원제: The Curious Case Of Benjamin Button(166분) ◦ 감독: 데이빗 핀처David Fincher ◦ 출연: 브래드 피트Brad Pitt(벤자민 버튼 역), 케이트 블란쳇Cate Blanchett(데이지 역) ◦ 각본: 에릭 로스Eric Roth, 로빈 스위코드Robin Swicord ◦ 개봉: 2009년 ◦ 제작사: Paramount Pictures, Warner Bros. Pictures, The Kennedy/Marshall Company ◦ 수상: 런던 비평가 협회상(감독상, 영국여우조연상), 미국 아카데미 시상식(미술상, 분장상, 시각효과상) 등

영화는 벤자민 버튼(브래드 피트 분)이라는 인물의 특이한 삶을 그린 작품이다. 1918년 11월 11일, 벤자민은 노인의 모습으로 태어나 점차 젊어지는 이상한 운명을 타고난다. 그의 아버지 토마스 버튼은 그를 낳고 버려 나이 든 모습의 아기 벤자민은 요양원에서 키워진다. 여기서 그는 퀸이라는 이름의 보호자에 의해 사랑을 받으며 자란다.

벤자민은 자신의 신체적 조건과 정반대로 노화가 거꾸로 진행되면서 나이가 들수록 젊어진다. 그는 어린 시절부터 노인들과

어울리면서도 정신적으로는 점점 성숙해진다. 1930년대, 벤자민은 데이지(케이트 블란쳇 분)는 어린 소녀와 깊은 유대감을 형성하고, 이후 그와 서서히 가까워진다.

벤자민은 젊어지는 동안 여러 사랑과 이별을 경험한다. 그중에서도 무르만스크에서 엘리자베스 애봇(틸다 스윈튼 분)과의 사랑은 그에게 큰 상처를 남긴다. 제2차 세계대전 중에는 해군으로 복무하며 생사의 경계를 넘나든다. 전쟁 후, 벤자민은 데이지와 재회하여 사랑을 확인하지만, 데이지가 다른 이와 약혼하면서 두 사람은 다시 헤어진다.

결국 데이지와 벤자민은 육체적 나이가 비슷해진 1960년대에 다시 만나 함께 생활을 시작한다. 그들은 딸 캐롤라인을 낳지만, 벤자민은 자신의 독특한 조건 때문에 아버지 역할을 제대로 수행할 수 없을 것을 우려하여 가족을 떠난다. 1980년대에 잠시 재회하나 벤자민은 점차 어린아이의 모습으로 돌아가고, 마지막으로 데이지의 품에서 2003년 생을 마감한다.

벤자민의 이야기는 2005년, 허리케인 카트리나가 몰아친 뉴올리언스 병원에서 죽음을 맞이하는 데이지가 딸에게 전하는 말을 통해 드러난다. 데이지는 병상에 누워 딸 캐롤라인에게 벤자민의 이야기가 담긴 일기장을 건네준다. 딸은 아버지의 특별한 인생을 알게 되고, 죽음을 앞둔 어머니와 화해하게 된다.

이해 포인트 ● ● ●

거꾸로든 제대로든, 살아낸 노인의 시간은 마음을 울리네

업

◦ 원제: Up(166분) ◦ 감독: 피트 닥터Pete Docter, 밥 피터슨Bob Peterson ◦ 출연: 에드워드 애스너Edward Asner(칼 프레드릭슨 목소리 역), 조던 나가이Jordan Nagai(러셀 목소리 역) ◦ 각본: 피터 닥터, 밥 피터슨, 톰 매카시Tom McCarthy ◦ 개봉: 2009년 ◦ 제작사: Walt Disney Pictures, Pixar Animation Studios ◦ 수상: 시카고 비평가 협회상(애니메이션상, 음악상), 골든 글로브 시상식(장편애니메이션상, 음악상) 등

애니메이션인 이 영화는 노년의 칼 프레드릭슨이 젊은 탐험가 찰스 먼츠를 우상화하며 시작한다. 칼은 어린 시절 먼츠의 팬이었던 엘리를 만나고 두 사람은 결혼하여 함께 살게 된다. 둘은 남미의 파라다이스 폴스로의 여행을 꿈꾸며 살지만, 엘리는 병으로 세상을 떠난다.

칼은 엘리의 죽음 후, 주변이 개발되면서 자신의 집을 지키려 하지만 결국 요양원으로 보내질 위기에 처한다. 그러나 칼은 엘리와의 약속을 지키기 위해 집에 수천 개의 풍선을 매달아 남미로 날아간다. 그 과정에서 우연히 러셀이라는 소년이 동승하게 되고, 둘은 파라다이스 폴스를 향한 모험을 펼치게 된다.

남미에 도착한 칼과 러셀은 케빈이라는 거대한 새와 더그라는 금색 레트리버를 만나고, 함께 여정을 이어 간다. 이들은 먼츠가 이끄는 개들의 무리와 마주치게 되고, 먼츠의 집착과 광기를 목격하며 위험에 처하게 된다. 칼은 케빈을 구하려 하지만 먼츠에게 붙잡히고, 결국 자신의 집을 포기하면서까지 러셀과 케빈을 구한다.

마지막으로 칼은 먼츠를 물리치고, 러셀과 케빈을 안전하게 돌보는 것으로 자신의 모험을 마무리한다. 러셀은 노인 돕기 배

지를 받고, 칼은 엘리가 준 포도 소다 병뚜껑을 '엘리 배지'라 명명하여 러셀에게 전달한다. 이야기는 칼의 집이 엘리의 꿈이었던 파라다이스 폴스의 절벽 위에 안착하면서 끝을 맺는다.

이해 포인트 ● ● ●

미래 세대를 키우며 오늘을 사는 노인 vs. 과거에 갇힌 독선적인 노인

주석

이 책 사용법

1   한정란(2005). 노인교육론. 학지사.
2   조안 C. 트론토(2014). 돌봄민주주의. 박영사.

01   인턴

1   https://www.cbc.ca/news/politics/canada-trudeau-liberal-government-cabinet-1.3304590
2   Merriam, S. & Clark, M.(1993). Work and love: Their relationship in adulthood. International journal of behavioral development, 16(4), 609-627.
3   정민승 외(2024). 노인교육론. 한국방송통신대학교 출판부.
4   https://m.khan.co.kr/economy/economy-general/article/202311011502011#c2b
5   강소랑 외(2019). 서울시 50+세대 실태조사: 직업이력 및 경제활동. 서울시50플러스재단 연구보고서, 2019-017.
6. https://e-eum.net/focus/?idx=14094316&bmode=view
7   양승실 외(2015). 고령화 사회에서 평생학습 효능성 제고 방안. 한국교육개발원.
8   현재 이 단체는 Cogenerate라는 이름으로 바뀌었다.
9   박지연(2016). 앙코르닷오르그의 제너레이션 투 제너레이션: 시애틀 지역 사례를 중심으로. 서울시50플러스포털, 09호-8.
10 https://mcdonalds.recruiter.co.kr/app/jobnotice/view?systemKindCode=MRS2&jobnoticeSn=167531
11 한정란(2001). 교육노년학. 학지사.
12 이금룡(2004). 연령별 노인에 대한 태도 비교를 통한 세대통합 프로그램의 전략적 방안 모색. 노인복지연구, 26. 143-164.
13 https://www.humanrights.go.kr/webzine/webzineListAndDetail?issueNo=7603284&boardNo=7603271
14 권승태(2012). 3막의 비밀. 커뮤니케이션북스.

02 칠곡 가시나들

1   강선경 외(2015). 여성노인의 폭력피해생애사 재구성: 로젠탈의 내러티브 생애연구 접근. 생명연구, 37. 215-260.

2   마상진 외(2019). 농촌 노인의 문해력 제고 방안. 한국농촌경제연구원 기본연구보고서. 1-161.

3   배지혜(2020). 독일, 고령자 위해 편안하고 즐거운 학습경험 제공. 복지타임즈(2020.10.28.).

4   정기룡(2016). 여가활동으로서의 일본 고령자학습에 관한 고찰. 일어일문학, 69. 315-332.

5   김숙이 외(2023). 미국 대학의 방과 후 비교과 아웃리치 프로그램 탐색 연구. 방과후학교 연구, 10(2). 27-48.

6   조재희 외(2019). 노년층 미디어교육 활성화 방안. 한국언론진흥재단.

7   https://edupeace.net/justice/

03 에브리씽 에브리웨어 올 앳 원스

1   권승태(2023). 영화〈에브리씽 에브리웨어 올앳원스〉의 과학적 분석과 인문학적 해석. 문학과 영상. 315-342.

2   https://brunch.co.kr/@filledeseoul/49

3   브라이언 헤어(2022). 다정한 것이 살아남는다. 디플롯.

4   이호선(2023). 오십의 기술. 카시오페아.

5   https://www.wgbh.org/culture/2022-05-13/why-everything-everywhere-all-at-once-is-already-the-movie-of-the-decade

6   Prensky, M. (2001). Digital natives, digital immigrants part 2: Do they really think differently?. On the horizon, 9(6). 1-6.

7   http://www.cine21.com/news/view/?mag_id=101150

8   권승태(2023). 영화〈에브리씽 에브리웨어 올앳원스〉의 혼종적 스타일에 관한 연구. 영상문화, 42.

9   https://www.hankyung.com/news/article/2015022467791

10 안순태 외(2019). 노인들의 사회적 지지와 온라인 건강정보행동: 임파워먼트의 매개효과와 헬스 리터러시의 조절효과를 중심으로. 한국방송학보, 33(5). 163-190.

11 https://bravo.etoday.co.kr/view/atc_view/13589

12 Jiannetti, Loui(1999). Understanding Movies. PRENTICE HALL.

13 권승태(2023). 영화〈에브리씽 에브리웨어 올앳원스〉의 혼종적 스타일에 관한 연구. 영상

문화, 42. 37-61.

04 창문 넘어 도망친 100세 노인

1 https://sweden.se/life/society/elderly-care-in-sweden

2 https://www.ajunews.com/view/20140807124018968

3 https://wish.welfare.seoul.kr/swflmsfront/board/boardr.do?bmno=10001&op-no=10003&bno=94726

4 https://eiec.kdi.re.kr/material/clickView.do?click_yymm=201512&cidx=2292

5 통계청(2023). 2023 고령자 통계. 통계청 보도자료.

6 통계청(2022). 2022 고령자 통계. 통계청 보도자료.

7 https://wish.welfare.seoul.kr/swflmsfront/board/boardr.do?bmno=10001&op-no=10003&bno=94726

8 이승일 외(2022). 심리적 환경과 AIP(Aging in Place)에 관한 연구: 게슈탈트 심리학을 기반으로. 한국공간디자인학회, 17(1). 363-370.

9 https://www.joongang.co.kr/article/17124102#home

10 https://news.koreadaily.com/2023/11/26/life/senior/20231126170044070.html

11 http://www.monews.co.kr/news/articleView.html?idxno=46084

12 강창현(2008). 스웨덴 노인보건복지 분권화연구: 개혁의 함의. 한국거버넌스확회보, 15(2). 241-264.

13 박정훈 외(2017). 노인주거보장정책에 관한 비교연구: 독일, 영국, 스웨덴 사례를 중심으로. 인문사회 21, 8(4). 1175-1191.

14 신정완(2021). 합의에 의한 개혁: 1990년대 이후 스웨덴 노인돌봄서비스의 시장주의적 개혁. 스칸디나비아연구, 27. 1-40.

15 https://mobile.newsis.com/view.html?ar_id=NISX20190821_0000746982

16 최정신 외(2016). 스웨덴 노인용 코하우징 주민의 공동활동 참여도와 생활만족도 시계열 차이: 2001년도와 2010년도 비교. 가정과삶의질연구, 34(1). 1-12.

17 최정신(2013). 스웨덴 노인용 코하우징 주민의 이주동기의 시계열적 차이: 2001~2010년 10년간의 차이를 중심으로. 가정과삶의질연구, 31(3). 81-92.

18 김현숙(2010). 1992년 ÄDEL 개혁 이후 스웨덴 노인보호서비스제도의 변화에 대한 연구. 한국외국어대학교 EU연구, 27. 181-212.

19 이형석 외(2020). 스웨덴에서 노인 건강과 돌봄을 위한 주거 관련 법제 연구: 주거의 권리 관계를 중심으로. 원광대학교 법학연구소. 의생명과학과 법, 23. 70-111.

20 https://v.daum.net/v/01SMPtKwT2

21 정재훈(2023). 왜 독일을 주목해야 하는가?. 서울시복지재단 복지이슈, 126.

22 https://www.hani.co.kr/arti/economy/economy_general/965677.html

23 https://v.daum.net/v/01SMPtKwT2

24 https://www.joongang.co.kr/article/23915185#home

25 김문조(2023). 사회현상으로서의 그로테스크:그로테스크 예술과의 연관성을 중심으로.
     한국사회 제24집 1호. 29-59.

05 나, 다니엘 블레이크

1 Rowe, J.W., Kahn, R. L.(1987). Human Aging: Usual and Successful. Science, 237.
    143-149.

2 https://www.hankookilbo.com/News/Read/A2020121322280005168

3 Cruikshank, M. (2003) Learning to Be Old: Gender, Culture, and Aging (3rd edi-
    tion). 나이듦을 배우다. 이경미 역. 동녘.

4 https://biz.sbs.co.kr/article/20000121036

5 ttps://www.pressian.com/pages/articles/2023020211335957773

06 오베라는 남자

1 김은석(2023). 베이비부머의 주된 일자리 퇴직 후 경력경로 이해. 한국고용정보원. 청장
    년정책허브센터 성과공유포럼 자료집.

2 김진희 외(2023). 커리어 전환기에 놓인 4050 성인학습자의 평생교육 지원 방안. 한국교
    육개발원 연구보고서.

3 종업원 노후설계 교육은 기업의 의무. 중앙일보 2011년 8월 28일자.

4 www.korea.kr

5 출처 : https://www.sedaily.com/NewsView/2D47II0GU8

6 정민승, 김영빈, 이로미(2024). 노인교육론. 한국방송통신대학교 출판부.

7 https://kosis.kr/statHtml/statHtml.do?orgId=101&tblId=DT_1YL12701&mark-
    Type=C ; https://www.index.go.kr/unify/idx-info.do?idxCd=8039

8 https://www.docdocdoc.co.kr/news/articleView.html?idxno=1069704

9 박성희(2010). 노년기의 자기정체성 만들기와 비판적 제라고지의 의의. 평생교육학연구,
    16(4). 55-79.

10 Petzold, H.(1965). Mit alten Menschen arbeiten, Pfeiffer: Muenchen.

11 박성희(2010). 노년기의 자기정체성 만들기와 비판적 제라고지의 의의. 평생교육학연구, 16(4). 55-79

12 김지혜 (2019). 선량한 차별주의자. 창비.

13 https://doi.org/10.23063/

14 강은나, 류병주(2023). 미국의 고령자 자원봉사 프로그램 현황과 시사점. 국제사회보장리뷰, 26. 76-87.

07 님아, 그 강을 건너지 마오

1 임영명 외(2023). 85세 이상 초고령 노인의 활동과 사회참여에 따른 군집유형 비교 분석. 한국콘텐츠학회, 23(11). 348-357.

2 Katz, S., Ford, A. B., Moskowitz, R. W., Jackson, B. A., & Jaffe, M. W.(1963). Studies of illness in the aged: the index of ADL: a standardized measure of biological and psychosocial function. jama, 185(12). 914-919.

3 https://www.medicalworldnews.co.kr/m/view.php?idx=1486953560

4 http://m.yakup.com/pharmplus/index.html?mode=view&nid=3000132515&-cat=23

5 https://m.health.chosun.com/svc/news_view.html?contid=2018100202026

6 Yoo, J. H., Chu, S. K., & Ban, K. O.(2009). The relationship between the psycho-social characteristics, family function, and activities of daily living in the elderly females. Journal of Korean Public Health Nursing, 23(1). 40-49.

7 허정이, 이윤정, 김희걸(2020). 지역사회 노인의 도구적 일상생활수행능력 영향요인: 생태학적 모델을 기반으로. 한국보건간호학회, 34(3). 341-354.

8 통계청(2023). 2023년 사회조사 결과: 복지 사회참여 여가 소득과 소비 노동. 정책브리핑 보도자료.

9 이윤경 외(2020). 2020년도 노인실태조사 보건복지부 한국보건사회연구원.

10 차승은(2022). 한국의 사회동향 2022. 통계청 통계개발원.

11 https://www.chosun.com/opinion/essay/2023/11/14/ZCEZLX3UQRAVHAA53NFR-RMJJHY/

12 출처: https://www.youtube.com/watch?v=sGol8rjut58

13 이승일 외(2022). 심리적 환경과 AIP(Aging in Place)에 관한 연구: 게슈탈트 심리학을 기반으로. 한국공간디자인학회, 17(1). 363-370.

14 같은 책.

15 http://www.newspoole.kr/news/articleView.html?idxno=6426

16 알폰스 데켄(1996). 죽음을 어떻게 맞이할 것인가. 오진탁 옮김. 서울: 궁리.

17 신재은(2022). 고령자 1인 가구의 건강, 경제적, 관계적 자원이 사회 참여 활동에 미치는 영향. 보건경제와 정책연구, 28(4). 1-27.

18 https://www.cliffsnotes.com/study-guides/psychology/psychology/develop-mental-psychology-age-13-to-65/development-in-late-adulthood

19 통계청(2020). 2020 통계로 보는 여성의 삶. 통계청 여성가족부 보도자료. 2020.9.2.

20 장익현 외(2021). 서울시 여성노인 1인 가구 사회적 관계망 강화방안. 서울연구원.

21 이윤경 외(2020). 2020년도 노인실태조사. 보건복지부, 한국보건사회연구원, 정책보고서, 2020-35.

22 https://www.seoul.co.kr/news/newsView.php?id=20140602017010

23 한수정(2022). 독거 여성노인의 삶의 만족 영향 요인 연구: 자녀관계, 주관적 계층의식, 우울감을 중심으로. 문화와 융합, 44(11). 1003-1018.

24 통계청(2023). 2023년 사회조사 결과: 복지 사회참여 여가 소득과 소비 노동. 정책브리핑 보도자료.

25 유지나 외(1999). 멜로 드라마란 무엇인가?. 민음사.

08 더 파더

1 이수영 외(2021). 보건복지부, 중앙치매센터. 2016년 전국 치매역학조사 자료 재구성; 통계청(2019). 장래인구특별추계(2017-2067); 보건복지부. 제4차 (21년-25년) 치매관리 종합계획 자료.

2 이수영 외(2021). 치매 인식도 평가도구 마련 및 조사. 중앙치매센터, 명지병원.

3 https://www.hani.co.kr/arti/society/society_general/1097367.html

4 Tronto. J. C. (2013). Caring democracy: Markets, equality, and justice. NYU Press. 돌봄민주주의(2021). 김희강, 나상원 역. 박영사.

5 조안 트론토(2021). 돌봄민주주의. 김희강, 나상원 역. 박영사.

6 같은 책, 277쪽.

7 같은 책, 328쪽.

8 같은 책, 87쪽.

9 정홍인. 이해구, 등준걸(2020). 국내외 치매 고령자를 위한 시설 및 프로그램 비교. 대한인간공학회 학술대회논문집. 1-2.

10   황미경(2018). 치매 국가책임제 시행에 따른 통합사례관리 전달 체계 연구? OECD 국가
     의 치매위기 대응 사례 중심으로-. 한국위기관리논집, 14(2). 57-70.

11   김민규, 장예빛, 손정훈(2018). 치매 친화적 환경으로서 '치매안심마을'에 대한 정책적 고
     찰. 노인복지연구, 73(1). 315-342.

12   장윤정(2022). 일본의 국가치매전략의 특징 및 실행 방안에 대한 연구. 장기요양연구,
     10(1). 29-61.

13   오영인(2019). 한국형 지역사회 통합돌봄(커뮤니티케어)의 올바른 추진 방향을 위한 비판
     적 시각. 의료정책 포럼, 17(1). 16-21.

14   한국보건사회연구원(2020). 국제협력 연구 및 국제심포지움: COVID-19와 국가별 노인
     돌봄. 정책자료.

15   중앙치매센터(2018). 치매 노인 현황. 중앙치매센터.

09   심플 라이프

1   박은지(2022). 1997년 아시아 경제 위기의 경험과 가족해체의 드라마: 〈일로 일로〉와
     〈심플 라이프〉를 중심으로. 아시아영화연구, 15(1). 177-207.

2   같은 책.

3   같은 책.

4   조안 트론토(2021). 돌봄민주주의. 김희강, 나상원 역. 박영사.

5   여신 외(2021). 사랑의 식민 혹은 식민의 사랑: 영화 〈심플 라이프〉 에 대한 해체론적 접
     근. 영화연구, 87. 153-181.

6   조안 트론토(2021). 돌봄민주주의. 김희강, 나상원 역. 박영사.

7   진성희(2016). 許鞍華의 〈심플 라이프〉 속 하위주체 재현에 대한 일고찰. 중국문화연구,
     34. 23-48.

8   Spivak,G.C (1988). "Can the Subaltern Speak?"in Marxism and the Interpretation
     of Culture. ed. Cary Nelson and Lawrence Grossberg. Urbana: University of Illi-
     nois Press.

9   박은지(2022). 1997년 아시아 경제 위기의 경험과 가족해체의 드라마: 〈일로 일로〉와
     〈심플 라이프〉를 중심으로. 아시아영화연구, 15(1). 177-207.

10   여신 외(2021). 사랑의 식민 혹은 식민의 사랑: 영화 〈심플 라이프〉에 대한 해체론적 접근.
     영화연구, 87. 151-181.

11   지은숙(2017). 비혼여성의 딸노릇과 비혼됨(singlehood)의 변화: 일본의 부모를 돌보는
     딸들의 사례를 중심으로. 한국문화인류학, 50(2). 189-235.

12 석재은(2020). 비혼 딸의 부모돌봄 경험이 말하는 것들: 부정의(不正義)한 독박 돌봄으로부터 돌봄 민주주의를 향하여. 노인복지연구, 75(4). 117-141.

13 지은숙(2017). 비혼여성의 딸노릇과 비혼됨(singlehood)의 변화: 일본의 부모를 돌보는 딸들의 사례를 중심으로. 한국문화인류학, 50(2). 189-235.

14 https://www.hani.co.kr/arti/culture/book/1084981.html

15 정인숙(2019). 한중 현대사회문화의 이해와 중국어문화교육: 영화 〈심플 라이프〉를 활용하여. 한국중국문화학회, 61. 301-321.

16 https://www.weeklyhk.com/m/view.php?idx=24352

17 https://www.sisain.co.kr/news/articleView.html?idxno=48476

18 진성희(2016). 許鞍華의 〈심플 라이프〉 속 하위주체 재현에 대한 일고찰. 중국문화연구, 34. 23-48.

19 https://www.medifonews.com/mobile/article.html?no=183372

20 https://www.joongang.co.kr/article/25176652#home

21 https://www.sisain.co.kr/news/articleView.html?idxno=48476

22 https://www.hani.co.kr/arti/society/rights/893918.html

23 https://www.hani.co.kr/arti/society/society_general/894514.html

24 박은지(2022). 1997년 아시아 경제 위기의 경험과 가족해체의 드라마: 〈일로 일로〉와 〈심플 라이프〉를 중심으로. 아시아영화연구, 15(1). 177-207.

10 엔딩 노트

1 https://gooddo.jp/magazine/health/aging/27129/

2 https://www.mk.co.kr/premium/print/17398

3 양정연(2018). 일본의 '종활(終活)'에 대한 생사학적 관점. 인문사회 21, 9(5). 1201-1214.

4 일본의 '개호(介護)'는 우리말로 간호 또는 요양을 뜻함.

5 백영경 외(2020). 다른 의료는 가능하다. 서울: 창비.

6 신경원(2019). 품위 있는 생의 마무리. 제3차 인천고령사회대응센터포럼자료집.

7 정민승 외(2014). 노인교육론. 한국방송통신대학교 출판부.

8 신경원(2019). 품위 있는 생의 마무리. 제3차 인천고령사회대응센터포럼자료집.

9 강선보 외(2019). 미국의 죽음교육과 한국교육에 주는 시사점. 교육문제연구, 32(1). 99-115.

10 Warren, W.G.(1989). Death Education and Research: Critical Perspectives. New York: The Haworth Press.

11 신경원(2019). 품위 있는 생의 마무리. 제3차 인천고령사회대응센터포럼자료집.

12 Corr, C. A.(2016). Teaching about life and living in courses on death and dying. OMEGA-Journal of death and dying, 73(2). 174-187.

13 이이정(2016). 죽음준비교육의 현황과 과제. 노년교육연구, 2(1). 69-88.

14 정효운(2011). 知的 융합담론으로서의 '사생학'연구. In 韓日國際研究會議: 東아시아의 死生學으로. 동경대학 대학원 인문사회계연구과 글로벌 COE 프로그램 '사생학의 전개와 조직화'. 14(S2). 60-81.

15 신현정(2022). 일본의 죽음준비교육에 관한 연구-알폰스 데켄 (Alfons Deeken)의 죽음준비교육을 중심으로. 비교일본학, 55. 109-126.

16 신경원(2019). 품위 있는 생의 마무리. 제 3차 인천고령사회대응센터포럼자료집.

17 https://www.lst.go.kr/comm/cardDetail.do?bno=2586

18 헨리 나우웬(2019). 죽음, 가장 큰 선물 – 죽음을 맞이하는 일과 죽어 가는 이를 돌보는 일에 관한 묵상. 홍석현 역. 서울: 홍성사.